مختصر رياض الصالحين

من كلام سيد المرسلين

للإمام العلامة شيخ الاسلام الفقيه الزاهد الحافظ

محي الدين أبي زكريا يحيى النووي

(٦٣١-٦٧٦ هـ)

Auszüge aus

Riyadus Salihin
Die Gärten der Rechtschaffenen

von Imam An-Nawawi
(631-676 n. H.)
(1233-1277 n. Ch.)

Aus dem Arabischen übersetzt von

Abu Abdullah Jotiar Muhammad Bamarni

ترجمه الى اللغة الالمانية وخرج احاديثه ابو عبدالله جوتيار محمد بامرني

Besuchen Sie uns im Internet:
www.die-schreibfeder.de

1. Auflage Juli 2009

ISBN 978-3-9803633-6-5

Schreibfeder Verlag

Maße: 12,5 x 19 cm

Lektorat: Sara Madani

Typografie & Umschlagsgestaltung:

stilus-design.de

Printed in Germany

بسم الله الرحمن الرحيم

ان الحمد لله نحمده ونستعينه ونستغفره، ونعوذ بالله من شرور انفسنا وسيئات اعمالنا، من يهده الله فلا مضل له، ومن يضلل فلا هادي له، واشهد ان لا اله الا الله وحده لا شريك له واشهد ان محمدا عبده ورسوله.

﴿يا ايها الذين امنوا اتقوا الله حق تقاته ولا تموتن الا وانتم مسلمون﴾ [ال عمران : ١٠٢]. ﴿يا ايها الناس اتقوا ربكم الذي خلقكم من نفس واحدة وخلق منها زوجها وبث منهما رجالا كثيرا ونساء واتقوا الله الذي تساءلون به والارحام ان الله كان عليكم رقيبا﴾ [النساء : ١]. ﴿يا ايها الذين امنوا اتقوا الله وقولوا قولا سديدا يصلح لكم اعمالكم ويغفر لكم ذنوبكم ومن يطع الله ورسوله فقد فاز فوزا عظيما﴾ [الاحزاب : ٧٠-٧١].

اما بعد:

Statt eines Vorwortes

Es ist nicht verwunderlich, dass das Riyadus Salihin, als ein einfach zu lesendes Werk, weltweit so viel Berühmtheit erlangt hat und nach dem Koran zu den meist gedruckten Büchern der Welt gehört. Denn es enthält die wichtigsten Ahadith des Propheten Muhammad

ﷺ [1] und die im Leben und Gottesdienst eines Muslim eine große Rolle einnehmen sowie zum guten Charakter beitragen. Es gibt nunmehr kaum eine gebildete muslimische Familie, die dieses Buch nicht besitzt.

Inzwischen sind auch in deutscher Sprache einige Übersetzungen verschiedener Standardwerke erhältlich, die meisten aber in kleinen Auflagen und zum Teil sehr teuer, sodass es sich die Liebhaber solcher Werke nicht immer leisten können, sich oder ihren Angehörigen einige Exemplare zu gönnen. Dieser symbolische Preis und qualitativ hochwertige Exemplar soll jeder **Mu´mina** und jedem **Mu´min** die Gelegenheit geben, sich einige Exemplare für den persönlichen Bedarf und als Geschenk anzueignen und so für den Tag zu sorgen, an dem niemandem irgendein Besitz nützlich sein wird, außer der Rechtschaffenheit. Es ist meine und eure Aufgabe, liebe Geschwister, das Gute zu gebieten und das Schlechte zu verwerfen, indem wir unter anderem dafür sorgen, dass solche authentischen Werke möglichst viele Menschen erreichen, Muslime und Nichtmuslime. Nichtmuslime, damit sie die

---

1 Dieses und weitere arabische Zeichen werden am Ende des Buches unter Zeicherklärung erläutert.

Kraft, die Nächstenliebe und die Schönheit der Worte des letzten Propheten erkennen und die Vorurteile ablegen können.
Wenn es also mit diesem Leben vorbei ist, dann kann man nichts mehr für sich machen, außer diese drei Taten, die der Gesandte Allahs ﷺ erwähnt: **„Wenn der Mensch gestorben ist, dann hören seine (guten) Taten auf – außer in drei (Fällen): Ein rechtschaffenes Kind, das für ihn betet, eine** Sadaqa Dscharija **(Almosengabe, die nach seinem Tod Früchte bringt, wie zum Beispiel das Pflanzen eines Baumes, das Graben eines Wasserbrunnens für durstige Menschen oder eine Stiftung) und Verbreitung nützlichen Wissens.“**
(Von Imam Muslim berichtet)

Warum Auszüge?

Mit unserer neuen Übersetzung soll den Menschen ein gekürztes, sprachlich einfaches und authentisches Werk zur Verfügung stehen. Ferner sollen Wiederholungen und einige Ahadith, die von Imam Albani als Da^{3}if[2] einge-

---

2 Als „schwach" werden solche Ahadith eingestuft, deren Überlieferungskette bzw. Text nicht alle schwierigen Voraussetzungen erfüllt, z.B. keine ununterbrochene Überlieferungskette aufweist.

stuft und von anderen Gelehrten der Umma überprüft wurden, vermieden werden. Die Nummerierung der angeführten sahih[3] Ahadith[4] ist die Gleiche, wie sie in der original arabischen Fassung zu finden ist. Das heißt, dass die Nummern der nicht angeführten Ahadith somit übersprungen wurden. Hier wird ausdrücklich erwähnt, dass die **Ahadith**, die wir hier nicht angeführt haben, ebenfalls **sahih** sind, außer 69 Ahadith, die von zuvor erwähnten Gelehrten als da³if eingestuft wurden. Ein weiterer Beweggrund für diese „Auszüge" ist der, dass wir etwas Praktisches in einem Band anstatt in mehreren Bänden herausgeben wollten. Außderm stellte sich die Frage, warum heutzutage viele Menschen solche Werke nicht lesen, obwohl es sich hier um Schätze der Menschheit handelt. Einer der Gründe ist hierbei, dass die einfachen Leser sich im Dschungel der Überlieferungsketten (Isnad/ Asanid) verlieren und dabei den überlieferten Text **(Matn)**, also die eigentliche Perle, übersehen.

Die schwierigen Begriffe werden an der gleichen

---

3 „sahih" (Adjektiv) bezeichnet man einen stark gesicherten authentischen Hadith mit einer Überlieferungskette, die alle schwierigen Voraussetzungen erfüllt hat.
4 Ein Hadith (Plural: Ahadith) stellt überlieferte Aussprüche, Handlungen, schweigsame Billigung und Daten aus dem Leben des Gesandten Allahs, Muhammad ﷺ, dar.

Stelle oder auf der gleichen Seite in Fußnoten erklärt, sodass der Leser oder die Person, die damit unterrichtet, nicht ständig nachblättern muss, um aus einer alphabetischen Liste ein Wort zu suchen. Wie bereits erwähnt ist die Nummerierung der Ahadith die des alten Originals Riyadus Salihin, damit jeder die Authentizität der Ahadith schnell vergleichen bzw. sich in Arabisch aneignen oder seinen Kindern oder Schülern beibringen kann. Dabei muss erwähnt werden, dass einige arabische Verlage die Originalnummerierung der Da^{3}if Ahadith lediglich in Fußnoten gekennzeichnet haben.

Damit der Leser sich auf den Matn der Ahadith konzentrieren kann, haben wir den Isnad klein gehalten und den Matn etwas größer hervorgehoben. Die Quellen, ob Sahih Buchari, Sahih Muslim oder z.B. Assilsila Assahiha, sind für jeden einzelnen Hadith in der Fußnote sorgfältig aufgeführt.

Es ist noch zu erwähnen, dass einige Ahadith einen Kommentar enthalten, welche von ^{3}Ulama stammen und einigen eine kurze sprachliche Erläuterung folgt, welche aus arabischen Standardwerken wie ‚**Lisanul Arab**' oder ‚**An-Nihaya**' stammen, die neben verschiedenen

Erläuterungen zu ‚Riyadus Salihin' in Anspruch genommen und ins Deutsche übersetzt wurden.
Sollte irgend ein Hadith nicht richtig übersetzt worden sein, sind wir für konstruktive Anregungen bzw. Verbesserungen dankbar und errinnern an die große Belohnung des Großzügigen aller Großzügigen, dem Herrn der Welten. Und vergiss nicht: Eine Übersetzung aus dem Arabischen bleibt immer die Rückseite eines schönen Teppichs und keine Übersetzung der Welt kann die Schönheit der Sprache der Koranverse und die der Ahadith wiedergeben. Es bleibt zu sagen, alles was gut und richtig ist, kommt von Allah und alles was schwach und unkorrekt ist, kommt von mir und von Schaitan.

Der Übersetzer

هذا وبالله التوفيق وصلى الله على سيدنا محمد وعلى اله وصحبه وسلم.

Kurzbiografie von Imam An-Nawawi

Imam An-Nawawi war Muhji-d-din Bin Scharaf Bin Murri Bin Hassan Bin Hussein Bin Muhammad Bin Dschumá Bin Hizam, Abu Zakariya Jahja An-Nawawi, einer der bekanntesten klassischen Gelehrten, der vor allem durch diese, auf den folgenden Seiten, von ihm zusammengestellte Hadithauswahl „Riyadus Salihin" - „Gärten der Rechtschaffenen" bekannt wurde und welche, nach dem Koran, zu den meist gedruckten Büchern der Menschheit zählt.
Imam Nawawi wurde im Monat Muharram im Jahre 631 n.H. (1233 n. Ch.) in Nawa, einem Dorf südlich von Damaskus, geboren. Dort genoß er in seinem islamisch geprägten Elternhaus eine vorbildliche Erziehung. Bereits als Kind lernte er den Koran auswendig und lernte dort bei einigen Gelehrten Fiqh. An diesem Dorf lief eines Tages Scheich Jassin Bin Josuf Al-Marakischi vorbei, der zufällig sah, dass einige Kinder Jahja zum Spielen zwingen wollten, er vor diesen jedoch weinend davonlief und währenddessen den Koran rezitierte. Daraufhin ging der Scheich zum Vater des Jungen und empfahl ihm, seinen Sohn studieren zu lassen. Frühzeitig erkannten

auch seine Eltern die Veranlagung des jungen Jahja für Wissen und Gelehrsamkeit. Deshalb brachte ihn sein Vater im Jahre 649 n. H. nach Damaskus, um im Darul Hadith an der Rawahija-Madrassa (eine Universität), nahe der Umajjaden-Moschee, mit seinem Studium zu beginnen.

Im Jahre 651 n. H. vollzog er mit seinem Vater die Hadsch und kehrte anschließend nach Damaskus zurück, um sich dort weiter dem Studium zu widmen. Schnell erlangte er die Liebe und Bewunderung seines Lehrers Abu Ibrahim Ishaaq Bin Ahmad Al-Maghribi.

Er studierte die meisten Standardwerke sehr gründlich und lernte bei vielen der angesehensten Lehrern ihrer Zeit täglich zwölf verschiedene Fächer. Dabei lag sein Schwerpunkt auf allen großen Hadith-Werken, der arabischen Sprache, insbesondere der Grammatik und den Grundlagen des Fiqh. Die Liste seiner namenhaften Scheichs und die seiner zahlreichen Schüler in vielen Fachgebieten ist sehr lang.

Imam An-Nawawi war außerdem ein gerechter Qadi (Richter) und ein Beispiel für einen Menschen von starkem Iman (Glauben) und vorbildlichem Charakter. Er heiratete nicht, um sich dem Wissen und der 3Ibada zu widmen, obwohl das Nichtheiraten für einen Muslim, anders als im Christentum bei den Mönchen, eher selten ist, da der Islam dazu auffordert zu heiraten. Er führte ein bescheidenes Leben, aß, trank und schlief wenig und trug bescheidene Kleidung. Finanzielle Gaben von den Herrschenden lehnte er ab. Er fürchtete keinen Herrscher und verteidigte stets furchtlos das Recht der schwachen Menschen.

Schon im Jahre 665 n. H. (1267 n. Ch.) wurde er Scheich und Lehrer derselben Schule, in der er studierte.

Sein Einkommen als Scheich war sehr hoch, von dem er jedoch nichts für sich ausgab, sondern es bei einem Verantwortlichen in der Schule hinterließ und nach einem Jahr legte er diese Ersparnisse in eine Stiftung für Darul Hadith oder kaufte er Bücher für die Bibliothek der Schule.

Als der Sultan Al-Dhahir Bibars die Tataren besiegte und nach Damaskus kam, behauptete der Schatzmann des Baitul Mal (Staatskasse)

vor dem Sultan, dass viele der Felder in Asch-Scham dem Staat gehörten und einige davon sollten vom Sultan unrechtmäßig legalisiert werden. Als Imam Nawawi sich für diese Rechte einsetzte, verweigerte man ihm sein Gehalt. Er gab jedoch nicht auf, bis er das Recht für diese Leute auf seiner Seite hatte und damit für sie zurückgewann.
Seiner Aufgabe, das Gute zu gebieten und das Schlechte zu verwerfen, ging er stets nach und wenn er bei den Herrschern eine beratende Funktion einnahm, vertrat er nicht seine Privatinteressen; einer der Gründe, aus denen er stets furchtlos auftreten konnte. Seine Zivilcourage, für die Wahrheit und Gerechtigkeit um den willen Allahs, gegenüber Machthabern kannte keine Grenzen.

Mit 30 Jahren begann er im Jahre 660 neben seinen Studien der arabischen Grammatik, des Rechts und den Ahadith mit der Verfassung seiner Werke, zu denen auch ein großes Werk, „Erläuterungen zu Sahih Muslim", gehört. Darüber hinaus war er als Jurist ein hoch angesehener Qadi. Aus den Werken von Buchari, Muslim und anderen Hadithwerken stellte er sein besonders populäres Werk „Riyadus

Salihin“ zusammen, das, obwohl ein kleines Buch mit wenig Arbeit, dafür aber mit viel Liebe und Aufrichtigkeit, neben dem Koran zu einem der meistgedruckten Bücher der Welt zählt. Als Autor vieler wertvoller Bücher ist sein Stil und sein Ausdruck als sehr klar und unkompliziert bekannt.

Insgesamt pilgerte er zweimal nach Makka.

Er lebte nicht länger als 45 Jahre und trotzdem legte Allah sehr viel Segen in seine Arbeit. Seine Bücher strahlen wie die Sonne über die gesamte Erde, als hätte er hunderte von Jahren gelebt. Juristen, Pädagogen, Eltern und Bibliotheken können auch heute nicht auf seine wertvollen Schätze verzichten.

Seine Werke, welche ganz verschiedene Gebiete umfassen, sind alle von herausragender Qualität. Zu diesen gehören unter anderem auch sein namhaftes kleines Buch die „Al-Arba^{3}un An-Nawawiya”, eine Zusammenstellung von rund 40 grundlegenden Ahadith, Werke zur Einführung in die Grundlagen des Islam, die ^{3}Aqida, Fiqh und Hadithwissenschaft sowie viele weitere.

Im Jahre 676 gab er alle Bücher, die er von

Auqaf (islamische Stiftung) ausgeliehen hatte, zurück, ging zu den Gräbern seiner Scheichs vorbei und betete für sie, als hätte er gewusst, dass er nicht mehr lange zu leben hatte. Danach verabschiedete er sich von seinen Freunden und Bekannten. Nachdem er dann seinen Vater in seinem Heimatdorf besucht hatte, reiste er nach Jerusalem und Al-Khalil, um anschließend wieder zu seinem Vater nach Nawa zurückzukehren, wo er erkrankte und am 24. Radschab des Jahres 676 starb. Als diese Nachricht Damaskus erreichte, lag große Trauer über der Stadt. Der oberste Qadi von Damaskus, Izziddin Muhammad Bin As-Saigh, reiste gemeinsam mit einer hochrangigen Delegation zum Grab des Imam An-Nawawi, in Nawa und betete das Totengebet für ihn.

Bei dem Werk „Riyadus Salihin“ handelt es sich um die bis heute verbreitetestete Hadith-Sammlung von Überlieferungen des Propheten Muhammad ﷺ zu moralisch-erzieherischen Zwecken, die sich mit guten Charaktereigenschaften und alltäglicher Lebenspraxis befassen, welche nicht nur bei den Gelehrten Anwendung finden, sondern bei jedermann. In den meisten Kapiteln hat An-Nawawi vorab einige, zum Thema passende, Verse aus dem Koran zitiert. Dazu gehört die gute Absicht, Aufrichtigkeit, Frieden stiften, Geduld, Wohltätigkeit, das Gute gebieten und das Schlechte verbieten, das Halten von Versprechen, der soziale Umgang innerhalb und außerhalb der Familie usw.

Möge Allah Imam Nawawi mit Firdaus belohnen und uns ihn als Vorbild betrachten lassen.

١ - باب الاخلاص واحضار النية في جميع الاعمال والاقوال والاحوال البارزة والخفية

1. Aufrichtigkeit und gute Absicht in allen äußerlichen und geheimen Taten, Äußerungen und Situationen

﴿وما امروا الا ليعبدوا الله مخلصين له الدين حنفاء ويقيموا الصلاة ويؤتوا الزكاة وذ لك دين القيمة﴾

Allah, der Erhabene, sagt: „Und doch war ihnen nichts anderes befohlen worden, als Allah treu in lauterem Glauben zu dienen und das Gebet zu verrichten und die Zakah zu entrichten, und das ist die Religion der Geradlinigkeit.“ (Koran 98:5)

﴿لن تنالوا البر حتى تنفقوا مما تحبون وما تنفقوا من شيء فان الله به عليم﴾

„Ihr werdet das Gütigsein nicht erlangen, ehe ihr nicht von dem spendet, was ihr liebt; und was immer ihr spendet, seht, Allah weiß es.“ (Koran 3:92)

﴿لن ينال الله لحومها ولا دماؤها ولكن يناله التقوى منكم كذلك سخرها لكم لتكبروا الله على ما هداكم وبشر المحسنين﴾

„Ihr Fleisch erreicht Allah nicht, noch tut es ihr Blut, sondern eure Ehrfurcht ist es, die ihn erreicht. In der Weise hat er sie euch dienstbar gemacht, auf dass ihr Allah für seine Rechtleitung preist. Und gib denen frohe Botschaft, die Gutes tun.“ (Koran 3:29)

١ - وعن امير المؤمنين ابي حفص عمر بن الخطاب بن نفيل بن عبد العزى بن رياح بن عبدالله بن قرط بن رزاح بن عدي بن كعب بن لؤي بن غالب القرشي العدوي رضي الله عنه قال سمعت رسول الله صلى الله عليه وسلم يقول:

((انما الاعمال بالنيات، وانما لكل امرئ ما نوى. فمن كانت هجرته الى الله ورسوله فهجرته الى الله ورسوله، ومن كانت هجرته لدنيا يصيبها او امراة ينكحها فهجرته الى ما هاجر اليه))

متفق على صحته. رواه اماما المحدثين: ابو عبد الله محمد بن اسماعيل بن ابراهيم بن المغيرة بن بردزبه الجعفي البخاري، وابو الحسين مسلم بن الحجاج بن مسلم القشيري النيسابوري رضي الله عنهما في كتابيهما اللذين هما اصح الكتب المصنفة.

1. Umar Ibn Al-Chattab ﵁ berichtete: Ich hörte den Gesandten Allahs sagen: **„Die Taten sind entsprechend den Absichten, und jedem**

Menschen (gebührt), was er beabsichtigt hat. Wer seine Auswanderung für Allah und Seinen Gesandten unternahm, dessen Auswanderung war für Allah und dessen Gesandten, und wer seine Auswanderung unternahm, um im Diesseits etwas zu erlangen oder um eine Frau zu heiraten, dann war seine Auswanderung für das, dessentwillen er auswanderte.“[5]

٢ - وعن ام المؤمنين ام عبد الله عائشة رضي الله عنها قالت قال رسول الله صلى الله عليه وسلم:

((يغزو جيش الكعبة فاذا كانوا ببيداء من الارض يخسف باولهم واخرهم)) قالت قلت: يا رسول الله كيف يخسف باولهم واخرهم وفيهم اسواقهم ومن ليس منهم؟ قال: ((يخسف باولهم واخرهم ثم يبعثون على نياتهم))

متفق عليه. هذا لفظ البخاري.

2. Aischa ﷺ berichtete, dass der Gesandte Allahs ﷺ sagte: **„Ein Heer wird die Kaaba überfallen (wollen). Wenn es in Bayda´ (in der Wüste) ankommt, wird das ganze Heer im Erdboden versinken.“**
Sie sagte: „Ich fragte: ‚O Gesandter Allahs! Wie sollten sie alle versinken, wo unter ihnen auch

5 Authentisch: Sahih Buchari Nr. 1, Sahih Muslim Nr. 1907.

Unschuldige sind und die nicht zum Heer gehören?'" Er sagte: **„Sie werden alle (in der Erde) versinken, doch wird jeder von ihnen (am Jüngsten Tag) seinen Absichten gemäß (behandelt werden) auferstehen."**[6]

٧ - وعن ابي هريرة عبد الرحمن بن صخر رضي الله عنه قال، قال رسول الله صلى الله عليه وسلم:

((ان الله تعالى لا ينظر الى اجسامكم ولا الى صوركم، ولكن ينظر الى قلوبكم)) رواه مسلم.

7. Abu Huraira Abdurrahman Ibn Sachar ﵁ sagte: Der Gesandte Allahs ﷺ sagte: **„Allah sieht nicht auf euren Körper oder euer Äußeres, sondern in eure Herzen."**[7]

٩ - وعن ابي بكرة نفيع بن الحارث الثقفي رضي الله عنه ان النبي صلى الله عليه وسلم قال: ((اذا التقى المسلمان بسيفيهما فالقاتل والمقتول في النار)) قلت: يا رسول الله هذا القاتل فما بال المقتول؟ قال: ((انه كان حريصا على قتل صاحبه)) متفق عليه.

9. Abu Bakra Nufai ibn Al-Harith Ath-Thaqafi ﵁ überliefert, dass der Prophet ﷺ sagte:

6 Authentisch: Sahih Buchari Nr. 2118, Sahih Muslim Nr. 2884. Diese überlieferte Fassung stammt von Buchari.

7 Authentisch: Sahih Muslim Nr. 2564.

„Wenn zwei Muslime ihre Schwerter aufeinander richten, dann kommen alle beide, der Mörder und der Ermordete, ins Höllenfeuer.“ Daraufhin sagte ich: **„O Gesandter Allahs: Das war der Mörder, aber was ist mit dem Ermordeten?“** Er antwortete: **„Er war auch dabei, seinen Gefährten zu töten.“**[8]

١١ - وعن ابي العباس عبد الله بن عباس بن عبد المطلب رضي الله عنه عن رسول الله صلى الله عليه وسلم فيما يروى عن ربه تبارك وتعالى قال:

((ان الله تعالى كتب الحسنات والسيئات، ثم بين ذلك، فمن هم بحسنة فلم يعملها كتبها الله تعالى عنده حسنة كاملة، وان هم بها فعملها كتبها الله عشر حسنات الى سبعمائة ضعف الى اضعاف كثيرة، وان هم بسيئة فلم يعملها كتبها الله عنده حسنة كاملة، وان هم بها فعملها كتبها الله سيئة واحدة)) متفق عليه.

11. Abul-Abbas Abdullah ibn Abbas ibn Abdul-Muttalib ﵁ erzählte, dass der Gesandte Allahs ﷺ von seinem Herrn, dem Gesegneten und Erhabenen, berichtete: **„Allah hat die guten und die schlechten Taten niedergeschrieben.“** Dann erklärte er ﷺ: **„Wer etwas Gutes beabsichtigt und es nicht durchführt, dem rechnet Allah, der**

8 Authentisch: Sahih Buchari Nr. 31, Sahih Muslim Nr. 2888.

Gesegnete und Erhabene, dies bei Sich als eine volle gute Tat an. Wenn er es beabsichtigt und durchführt, dann rechnet Allah ihm dies bei Sich als zehn gute Taten, bis zum siebenhundertfachen und bis zum vielfachen, an. Und wer etwas Schlechtes beabsichtigt, es aber nicht durchführt, dem wird Allah dies als eine volle gute Tat anrechnen. Hat er diese schlechte Tat jedoch durchgeführt, so rechnet Allah ihm nur eine schlechte Tat an.“[9]

١٢ - وعن ابي عبد الرحمن عبد الله بن عمر بن الخطاب رضي الله عنهما قال سمعت رسول الله صلى الله عليه وسلم يقول:

((انطلق ثلاثة نفر ممن كان قبلكم حتى اواهم المبيت الى غار فدخلوه، فانحدرت صخرة من الجبل فسدت عليهم الغار فقالوا: انه لا ينجيكم من هذه الصخرة الا ان تدعوا الله بصالح اعمالكم. قال رجل منهم: الله كان لي ابوان شيخان كبيران، وكنت لا اغبق قبلهما اهلا ولا مالا، فناى بي طلب الشجر يوما فلم ارح عليهما حتى ناما، فحلبت لهما غبوقهما فوجدتهما نائمين، فكرهت ان اوقظهما وان اغبق قبلهما اهلا او مالا، فلبثت والقدح على يدي انتظر استيقاظهما حتى برق الفجر والصبية يتضاغون عند قدمي، فاستيقظا فشربا غبوقهما، اللهم

9 Authentisch: Sahih Buchari Nr. 6491, Sahih Muslim Nr. 131

ان كنت فعلت ذلك ابتغاء وجهك ففرج عنا ما نحن فيه من هذه الصخرة، فانفرجت شيئا لا يستطيعون الخروج. قال الاخر: اللهم كان لي ابنة عم كانت احب الناس الي. وفي رواية: كنت احبها كاشد ما يحب الرجال النساء، فاردتها عن نفسها فامتنعت مني حتى المت بها سنة من السنين فجاءتني فاعطيتها عشرين ومائة دينار على ان تخلي بيني وبين نفسها، ففعلت حتى اذا قدرت عليها. وفي رواية: فلما قعدت بين رجليها، قالت: اتق الله ولا تفض الخاتم الا بحقه، فانصرفت عنها وهي احب الناس الي وتركت الذهب الذي اعطيتها، اللهم ان كنت فعلت ذلك ابتغاء وجهك فافرج عنا ما نحن فيه، فانفرجت الصخرة غير انهم لا يستطيعون الخروج منها. وقال الثالث: اللهم استاجرت اجراء واعطيتهم اجرهم غير رجل واحد ترك الذي له وذهب، فثمرت اجره حتى كثرت منه الاموال فجاءني بعد حين فقال: يا عبد الله اد الي اجري. فقلت: كل ما ترى من اجرك من الابل والبقر والغنم والرقيق. فقال: يا عبد الله لا تستهزئ بي! فقلت: لا استهزئ بك، فاخذه كله فاستاقه فلم يترك منه شيئا، اللهم ان كنت فعلت ذلك ابتغاء وجهك فافرج عنا ما نحن فيه، فانفرجت الصخرة فخرجوا يمشون)) متفق عليه.

12. Abu Abdurrahman Abdullah ibn Umar ibn al-Chattab ﵁ erzählte, dass er den Gesandten Allahs ﷺ sagen hörte: **„Einst**

mussten drei Männer die Nacht in einer Höhle verbringen. Ein Fels fiel von dem Berg herunter und blockierte den Höhlenausgang. Sie sagten zu sich, der einzige Weg, der sie befreien könnte, wäre, im Namen ihrer guten Taten zu Allah zu beten.

Der (erste) Mann sagte: O Allah! Meine Eltern waren alt. Vor ihnen gab ich weder meinen Kindern noch meinen Verwandten das Milchgetränk. Eines Tages, als ich mich während der Suche nach Bäumen entfernte, kehrte ich erst zurück, nachdem sie (die Eltern) bereits schliefen. Als ich (die Tiere) gemolken hatte und ihnen ihren Trunk brachte, waren sie schon eingeschlafen. Ich wollte sie nicht stören, aber von dem Getränk auch nicht meinen Kindern geben, bevor nicht meine Eltern getrunken hatten. Also wartete ich mit dem Gefäß in der Hand, bis zum Anbruch der Morgenröte, dass meine Eltern aufwachten, während die Kinder zu meinen Füßen weinten und jammerten. Als sie erwachten, bekamen sie ihr Getränk. O Allah! Wenn ich dies tat, um Dein Wohlgefallen zu erlangen, dann rette uns aus der Lage, in die uns dieser Fels gebracht hat. Da löste sich der Fels etwas, doch sie gelangen noch nicht hinaus.

Der Zweite sagte: O Allah! Ich hatte eine Cousine, die ich mehr liebte, als je ein Mann eine Frau geliebt hat. Ich wollte sie, sie aber mied mich. Als sie in einem der Jahre in Not geriet, kam sie zu mir (um meine Hilfe zu erbitten). Ich bot ihr einhundertzwanzig Dinar unter der Bedingung, ihr beischlafen zu dürfen. Als ich gerade dabei war mit ihr Verkehr zu haben, bat sie mich: ‚Fürchte Allah und brich das Siegel nicht, es sei denn rechtmäßig!"[10] Ich ließ von ihr ab, obwohl sie mir der liebste Mensch war. Ich ließ ihr auch das Gold, was ich ihr gegeben hatte. O Allah! Wenn ich dies tat, um Dein Wohlgefallen zu erlangen, dann rette uns aus dieser Lage!

Da löste sich der Fels ein wenig mehr, doch sie gelangen noch nicht hinaus.

Der Dritte sagte: O Allah! Ich beschäftigte Arbeiter und bezahlte ihnen ihren Tageslohn, doch einer von ihnen ließ seinen Lohn und ging. Ich investierte

---

10 D.h., er soll kein Zina begehen, sondern eine rechtmäßige Heirat vollziehen. Dalil Alfalihin 1/84

seinen Lohn bis er sich vermehrte. Nach einer Zeit kam er (der Arbeiter) zu mir zurück und sagte: ‚O Diener Allahs, gib mir meinen Lohn!' Ich sagte zu ihm: ‚Alles was du siehst ist von deinem Lohn: Kamele, Rinder, Schafe und Sklaven'. Er sagte: ‚O Diener Allahs mache dich nicht lustig über mich!' Ich sagte: ‚Ich mache mich nicht lustig über dich'. Dann nahm er alles und ließ nichts zurück. O Allah! Wenn ich dies tat, um Dein Wohlgefallen zu erlangen, dann rette uns aus dieser Lage! Dann löste sich der Fels und sie gelangen hinaus."[11]

---

11 Authentisch: Sahih Buchari Nr. 2215, Sahih Muslim Nr. 2743

٢ - باب التوبة

قال العلماء: التوبة واجبة من كل ذنب. فان كانت المعصية بين العبد وبين الله تعالى لا تتعلق بحق ادمي فلها ثلاثة شروط: احدها ان يقلع عن المعصية، والثاني ان يندم على فعلها، والثالث ان يعزم ان لا يعود اليها ابدا؛ فان فقد احد الثلاثة لم تصح توبته. وان كانت المعصية تتعلق بادمي فشروطها اربعة: هذه الثلاثة وان يبرا من حق صاحبها. فان كانت مالا او نحوه رده اليه، وان كان حد قذف ونحوه مكنه منه او طلب عفوه، وان كانت غيبة استحله منها. ويجب ان يتوب من جميع الذنوب، فان تاب من بعضها صحت توبته عند اهل الحق من ذلك الذنب وبقى عليه الباقي. وقد تظاهرت دلائل الكتاب والسنة واجماع الامة على وجوب التوبة.

2. Reue (Tauba)

Die Gelehrten (Ulama‘) haben gesagt: Die Reue ist bei jeder Sünde Pflicht und wenn die Sünde zwischen einem Diener Allahs und Allah, dem Erhabenen, besteht, und nicht mit dem Recht eines anderen Menschen zu tun hat, gibt es drei Bedingungen:

1. Dass er **diese Sünde unterlässt**
2. Dass er **bereut, es getan zu haben**

3. Dass er **sich entschließt, diese Sünde nicht mehr zu begehen**. Wenn einer dieser drei Punkte wegfällt, wird seine Reue nicht angenommen.
Wenn die Sünde mit einem anderen Menschen zu tun hat, dann gibt es vier Bedingungen: Die drei oben genannten und
4. Dass er **dem Geschädigten sein Recht zurückgibt**, ob es sich nun um Besitz oder etwas anderes handelt. Wenn es sich um eine Verleumdung oder ähnliches handelt, muss er dafür Sorge tragen, dass der Geschädigte sein Recht zurück erlangt und/oder ihn um Verzeihung bitten. Handelt es sich um üble Nachrede, muss er diese zurücknehmen.
Außerdem muss er alle Sünden bereuen. Bereut er jedoch nicht alle, steht seine Reue nur für diese Sünden, die er bereut, die restlichen (Sünden) bleiben bestehen.
Aus den Beweisen des Buches (Koran), der Sunna und mit der Einstimmigkeit (der Ulama') der Umma ergibt sich die Notwendigkeit der Reue:
Allah, der Erhabene, sagt:

﴿وتوبوا الى الله جميعا ايها المؤمنون لعلكم تفلحون﴾

„Und wendet euch allesamt reumütig Allah

zu, O ihr Gläubigen, auf dass ihr erfolgreich sein möget.“
(Koran 24:31)

﴿وان استغفروا ربكم ثم توبوا اليه﴾

„(Und ich bin zu euch gesandt worden, auf) dass ihr Vergebung von eurem Herrn erflehet und euch dann reumütig zu Ihm bekehret.“ (Koran 11:3)

﴿يا ايها الذين امنوا توبوا الى الله توبة نصوحا﴾

„O ihr, die ihr glaubt, wendet euch in aufrichtiger Reue zu Allah.“ (Koran 66:8)

١٥ - وعن ابي حمزة انس بن مالك الانصاري خادم رسول الله صلى الله عليه وسلم رضي الله عنه قال، قال رسول الله صلى الله عليه وسلم:
((لله افرح بتوبة عبده من احدكم سقط على بعيره وقد اضله في ارض فلاة)) متفق عليه.
وفي رواية لمسلم ((لله اشد فرحا بتوبة عبده حين يتوب اليه من احدكم كان على راحلته بارض فلاة فانفلتت منه وعليها طعامه وشرابه، فايس منها فاتى شجرة فاضطجع في ظلها قد ايس من راحلته، فبينما هو كذلك اذ هو بها قائمة عنده، فاخذ بخطامها ثم قال من شدة الفرح: اللهم انت عبدي وانا ربك، اخطا من شدة الفرح))

15. Abu Hamza Anas Ibn Malik ﷺ berichtete: Der Gesandte Allahs ﷺ hat gesagt: **„Allah freut sich mehr über die Reue Seines Dieners als einer von euch, dessen Reittier mit seinem Essen und Trinken in einer Wüste davongelaufen war und er keine Hoffnung mehr hatte, es (wiederzufinden) und sich in den Schatten eines Baumes legte. Währenddessen stand sein Tier plötzlich bei ihm. Er nahm seine Zügel und sagte überglücklich: ‚O Allah, Du bist mein Diener und ich bin Dein Herr!'. Vor lauter Freude versprach er sich.“**[12]

٢٠ - وعن ابي سعيد سعد بن مالك بن سنان الخدري رضي الله عنه ان نبي الله صلى الله عليه وسلم قال: ((كان فيمن كان قبلكم رجل قتل تسعة وتسعين نفسا، فسال عن اعلم اهل الارض فدل على راهب فاتاه فقال انه قتل تسعة وتسعين نفسا فهل له من توبة؟ فقال لا، فقتله فكمل به مائة، ثم سال عن اعلم اهل الارض فدل على رجل عالم فقال انه قتل مائة نفس فهل له من توبة؟ فقال: نعم ومن يحول بينه وبين التوبة؟ انطلق الى ارض كذا وكذا فان بها اناسا يعبدون الله تعالى فاعبد الله معهم، ولا ترجع الى ارضك فانها ارض سوء. فانطلق حتى اذا نصف الطريق اتاه الموت؛

---

12 Authentisch: Sahih Muslim Nr. 2747, in Sahih Buchari ist der Hadith nur kürzer, Nr. 6309

فاختصمت فيه ملائكة الرحمة وملائكة العذاب. فقالت ملائكة الرحمة: جاء تائبا مقبلا بقلبه الى الله تعالى، وقالت ملائمة العذاب: انه لم يعمل خيرا قط، فاتاهم ملك في صورة ادمي فجعلوه بينهم - اي حكما - فقال: قيسوا ما بين الارضين فالى ايتهما كان ادنى فهو له، فقاسوا فوجدوه ادنى الى الارض التي اراد، فقبضته ملائكة الرحمة)) متفق عليه.

وفي رواية في الصحيح ((فكان الى القرية الصالحة اقرب بشبر فجعل من اهلها)) وفي رواية في الصحيح: ((فاوحى الله تعالى الى هذه ان تباعدي والى هذه ان تقربي وقال قيسوا ما بينهما فوجدوه الى هذه اقرب بشبر فغفر له)) وفي رواية ((فناى بصدره نحوها)).

20. Abu Sa³id Al-Chudri ﵁ berichtete: Der Gesandte Allahs ﷺ sagte: **„In der Vergangenheit gab es einen Mann in einem Volk, der 99 Menschen getötet hatte. Er fragte nach dem gelehrtesten Menschen auf der Welt. Man zeigte ihm einen Mönch, zu dem er ging und fragte: „Ich habe 99 Menschen getötet. Gibt es Vergebung für mich?“ Er antwortete: „Nein!“ Dann tötete er auch diesen (Mönch) und brachte damit die Zahl auf 100. Er fragte weiter nach dem gelehrtesten Menschen auf der Welt. Man**

zeigte ihm einen gelehrten Menschen. Er sagte ihm, dass er 100 Menschen getötet habe und fragte, ob es Vergebung für ihn gibt. Dieser (Gelehrte) sagte: „Ja. Wer kann zwischen dir und der Reue stehen? Begib dich zu dem und dem Land. Dort gibt es Leute, die Allah, den Erhabenen anbeten. Diene Allah mit ihnen und kehre nicht in dein Land zurück, denn es ist ein schlechtes Land.“ Er brach auf und hatte die Hälfte des Weges hinter sich gebracht, als der Tod zu ihm kam. Da begann ein Streit zwischen dem Gnadenengel und dem Strafengel darüber (wer seine Seele übernehmen dürfte). Der Gnadenengel sprach: „Er hat sich von ganzem Herzen reumütig Allah, dem Erhabenen, zugewendet.“ Der Strafengel sagte: „Er hat nie etwas Gutes getan.“ Da kam (ein Engel) in Menschengestalt und sie setzten ihn als Schiedsrichter zwischen ihnen ein. Dieser sagte, ihr sollt die Entfernung zwischen den zwei Ländern ausmessen. Welchem Land er näher ist, zu dem gehört er. Sie maßen es aus und stellten fest, dass er dem Land, in das er gehen wollte, näher war. Da übernahmen ihn die Gnadenengel.“

In einer anderen Sahih-Überlieferung: **„Er war dem rechtschaffenen Land eine Hand breit näher, so wurde er zu diesem gezählt."**

Und in einer weiteren heißt es: **„Allah, der Erhabene, befahl, die eine (Seite) solle sich erweitern und die andere sich nähern und sagte dann: „Messt zwischen den Beiden!", sie sahen, dass er eine Handbreit näher an diesem (Land der Rechtschaffenen) war. Da wurde ihm vergeben."**[13]

13 Authentisch: Sahih Buchari Nr. 3470, Sahih Muslim Nr. 2766

٣ ـ باب الصبر

3. Geduld (Sabr)

Allah, der Erhabene sagt:

﴿يا ايها الذين امنوا اصبروا وصابروا ورابطوا واتقوا الله لعلكم تفلحون﴾

„Ihr, die ihr glaubt, übt Geduld und wetteifert in Geduld und seid standhaft und fürchtet Allah; vielleicht werdet ihr erfolgreich sein.“ (Koran 3:200)

﴿ولنبلونكم بشيء من الخوف والجوع ونقص من الاموال والانفس والثمرات وبشر الصابرين﴾

„Und Gewiß werden wir euch prüfen durch etwas Angst, Hunger und Minderung an Besitz, Menschenleben und Früchten. Doch verkünde den Geduldigen eine frohe Botschaft.“ (Koran 2:155)

﴿انما يوفى الصابرون اجرهم بغير حساب﴾

„Wahrlich, den Geduldigen wird ihr Lohn (von Allah) ohne zu rechnen gewährt werden.“ (Koran 39:10)

﴿ولمن صبر وغفر ان ذ لك لمن عزم الامور﴾

„Und wahrlich, wer geduldig ist und vergibt - das ist gewiß eine Tugend der Entschlossenheit in allen Dingen.“ (Koran 42:43)

﴿استعينوا بالصبر والصلاة ان الله مع الصابرين﴾

„...sucht Hilfe in der Geduld und im Gebet; wahrlich Allah ist mit den Geduldigen.“
(Koran 2:153)

﴿ولنبلونكم حتى نعلم المجاهدين منكم والصابرين﴾

„...und wir wollen euch sicherlich prüfen, bis wir diejenigen von euch ausscheiden, die kämpfen und standhaft sind.“ (Koran 47:31)

Die Verse über die Geduld und ihre Vorzüge sind zahlreich und bekannt.

٢٥ - وعن ابي مالك الحارث بن عاصم الاشعري رضي الله عنه قال، قال رسول الله صلى الله عليه وسلم: ((الطهور شطر الايمان، والحمد لله تملا الميزان، وسبحان الله والحمد لله تملان او تملا ما بين السماوات والارض، الصلاة نور، والصدقة برهان، والصبر ضياء، والقران حجة لك او عليك، كل الناس يغدو فبائع نفسه فمعتقها او موبقها)) رواه مسلم.

25. Abu Malik Ibn Al-Harith Ibn 3Asim Al-3Asch3ari ؓ sagte: Der Gesandte Allahs ﷺ sagte: **„Die Reinheit ist die Hälfte des Glaubens.** Alhamdu lillah **füllt die Waagschale und** Subhana Allah **und** Alhamdu lillah **füllen den Raum zwischen Himmel und Erde. Das Gebet ist ein Licht, Almosen geben ist ein Beweis (für Rechtschaffenheit), Geduld ist der Glanz und der Koran ist ein Argument für oder gegen dich. Jeder Mensch geht in den Tag hinein, um seine Seele zu verkaufen und entweder befreit er sie oder bringt sie ins Verderben.“**[14]

٢٦ - وعن ابي سعيد سعد بن مالك بن سنان الخدري رضي الله عنه ان ناسا من الانصار سالوا رسول الله صلى الله عليه وسلم فاعطاهم، ثم سالوه فاعطاهم حتى نفد ما عنده، فقال لهم حين انفق كل شيء بيده: ((ما يكن عندي من خير فلن ادخره عنكم، ومن يستعفف يعفه الله، ومن يستغن يغنه الله، ومن يتصبر يصبره الله، وما اعطي احد عطاء خيرا واوسع من الصبر)) متفق عليه.

26. Abu Sa3id Sa3d ibn Malik ibn Sinan Al-Chudri ؓ überliefert, dass Leute der Ansar (Helfer aus Medina) den Gesandten Allahs

---

14 Authentisch: Sahih Muslim Nr. 223

ﷺ gebeten haben, ihnen etwas zu geben und er gab es ihnen. Sie baten wieder und er gab ihnen, bis er nichts mehr hatte. Als er nichts mehr in der Hand hatte, sagte er zu ihnen: **„Was ich habe, werde ich nicht aufbewahren und werde euch davon geben. Wer aber Reinheit begehrt, so wird Allah ihn rein machen; wer zufrieden ist, der wird von Allah bereichert; und wer sich geduldet, dem wird Allah Geduld geben. Keinem von euch ist ein Geschenk gegeben worden, das besser für euch ist als die Geduld.“**[15]

٢٧ - وعن ابي يحيى صهيب بن سنان رضي الله عنه قال، قال رسول الله صلى الله عليه وسلم: ((عجبا لامر المؤمن! ان امره كله له خير وليس ذلك لاحد الا للمؤمن: ان اصابته سراء شكر فكان خيرا له، وان اصابته ضراء صبر فكان خيرا له)) رواه مسلم.

27. Abu Jahja Suhaib Ibn Sinan رضي الله عنه berichtete, dass der Gesandte Allahs ﷺ gesagt hat: **„Die Angelegenheit des Gläubigen ist zu bewundern, denn alle seine Angelegenheiten sind gut und dies ist bei niemandem so, außer bei einem Gläubigen.**

15 Authentisch: Sahih Buchari Nr. 1469, Sahih Muslim Nr. 1053

Wenn ihm also etwas Erfreuliches widerfährt und er (Allah) dankt, ist das gut für ihn und wenn er einen Schaden erleidet und Geduld übt, so ist das gut für ihn.“[16]

٣٣ - وعن عائشة رضي الله عنها انها سالت رسول الله صلى الله عليه وسلم عن الطاعون؟ فاخبرها «انه كان عذابا يبعثه الله تعالى على من يشاء فجعله الله تعالى رحمة للمؤمنين، فليس من عبد يقع في الطاعون فيمكث في بلده صابرا محتسبا، يعلم انه لا يصيبه الا ما كتب الله له الا كان له مثل اجر الشهيد» رواه البخاري.

33. Aischa ﵂ berichtet, dass sie den Gesandten Allahs ﷺ über die Pest befragte. Er ﷺ hat ihr berichtet, **dass die Pest eine Qual ist, die Allah, der Erhabenen, schickt, wem Er will. Für die Gläubigen wird eine Barmherzigkeit daraus. Denn jeder Diener Allahs, der durch die Pest gequält wird und an seinem Wohnsitz geduldig bleibt und wohl wissend, dass er (von Allah) belohnt wird und er weiß, dass ihm nichts geschehen wird, außer das was Allah für ihn bestimmt hat, wird er den Lohn eines Märtyrers erhalten.**[17]

16 Authentisch: Sahih Muslim Nr. 2999
17 Authentisch: Sahih Buchari Nr. 3474

٣٦ - وعن ابي عبد الرحمن عبد الله بن مسعود رضي الله عنه قال: كاني انظر الى رسول الله صلى الله عليه وسلم يحكي نبيا من الانبياء صلوات الله وسلامه عليهم ضربه قومه فادموه وهو يمسح الدم عن وجهه ويقول: ((**اللهم اغفر لقومي فانهم لا يعلمون**)) متفق عليه.

36. Abu Abdurrahman Abdullah ibn Mas3ud رضي الله عنه sagte, als sehe er den Propheten ﷺ vor sich, während dieser ﷺ aus dem Leben einer der anderen Propheten عليهم السلام erzählte. Er wurde von seinem Volk geschlagen, sodass er blutete. Er wischte das Blut aus seinem Gesicht und sagte: **„O Allah! Vergib meinem Volk, denn sie sind unwissend.“**[18]

٣٧ - وعن ابي سعيد وابي هريرة رضي الله عنهما عن النبي صلى الله عليه وسلم قال:

((ما يصيب المسلم من نصب ولا وصب، ولا هم ولا حزن، ولا اذى ولا غم حتى الشوكة يشاكها الا كفر الله بها من خطاياه))

متفق عليه.

و ((الوصب)) : المرض.

37. Abu Sa3id und Abu Huraira رضي الله عنه berichteten: Der Gesandte Allahs ﷺ hat gesagt: **„Für jede Anstrengung, Krankheit, Sorge, jedes Leid**

18 Authentisch: Sahih Buchari Nr. 3477, 6629, Sahih Muslim Nr. 1792

und jeden Kummer, den ein Muslim trifft, sogar für den Stich eines Dorns, löscht Allah von seinen Sünden.“[19]

٤٥ - وعن ابي هريرة رضي الله عنه ان رسول الله صلى الله عليه وسلم قال:

((ليس الشديد بالصرعة، انما الشديد الذي يملك نفسه عند الغضب)) متفق عليه.

و ((الصرعة)) بضم الصاد وفتح الراء واصله عند العرب: من يصرع الناس كثيرا.

45. Abu Huraira ﷺ berichtete: Der Gesandte Allahs ﷺ sagte: **„Kräftig ist nicht derjenige der ringt, viel mehr ist kräftig, wer sich zügeln kann, wenn er geärgert wird.“**[20]

٤٨ - وعن ابي هريرة رضي الله عنه ان رجلا قال للنبي صلى الله عليه وسلم اوصني. قال:

((لا تغضب)) فردد مرارا، قال: ((لا تغضب)) رواه البخاري.

48. Abu Huraira ﷺ überliefert, dass ein Mann zum Propheten ﷺ kam und sagte: „Gib mir einen Rat!“ Er sagte: **„Sei nicht zornig!“** Und er wiederholte dies mehrere Male, und er ﷺ sagte: **„Sei nicht zornig!“**[21]

19 Authentisch: Sahih Buchari Nr. 5641, 5642, Sahih Muslim Nr. 2573
20 Authentisch: Sahih Buchari Nr. 6114, Sahih Muslim Nr. 2609
21 Authentisch: Sahih Buchari Nr. 6116

٤٩ - وعن ابي هريرة رضي الله عنه قال، قال رسول الله صلى الله عليه وسلم:

((ما يزال البلاء بالمؤمن والمؤمنة في نفسه وولده وماله حتى يلقى الله تعالى وما عليه خطيئة))

رواه الترمذي وقال حديث حسن صحيح.

49. Abu Huraira ﷺ berichtete: Der Gesandte Allahs ﷺ sagte: **„Immer wieder wird der Gläubige, ob Mann oder Frau, geprüft werden, am eigenen Leib, an seinen Kindern und an seinem Besitz, bis er Allah, dem Erhabenen, ohne Sünde gegenübersteht.“**[22]

22 Authentisch: Tirmidhi berichtete und Alsilsila Alsahiha von Albani Nr. 2280

٤ - باب الصدق

4. Wahrhaftigkeit

Allah, der Erhabene, sagt:

﴿يا ايها الذين امنوا اتقوا الله وكونوا مع الصادقين﴾

„O ihr, die ihr glaubt, fürchtet Allah und seid mit den Wahrhaftigen.“ (Koran 9:119)

﴿والصادقين والصادقات﴾

„...die wahrhaftigen Männer und die wahrhaftigen Frauen,...“ (Koran 33:35)

﴿فلو صدقوا الله لكان خيرا لهم﴾

„... es wäre für sie am besten, sie würden Allah gegenüber aufrichtig sein.“ (Koran 47:21)

٥٤ - عن ابن مسعود رضي الله عنه عن النبي صلى الله عليه وسلم قال:
((ان الصدق يهدي الى البر وان البر يهدي الى الجنة؛ وان الرجل ليصدق حتى يكتب عند الله صديقا، وان الكذب يهدي الى الفجور وان الفجور يهدي الى النار؛ وان الرجل ليكذب حتى يكتب عند الله كذابا)) متفق عليه.

54. Ibn Mas^{3}ud ﵁ berichtete: Der Gesandte Allahs ﷺ sagte: **„Aufrichtigkeit führt auf den Weg der Tugend, und die Tugend führt zum Paradies. Ein Mensch, der nur die Wahrheit sagt, wird von Allah als** Siddiq **(Wahrhaftiger) bezeichnet. Und das Lügen führt zum Übel, und Übel führt ins Höllenfeuer; und ein Mensch, der immer wieder lügt, wird von Allah als Lügner bezeichnet.“**[23]

٥٩ - عن ابي خالد حكيم بن حزام رضي الله عنه قال، قال رسول الله صلى الله عليه وسلم: ((البيعان بالخيار ما لم يتفرقا، فان صدقا وبينا بورك لهما في بيعهما، وان كتما وكذبا محقت بركة بيعهما))

متفق عليه.

59. Abu Chalid Hakim Ibn Hazam ﵁ berichtete: Der Gesandte Allahs ﷺ sagte: **„Käufer und Verkäufer haben die Wahl, solange sie sich noch nicht getrennt haben. Wenn sie sich die Wahrheit sagen und (nichts verschweigen und alles) offen legen, wird ihr Geschäft gesegnet sein. Wenn sie aber verbergen und lügen, wird der Segen ihres Handels vernichtet werden.“**[24]

---

23 Authentisch: Sahih Buchari Nr. 6094, Sahih Muslim Nr. 2607
24 Authentisch: Sahih Buchari Nr. 2079, Sahih Muslim Nr. 1532

٥ ـ باب المراقبة

5. Beaufsichtigung (Almuraqaba)

Allah, der Erhabene, spricht:

﴿الذي يراك حين تقوم (٢١٨) وتقلبك في الساجدين﴾

„Der dich sieht, wenn du (im Gebet) dastehst , und (der) deine Bewegungen inmitten derer, die sich (vor Ihm) niederwerfen, ...“ (Koran 26:218-219)

﴿وهو معكم اين ما كنتم﴾

„Und er ist mit euch, wo immer ihr (auch) sein möget.“ (Koran 57:4)

﴿ان الله لا يخفى عليه شيء في الارض ولا في السماء﴾

„Vor Allah ist wahrlich nichts verborgen, weder in der Erde noch im Himmel.“ (Koran 3:5)

﴿ان ربك لبالمرصاد﴾

„Wahrlich, dein Herr ist ständig auf der Wacht.“ (Koran 89:14)

﴿يعلم خائنة الاعين وما تخفي الصدور﴾

„Er kennt die Verräterei der Blicke und alles, was die Herzen verbergen.“ (Koran 40:19)

٦٠ - واما الاحاديث فالاول عن عمر بن الخطاب رضي الله عنه قال:

بينما نحن عند رسول الله صلى الله عليه وسلم ذات يوم اذ طلع علينا رجل شديد بياض الثياب شديد سواد الشعر لا يرى عليه اثر السفر ولا يعرفه منا احد حتى جلس الى النبي صلى الله عليه وسلم فاسند ركبتيه الى ركبتيه ووضع كفيه على فخذيه وقال: يا محمد اخبرني عن الاسلام؟ فقال رسول الله صلى الله عليه وسلم: ((الاسلام ان تشهد ان لا اله الا الله وان محمدا رسول الله، وتقيم الصلاة، وتؤتي الزكاة، وتصوم رمضان، وتحج البيت ان استطعت اليه سبيلا)) قال صدقت. فعجبنا له يساله ويصدقه! قال: فاخبرني عن الايمان؟ قال: ((ان تؤمن بالله وملائكته وكتبه ورسله واليوم الاخر؛ وتؤمن بالقدر خيره وشره)) قال صدقت. قال: فاخبرني عن الاحسان؟ قال: ((ان تعبد الله كانك تراه فان لم تكن تراه فانه يراك)) قال: فاخبرني عن الساعة؟ قال: ((ما المسئول عنها باعلم من السائل)) قال: فاخبرني عن اماراتها؟ قال: ((ان تلد الامة ربتها، وان ترى الحفاة العراة العالة رعاء الشاء يتطاولون في البنيان!)) ثم انطلق فلبثت مليا ثم قال: ((يا عمر اتدري من

السائل؟)) قلت : الله ورسوله اعلم. قال: ((فانه جبريل اتاكم يعلمكم دينكم)) رواه مسلم.

ومعنى ((تلد الامة ربتها)): اي سيدتها. ومعناه: ان تكثر السراري حتى تلد الامة السرية بنتا لسيدها وبنت السيد في معنى السيد. وقيل غير ذلك. و ((العالة)) : الفقراء. وقوله ((مليا)) اي زمانا طويلا، وكان ذلك ثلاثا.

60. Umar ibn al-Chattab ﵁ berichtet: Als wir eines Tages bei dem Gesandten Allahs ﷺ saßen, erschien ein Mann in weißer Kleidung und tief schwarzem Haar. Mann sah ihm nicht an, dass er auf Reisen war und keiner von uns kannte ihn. Er setzte sich neben den Propheten ﷺ, bis seine Knie die des Propheten ﷺ berührten und er seine Hände auf seine Oberschenkel[25] legte. Er fragte: **„O Muhammad! Erzähl mir, was Islam bedeutet.“** Der Prophet ﷺ sagte: **„Islam bedeutet, dass du bezeugst, dass es keinen Anbetungswürdigen außer Allah gibt und dass Muhammad ﷺ sein Gesandter ist, und dass du das Gebet verrichtest, die Zakat gibst, im Monat Ramadan fastest und die Wallfahrt zum Hause Allahs unternimmst,**

---

25 Die Gelehrten sagen: Er (Gabriel) legte seine Hand auf seinen eigenen Oberschenkel und nicht auf den des Propheten ﷺ. Erläuterungen zu Riyadus Salihin von Ibn Uthaimin 1/182

قال العلماء : وضع كفيه على فخذي نفسه لا على فخذي النبي ﷺ ، وذلك من كمال الادب في جلسة المتعلم امام المعلم، بان يجلس بادب، واستعداد لما يسمع مما يقال من الحديث . شرح رياض الصالحين لابن عثيمين 182/1

wenn du dazu in der Lage bist.“ Der Mann sagte: „Das ist richtig!“ Wir waren erstaunt, dass er fragt und gleichzeitig die Antwort als Wahrheit bestätigt. Dann sagte er: „Erzähle mir vom Glauben!“ Der Prophet ﷺ sagte: **„Du sollst glauben an Allah, an Seine Engel, an Seine Bücher, an Seine Gesandten, an den letzten Tag, und du sollst an das Schicksal glauben, (dass Allah es bestimmt hat), sei es gut oder schlecht.“** Der Mann sagte: „Das ist richtig! Jetzt erzähle mir vom Wohltun.“ Der Prophet ﷺ sagte: **„Du sollst Allah so dienen, als ob du ihn siehst, denn wenn du ihn nicht siehst, Er sieht dich doch.“** Der Mann sagte: „Erzähle mir vom letzten Tag.“ Der Prophet ﷺ sagte: **„Davon weiß der Befragte nicht mehr als der Fragende.“** Der Mann sagte dann: „So erzähl mir von den Zeichen des letzten Tages.“ Der Prophet ﷺ sagte: **„Dass die Dienerin ihren Herrn gebärt und dass barfüßige, nackte, mittellose Schafhirten hohe Gebäude errichten.“** Schließlich ging der Mann fort und ich blieb noch eine Weile. Dann fragte der Prophet ﷺ: **„O Umar, weißt du, wer dieser war, der diese Fragen stellte?“** Ich sagte: „Allah und Sein Gesandter ﷺ wissen es am besten!“ Er ﷺ sagte: **„Es war**

Gabriel, der gekommen war, um euch eure Religion zu lehren.“[26]

٦١ - عن ابي ذر جندب بن جنادة وابي عبد الرحمن معاذ بن جبل رضي الله عنهما عن رسول الله صلى الله عليه وسلم قال: ((اتق الله حيثما كنت، واتبع السيئة الحسنة تمحها، وخالق الناس بخلق حسن)) رواه الترمذي وقال حديث حسن.

61. Abu Dharr und Mu³adh Ibn Dschabal ﷺ berichtete: Der Gesandte Allahs ﷺ sagte: **„Fürchte Allah, wo immer du bist, und lass der bösen (Tat) eine gute (Tat) folgen, so wird sie ausgelöscht und behandele die Menschen mit gutem Charakter!“[27]**

٦٢ - عن ابن عباس رضي الله عنهما قال: كنت خلف النبي صلى الله عليه وسلم يوما فقال: ((يا غلام اني اعلمك كلمات: احفظ الله يحفظك، احفظ الله تجده تجاهك، اذا سالت فسال الله، واذا استعنت فاستعن بالله، واعلم ان الامة لو اجتمعت على ان ينفعوك بشيء لم ينفعوك الا بشيء قد كتبه الله لك، وان اجتمعوا على ان يضروك بشيء لم يضروك الا بشيء قد كتبه الله عليك، رفعت الاقلام وجفت الصحف)) رواه الترمذي وقال حديث حسن صحيح.

---

26 Authentisch: Sahih Muslim Nr. 8

27 Authentisch: Sahih Aldschami³ Alsaghir von Albani Nr. 97. Dieser wird von At-Tirmidhi berichtet.

وفي رواية غير الترمذي: ((احفظ الله تجده امامك، تعرف الى الله في الرخاء يعرفك في الشدة، واعلم ان ما اخطاك لم يكن ليصيبك، وما اصابك لم يكن ليخطئك، واعلم ان النصر مع الصبر، وان الفرج مع الكرب، وان مع العسر يسرا)).

62. Ibn Abbas ﷺ berichtete, dass er eines Tages (auf einer Reise) hinter dem Propheten saß, als er ﷺ sagte: **„O Junge! Ich lehre dich (einige) Worte: Bewahre[28] Allah, so wird Er dich bewahren. Bewahre Allah, so wirst du Ihn vor dir finden. Wenn du jemanden bittest, dann bitte Allah. Wenn du Hilfe suchst, dann suche Hilfe bei Allah. Und du musst wissen: Wenn die gesamte Gemeinde beschließt, dir in einer Sache zu nutzen, sie dir nur in dem nutzen wird, was Allah bereits für dich niedergeschrieben hat, und wenn sie beschließt, dir in einer Sache zu schaden, dir nur in etwas schadet, das Allah bereits für dich niedergeschrieben hat. Die Schreibfedern sind abgesetzt und die Tinte ist getrocknet.“**[29] In einer anderen Überlieferung, außer bei At-Tirmidhi: **„Bewahre Allah, dann findest du Ihn bei dir.**

---

28 Befolgung seiner Gebote und Vermeidung seiner Verbote. Erläuterungen zu Riyadus Salihin von Ibn Uthaimin 1/258

29 Authentisch: Sahih Aldschami[3] Nr. 7957, Sahih At-Tirmidhi durch Albani Nr. 243 als sahih eingestuft in Mischkat Almasabih Nr. 5302

Kenne Allah in Wohlstand, dann kennt Er dich in der Not. Wisse, was dich verfehlte, sollte dich nicht treffen. Was dich aber trifft, hätte dich nicht verfehlt. Und wisse, dass der Sieg mit Geduld ist, Erleichterung mit Sorge und Leichtigkeit mit Not.“

٦٧ - عن ابي هريرة رضي الله عنه قال، قال رسول الله صلى الله عليه وسلم:
((من حسن اسلام المرء تركه ما لا يعنيه)) حديث حسن رواه الترمذي وغيره.

67. Abu Huraira ﵁ überliefert, dass Allahs Gesandter ﷺ sagte: **„Zum guten Muslim-Sein gehört, zu lassen (d.h. sich raus zu halten aus dem), was einen nichts angeht.“**[30]

30 At-Tirmidhi und andere berichteten. Lt. At-Tirmidhi ist dies ein guter Hadith. Sahih Ibn Madscha von Albani 3211

٧ ـ باب اليقين والتوكل

7. Gewissheit und Vertrauen in Allah

Allah, der Erhabene, spricht:

﴿ولما رءا المؤمنون الاحزاب قالوا هذا ما وعدنا الله ورسوله وصدق الله ورسوله وما زادهم الا ايمانا وتسليما﴾

„Und als die Gläubigen die Verbündeten sahen, da sagten sie: ‚Das ist es, was Allah und sein Gesandter uns verheißen haben; und Allah und sein Gesandter sprachen die Wahrheit.' und es verstärkte nur ihren glauben und ihre Ergebung." (Koran 33:22)

﴿الذين استجابوا لله والرسول من بعد ما اصابهم القرح للذين احسنوا منهم واتقوا اجر عظيم (١٧٢) الذين قال لهم الناس ان الناس قد جمعوا لكم فاخشوهم فزادهم ايمانا وقالوا حسبنا الله ونعم الوكيل﴾

„Diejenigen, zu denen die Leute sagten: ‚Seht, die Leute haben sich bereits gegen euch geschart; fürchtet sie darum!' - nur stärker wurden sie Im glauben und sagten: ‚Uns genügt Allah, und er ist der beste

Anwalt!' Daher kehrten sie mit Allahs Gnade und Huld zurück, ohne dass sie ein übel getroffen hätte, und sie folgten dem Wohlgefallen Allahs; und Allah ist voll großer Huld.“ (Koran 3:153,154)

﴿فاذا عزمت فتوكل على الله ان الله يحب المتوكلين﴾

„Und wenn du entschlossen bist, dann vertrau auf Allah; denn wahrlich, Allah liebt diejenigen, die auf Ihn vertrauen.“
(Koran 3:159)

﴿ومن يتوكل على الله فهو حسبه﴾

„Und wer auf Allah vertraut - für den ist Er sein Genüge.“ (Koran 65:3)

﴿انما المؤمنون الذين اذا ذكر الله وجلت قلوبهم واذا تليت
عليهم اياته زادتهم ايمانا وعلى ربهم يتوكلون﴾

„Gläubig sind wahrlich diejenigen, deren Herzen erbeben, wenn Allah genannt wird, und die in ihrem Glauben gestärkt sind, wenn ihnen Seine Verse verlesen werden, und die auf ihren Herrn vertrauen.“ (Koran 8:2)

٧٩ - عن عمر رضي الله عنه قال سمعت رسول الله صلى الله عليه وسلم يقول:
((لو انكم تتوكلون على الله حق توكله لرزقكم كما يرزق الطير:

تغدو خماصا وتروح بطانا)) رواه الترمذي وقال حديث حسن.
معناه: تذهب اول النهار ((خماصا)) : اي ضامرة البطون من الجوع.ترجع اخر النهار ((بطانا)) : اي ممتلئة البطون

79. Umar ﵁ berichtete: Ich hörte den Gesandten Allahs ﷺ sagen: **„Wenn ihr auf Allah vertraut, mit einem aufrichtigen Vertrauen, wird Er für euren Lebensunterhalt sorgen, wie Er für die Vögel sorgt. Morgens fliegen sie mit leerem Magen aus und abends kehren sie mit vollem Magen zurück.“**[31]

31 At-Tirmidhi berichtete und betrachtet ihn als hasan (guten Hadith). Alsilsila Alsahiha von Albani Nr. 310 und Sahih Aldschami[3] 5254

٨ ـ باب الاستقامة

8. Aufrichtigkeit

Allah, der Erhabene, spricht:

﴿فاستقم كما امرت﴾

„Handle du darum aufrichtig, wie dir befohlen worden ist." (Koran 11:112)

﴿ان الذين قالوا ربنا الله ثم استقاموا تتنزل عليهم الملائكة الا تخافوا ولا تحزنوا وابشروا بالجنة التي كنتم توعدون(٣٠) نحن اولياؤكم في الحياة الدنيا وفي الاخرة ولكم فيها ما تشتهي انفسكم ولكم فيها ما تدعون(٣١) نزلا من غفور رحيم﴾

„30. Wahrlich, diejenigen, die sagen: ‚Unser Herr ist Allah', und die sich dann aufrichtig verhalten - zu ihnen steigen die Engel nieder (und sprechen): ‚Fürchtet euch nicht und seid nicht traurig, und erfreut euch des Paradieses, das euch verheißen wurde.' 31. Wir sind eure Beschützer im irdischen Leben und im Jenseits. In ihm werdet ihr alles haben, was ihr euch

wünscht, und in ihm werdet ihr alles haben, wonach ihr verlangt; 32. (Dies ist) eine Bewirtung von einem Vergebenden, Barmherzigen.“ (Koran 41:30-32)

﴿ان الذين قالوا ربنا الله ثم استقاموا فلا خوف عليهم ولا هم يحزنون(١٣) اولئك اصحاب الجنة خالدين فيها جزاء بما كانوا يعملون﴾

„13. Wahrlich, die da sagen: ‚Unser Herr ist Allah’ und danach aufrichtig bleiben - keine Furcht soll über sie kommen, noch sollen sie traurig sein; 14. Diese sind die Bewohner des Paradieses; darin sollen sie auf ewig verweilen, als Belohnung für das, was sie zu tun pflegten.“ (Koran 46:13-14)

٨٥ - وعن ابي عمرو. وقيل: ابي عمرة سفيان بن عبد الله رضي الله عنه قال قلت: يا رسول الله قل لي في الاسلام قولا لا اسال عنه احدا غيرك. قال: **((قل امنت بالله ثم استقم))** رواه مسلم.

85. Sufyan ibn Abdullah ﵁ berichtet: Ich sagte zum Gesandten Allahs ﷺ: „Sag mir so etwas über den Islam, dass ich danach niemanden außer dir befragen muss.“ Er ﷺ sagte: **„Sprich:**

‚Ich glaube an Allah‘ und sei standhaft dabei.“[32]

٨٦ - وعن ابي هريرة رضي الله عنه قال، قال رسول الله صلى الله عليه وسلم:
((قاربوا، وسددوا، واعلموا انه لن ينجو احد منكم بعمله))
قالوا: ولا انت يا رسول الله؟ قال: ((ولا انا الا ان يتغمدني الله برحمة منه وفضل)) رواه مسلم.
و ((المقاربة)) : القصد الذي لا غلو فيه ولا تقصير.و ((السداد)) : الاستقامة والاصابة.و ((يتغمدني)) : يلبسني ويسترني. قال العلماء: الاستقامة: لزوم طاعة الله تعالى. قالوا: وهي من جوامع الكلم، وهي نظام الامور، وبالله التوفيق.

86. Abu Huraira ﵁ berichtete: Der Gesandte Allahs ﷺ sagte: **„Übertreibt nicht und untertreibt nicht, und erinnert euch daran, dass niemand durch seine Taten allein gerettet wird.“** Es wurde gefragt: „Nicht einmal du, o Gesandter Allahs?“ Er sagte: **„Nicht einmal ich, es sei denn Allah würde mich mit Seiner Barmherzigkeit bedecken.“**[33]

32 Authentisch: Sahih Muslim Nr. 38
33 Authentisch: Sahih Buchari 5673, Sahih Muslim 2816

١٠ ـ باب المبادرة الى الخيرات وحث من توجه لخير على الاقبال عليه بالجد من غير تردد

10. Initiative zu Wohltätigkeit und diese eifrig und ohne zu zögern in Angriff zu nehmen

Allah, der Erhabene, sagt:

﴿ولكل وجهة هو موليها فاستبقوا الخيرات اين ما تكونوا يات بكم الله جميعا ان الله على كل شيء قدير﴾

„Jeder hat eine Richtung, der er sich zuwendet. So wetteifert miteinander in guten Werken. Wo immer ihr auch seid, Allah wird euch allesamt zusammenführen; Wahrlich, Allah hat Macht über alle Dinge.“

(Koran 2:148)

﴿وسارعوا الى مغفرة من ربكم وجنة عرضها السماوات والارض اعدت للمتقين﴾

„Und wetteifert nach der Vergebung eures Herrn und nach einem Garten, dessen Breite der von Himmel und Erde entspricht, der für die Gottesfürchtigen vorbereitet ist.“ (Koran 3:133)

٩٠ - عن ابي هريرة رضي الله عنه قال جاء رجل الى النبي صلى الله عليه وسلم فقال: يا رسول الله اي الصدقة اعظم اجرا؟ قال: ((ان تصدق وانت صحيح شحيح تخشى الفقر وتامل الغنى، ولا تمهل حتى اذا بلغت الحلقوم قلت: لفلان كذا، ولفلان كذا، وقد كان لفلان))

متفق عليه.

((الحلقوم)) : مجرى النفس. والمريء: مجرى الطعام والشراب.

90. Abu Huraira ﵁ überliefert, dass ein Mann zum Propheten ﷺ kam und fragte: **„O Gesandter Allahs, welche Sadaqa ist die wertvollste (für die Belohnung von Allah)?“ Er antwortete: „Dass du gibst, während du gesund bist, nach mehr Reichtum strebst und Angst vor Armut hast, und hoffst wohlhabend zu werden. Wenn du (Wohltätigkeit) nicht verschiebst, bis (der Tod) deinen Hals erreicht, um erst dann zu sagen: Für Soundso dieses und für Soundso jenes, und jenes ist für Soundso.“**[34]

34 Authentisch: Sahih Buchari Nr. 1419, Sahih Muslim Nr. 1032

١١ - باب المجاهدة

11. Anstrengung (für Allah)

Allah, der Erhabene, spricht:

﴿والذين جاهدوا فينا لنهدينهم سبلنا وان الله لمع المحسنين﴾

„Und diejenigen, die in Unserer Sache wetteifern - wir werden sie Gewiß auf Unseren Wegen leiten. Wahrlich, Allah ist mit denen, die Gutes tun.“ (Koran 29:69)

﴿واعبد ربك حتى ياتيك اليقين﴾

„Und diene deinem Herrn, bis die Gewißheit zu dir kommt.“ (Koran 15:99)

﴿واذكر اسم ربك وتبتل اليه تبتيلا﴾

„Und gedenke des Namens deines Herrn und wende dich Ihm von ganzem Herzen zu.“ (Koran 73:8)

﴿فمن يعمل مثقال ذرة خيرا يره﴾

„Wer auch nur eines Stäubchens Gewicht Gutes tut, der wird es dann sehen.“ (Koran 99:7)

﴿ان ربك يعلم انك تقوم ادنى من ثلثي الليل ونصفه وثلثه

﴿وطائفة من الذين معك﴾

„Dein Herr weiß wahrlich, dass du (im Gebet etwas) weniger als zwei Drittel der Nacht stehst und (manchmal) eine Hälfte oder ein Drittel (der Nacht), und ein Teil derer…“ (Koran 73:20)

﴿وما تنفقوا من خير فان الله به عليم﴾

„…und was immer ihr an Gutem spendet, wahrlich, Allah weiß es.“ (Koran 2:273)

٩٥ - واما الاحاديث: عن ابي هريرة رضي الله عنه قال، قال رسول الله صلى الله عليه وسلم: ((ان الله تعالى قال: من عادى لي وليا فقد اذنته بالحرب، وما تقرب الي عبدي بشيء احب الي مما افترضت عليه. وما يزال عبدي يتقرب الي بالنوافل حتى احبه: فاذا احببته كنت سمعه الذي يسمع به، وبصره الذي يبصر به، ويده التي يبطش بها، ورجله التي يمشي بها، وان سالني اعطيته، ولئن استعاذني لاعيذنه)) رواه البخاري.

((اذنته)) : اعلمته باني محارب له. ((استعاذني)) روي بالنون وبالباء.

95. Abu Huraira رضي الله عنه überliefert, dass der Gesandte Allahs ﷺ sagte: **„Allah, der Erhabene, sagt: ‚Wer sich mit einem Mir Nahestehenden verfeindet, dem habe Ich**

den Krieg erklärt. Mein Diener nähert sich Mir nicht mit etwas, das Ich mehr liebe als das, was Ich ihm zur Pflicht gemacht habe. Solange wird Mein Diener sich mit freiwilligem Gottesdienst nähern, bis Ich ihn liebe. Und wenn Ich ihn liebe, bin Ich sein Gehör, mit dem er hört, sein Sehvermögen, mit dem er sieht, seine Hand, mit der er zufasst, und sein Fuß, mit dem er geht. Wenn er Mich bittet, werde Ich ihm geben, und wenn er Mich um Zuflucht bittet, werde Ich sie ihm gewähren.‘“[35]

٩٨ - عن عائشة رضي الله عنها ان النبي صلى الله عليه وسلم كان يقوم من الليل حتى تتفطر قدماه. فقلت له: لم تصنع هذا يا رسول الله وقد غفر الله لك ما تقدم من ذنبك وما تاخر؟ قال: ((افلا احب ان اكون عبدا شكورا))

متفق عليه. هذا لفظ البخاري. ونحوه في الصحيحين من رواية المغيرة بن شعبة

98. Aischa ﵂ erzählte, dass der Prophet ﷺ in der Nacht solange betete, bis seine Füße rissig wurden. Ich sagte ihm: **„Warum tust du das, o Gesandter Allahs, obwohl Allah dir alle deine vergangenen und zukünftigen**

35 Sahih Buchari Nr. 6502

Sünden vergeben hat?“ Er ﷺ sagte: **„Soll ich denn nicht ein dankbarer Diener sein?“**[36]

١٠٠ - عن ابي هريرة رضي الله عنه قال: قال رسول الله صلى الله عليه وسلم:

((المؤمن القوي خير واحب الى الله من المؤمن الضعيف، وفي كل خير، احرص على ما ينفعك، واستعن بالله ولا تعجز، وان اصابك شيء فلا تقل لو اني فعلت كان كذا وكذا، ولكن قل: قدر الله وما شاء فعل؛ فان لو تفتح عمل الشيطان)) رواه مسلم.

100. Abu Huraira ﷺ berichtete, dass der Gesandte Allahs ﷺ gesagt hat: **„Der starke Gläubige ist besser und Allah lieber als der schwache Gläubige; in jedem steckt aber Gutes. Strebe nach dem, was dir nützt, bitte Allah um Beistand und sei nicht unfähig! Sollte dir etwas passieren, dann sage nicht: Wenn ich doch nur dies und jenes getan hätte! Aber sage: Allah hat es bestimmt und was Sein Wille ist, macht Er. Denn ‚wenn‘ öffnet dem Satan die Tür.“**[37]

١٠٤ - عن انس رضي الله عنه عن رسول الله صلى الله عليه وسلم قال:

((يتبع الميت ثلاثة: اهله وماله وعمله؛ فيرجع اثنان ويبقى واحد: يرجع اهله وماله ويبقى عمله)) متفق عليه.

---

36 Authentisch: Sahih Buchari Nr. 4837, Sahih Muslim Nr. 2820
37 Authentisch: Sahih Muslim Nr. 2664

104. Anas ibn Malik ﵁ berichtet, dass der Gesandte Allahs ﷺ sagte: **„Drei (Dinge) begleiten den Verstorbenen (zum Grab): seine Familie, sein Vermögen und seine Taten. Zwei davon kehren zurück und ihm bleibt (nur) eines: Seine Familie und sein Vermögen kehren zurück. Seine Taten bleiben bei ihm.“**[38]

١٠٥ - عن ابن مسعود رضي الله عنه قال، قال النبي صلى الله عليه وسلم:
((الجنة اقرب الى احدكم من شراك نعله، والنار مثل ذلك))
رواه البخاري.

105. Ibn Mas³ud ﵁ berichtete: Der Gesandte Allahs ﷺ sagte: **„Das Paradies ist jedem von euch näher als sein Schnürsenkel, und die Hölle ebenso.“**[39]

١٠٧ - عن ابي عبد الله، ويقال: ابو عبد الرحمن ثوبان مولى رسول الله صلى الله عليه وسلم رضي الله عنه قال سمعت رسول الله صلى الله عليه وسلم يقول:
((عليك بكثرة السجود؛ فانك لن تسجد لله سجدة الا رفعك الله بها درجة، وحط عنك بها خطيئة)) رواه مسلم.

107. Abu Abdullah Thauban ﵁ berichtete: Ich hörte den Gesandte Allahs ﷺ sagen:

38 Authentisch: Sahih Buchari Nr. 6514, Sahih Muslim Nr. 2960
39 Authentisch: Sahih Buchari Nr. 6488

„Vermehre deine Niederwerfungen, denn für jede deiner Niederwerfungen die du für Allah tust, wird Er deinen Rang erhöhen und eine deiner Sünden begleichen.“[40]

١٢١ - عنه (عن ابي ذر) رضي الله عنه قال، قال لي النبي صلى الله عليه وسلم: ((لا تحقرن من المعروف شيئا ولو ان تلقى اخاك بوجه طليق)) رواه مسلم.

121. Abu Dharr ﷺ berichtete: Der Gesandte Allahs ﷺ sagte mir: **„Schätze eine gute Tat nicht gering, sei es auch deinen Bruder (Mitmenschen) mit einem fröhlichen Gesicht zu begegnen (auch dies zählt als gute Tat, die belohnt wird).“**[41]

١٢٢ - عن ابي هريرة رضي الله عنه قال، قال رسول الله صلى الله عليه وسلم: ((كل سلامى من الناس عليه صدقة كل يوم تطلع فيه الشمس: يعدل بين الاثنين صدقة، ويعين الرجل في دابته فتحمله عليها او يرفع له عليها متاعه صدقة، والكلمة الطيبة صدقة، وبكل خطوة تمشيها الى الصلاة صدقة، وتميط الاذى عن الطريق صدقة)) متفق عليه.

122. Abu Huraira ﷺ berichtete: Der Gesandte

40 Authentisch: Sahih Muslim Nr. 488
41 Authentisch: Sahih Muslim Nr. 2626

Allahs ﷺ sagte: **„An jedem Tag, an dem die Sonne aufgeht, ist auf jedes Glied des menschlichen Körpers ein** Sadaqa **(Almosen für bedürftige Menschen) zu geben. Gerechtigkeit zwischen Zweien zu stiften, ist ein** Sadaqa. **Einem Menschen zu helfen, sein Reittier zu besteigen, ist** Sadaqa, **oder sein Tier zu beladen ist** Sadaqa; **ein freundliches Wort ist** Sadaqa, **jeder Schritt, den du zum Gebet schreitest, ist** Sadaqa; **und ein Hindernis vom Weg zu beseitigen, ist** Sadaqa.**“**[42]

١٢٤ - عنه رضي الله عنه قال، قال رسول الله صلى الله عليه وسلم:

((يا نساء المسلمات لا تحقرن جارة لجارتها ولو فرسن شاة))

متفق عليه.

124. Abu Huraira رضي الله عنه berichtete: Der Gesandte Allahs ﷺ sagte: **„O ihr muslimischen Frauen! Geringschätzt (eine gute Tat) nicht, einer Nachbarin etwas zu schenken, auch wenn es nur der Fuß eines Schafes ist.“**[43]

١٢٦ - عنه رضي الله عنه ان رسول الله صلى الله عليه وسلم قال:

((بينما رجل يمشي بطريق اشتد عليه العطش فوجد بئرا فنزل

42 Authentisch: Sahih Buchari Nr. 2989, Sahih Muslim Nr. 1009
43 Authentisch: Sahih Buchari Nr. 6017, Sahih Muslim Nr. 1030

فيها فشرب ثم خرج فاذا كلب يلهث ياكل الثرى من العطش. فقال الرجل: لقد بلغ هذا الكلب من العطش مثل الذي كان قد بلغ مني، فنزل البئر فملأ خفه ماء ثم امسكه بفيه حتى رقي فسقى الكلب فشكر الله له فغفر له)) قالوا: يا رسول الله ان لنا في البهائم اجرا؟ فقال: ((في كل كبد رطبة اجر))

متفق عليه.

وفي رواية للبخاري: ((فشكر الله له فغفر له فادخله الجنة))

وفي رواية لهما ((بينما كلب يطيف بركية قد كاد يقتله العطش اذ راته بغي من بغايا بني اسرائيل فنزعت موقها فاستقت له به فسقته فغفر لها به))

126. Abu Huraira ﵁ berichtet, dass der Prophet ﷺ folgendes Gleichnis erzählte: **„Ein Mann verspürte starken Durst, als er des Weges zog,. Beim Erreichen eines Brunnens stieg er in diesen hinab, trank Wasser zu Genüge und stieg wieder hinauf. Da sah er einen Hund mit hängender Zunge, der vor lauter Durst Schlamm aufleckte. Der Mann sagte zu sich, dass der Hund den gleichen Durst verspüren müsse, den er selbst kurz zuvor gehabt hatte. So stieg er nochmals in den Brunnen hinab, füllte seinen Lederstrumpf mit Wasser, stieg wieder hinauf – wobei er**

den Strumpf mit seinen Zähnen festhielt - und gab dem Hund zu trinken. Allah schätzte die Tat dieses Mannes und vergab ihm seine Sünden." Der Prophet ﷺ wurde gefragt: „O Gesandter Allahs ﷺ, werden wir auch für Freundlichkeit gegenüber Tieren belohnt?" Er antwortete: „Es gibt Belohnung für Freundlichkeit gegenüber jedem Lebewesen."

In Bucharis Überlieferung endet der Hadith hier: **„Allah dankte ihm für seine Tat, vergab ihm und ließ ihn ins Paradies eintreten."**

Eine andere Version lautet: **„Ein Hund umkreiste voller Durst den Rand eines Brunnens, als eine Prostituierte vom Volke Israels das Tier sah. Sie ließ ihren Lederstrumpf in den Brunnen hinab und holte etwas Wasser herauf, um dem Hund zu trinken zu geben. Daraufhin wurde ihr vergeben."**[44]

١٣٥ - عنه (عن جابر) رضي الله عنه قال، قال رسول الله صلى الله عليه وسلم: ((ما من مسلم يغرس غرسا الا كان ما اكل منه له صدقة، وما سرق منه له صدقة، ولا يرزؤه احد الا كان له صدقة))

رواه مسلم.

44 Authentisch: Sahih Buchari Nr. 2363, Sahih Muslim Nr. 2244

وفي رواية له: ((فلا يغرس المسلم غرسا فياكل منه انسان ولا دابة ولا طير الا كان له صدقة الى يوم القيامة))

وفي رواية له: ((لا يغرس مسلم غرسا ولا يزرع زرعا فياكل منه انسان ولا دابة ولا شيء الا كانت له صدقة)) وروياه جميعا من رواية انس رضي الله عنه.

135. Dschabir ﷺ berichtete, dass der Gesandte Allahs ﷺ sagte: **„Wenn ein Muslim einen Baum pflanzt, dann ist das, was davon gegessen wird, eine Sadaqa für ihn, und was davon gestohlen wird, ist auch eine Sadaqa für ihn, und auch was davon verloren geht.“**

Muslim überliefert ebenfalls: **„Ein Muslim pflanzt keinen Sprößling, wovon ein Mensch oder ein Tier oder irgendetwas anderes isst, ohne dass ihm das als Sadaqa angerechnet wird.”**[45]

١٣٨ - عن ابي محمد عبد الله بن عمرو بن العاص رضي الله عنه قال، قال رسول الله صلى الله عليه وسلم: ((اربعون خصلة اعلاها منيحة العنز ما من عامل يعمل بخصلة منها رجاء ثوابها وتصديق موعودها الا ادخله الله بها الجنة)) رواه البخاري.

((المنيحة)) : ان يعطيه اياها لياكل لبنها ثم يردها اليه.

45 Authentisch: Muslim 1552

138. Abu Muhammad Abdullah ibn Amru ibn Al-³As ﵁ berichtete, dass der Prophet ﷺ sagte: **„Es gibt vierzig Arten von guten Taten, davon ist die höchste, jemandem eine Ziege zu leihen, die Milch gibt. Wer eine dieser Taten vollbringt, in der Hoffnung auf Belohnung, den wird Allah ins Paradies eintreten lassen.“**[46]

١٣٩ - عن عدي بن حاتم رضي الله عنه قال سمعت النبي صلى الله عليه وسلم يقول: ((اتقوا النار ولو بشق تمرة)) متفق عليه.

وفي رواية لهما عنه قال، قال رسول الله صلى الله عليه وسلم: ((ما منكم من احد الا سيكلمه ربه ليس بينه وبينه ترجمان، فينظر ايمن منه فلا يرى الا ما قدم، وينظر اشام منه فلا يرى الا ما قدم، وينظر بين يديه فلا يرى الا النار تلقاء وجهه، فاتقوا النار ولو بشق تمرة، فمن لم يجد فبكلمة طيبة))

139. ³Adi Ibn Hatim ﵁ berichtet: Ich hörte den Propheten ﷺ sagen: **„Fürchtet das Höllenfeuer, auch wenn es nur durch das Geben einer halben Dattel ist.“**
Nach einer anderen Überlieferung berichtete ³Adi ﵁: Der Gesandte Allahs ﷺ sagte: **„Es gibt keinen von euch, mit dem sein Herr nicht sprechen wird, ohne dass es zwischen**

46 Authentisch: Buchari 2631

ihnen einen Dolmetscher gibt. Dann wird jeder zu seiner Rechten schauen und nur seine Taten sehen; und er wird zu seiner Linken schauen und nur seine Taten sehen. Er wird vor sich schauen und nur das Höllenfeuer sehen. Deshalb fürchtet das Höllenfeuer, wenn es auch nur durch das Spenden einer halben Dattel ist und wer auch das nicht kann, dann durch das Sprechen eines freundlichen Wortes."[47]

١٤١ - عن ابي موسى رضي الله عنه عن النبي صلى الله عليه وسلم قال:
((على كل مسلم صدقة)) قال: ارايت ان لم يجد؟ قال:
((يعمل بيديه فينفع نفسه ويتصدق)) قال: ارايت ان لم يستطع؟
قال: ((يعين ذا الحاجة الملهوف)) قال: ارايت ان لم يستطع؟
قال: ((يامر بالمعروف او الخير)) قال: ارايت ان لم يفعل؟
قال: ((يمسك عن الشر فانها صدقة)) متفق عليه.

141. Abu Musa ؓ berichtet, dass der Prophet ﷺ sagte: **„Jeder Muslim soll** Sadaqa **geben." Er wurde gefragt: „Und wenn er nichts hat?" Der Prophet ﷺ antwortete: „Dann soll er mit seinen Händen zu seinem eigenen Nutzen arbeiten und davon abgeben." Er wurde gefragt: „Und was ist, wenn er dies**

47 Authentisch: Sahih Buchari Nr. 6023, Sahih Muslim Nr. 1016

nicht kann?" Der Prophet ﷺ antwortete: „Dann soll er bedürftigen Menschen helfen." Er wurde gefragt: „Und wie ist es, wenn er auch das nicht kann." Der Prophet ﷺ sagte: „Dann soll er das Gute gebieten." Man fragte: „Und was ist, wenn er auch das nicht macht?" Der Prophet ﷺ sagte: „Dann soll er sich von Bösem fernhalten. Auch das ist Sadaqa."[48]

48 Authentisch: Sahih Buchari Nr. 1445, Sahih Muslim Nr. 1008

١٤ - باب الاقتصاد في العبادة

14. Gottesdienst mit Maß

Allah, der Erhabene, sagt:

﴿ما انزلنا عليك القران لتشقى﴾

„Wir haben den Qur'an nicht auf dich herabgesandt, um dich unglücklich zu machen,..." (Koran 20:2)

﴿يريد الله بكم اليسر ولا يريد بكم العسر﴾

„Allah will es euch leicht, Er will es euch nicht schwer." (Koran 2:185)

١٤٢ - وعن عائشة رضي الله عنها ان النبي صلى الله عليه وسلم دخل عليها وعندها امراة. قال: ((من هذه؟)) قالت: هذه فلانة تذكر من صلاتها. قال: ((مه عليكم بما تطيقون، فوالله لا يمل الله حتى تملوا)) وكان احب الدين اليه ما داوم صاحبه عليه. متفق عليه.

و ((مه)) : كلمة نهي وزجر. ومعنى ((لا يمل الله)) : لا يقطع ثوابه عنكم وجزاء اعمالكم ويعاملكم معاملة المال ((حتى تملوا)) فتتركوا. فينبغي لكم ان تاخذوا ما تطيقون الدوام عليه ليدوم ثوابه لكم وفضله عليكم.

142. Aischa ﷺ berichtet, dass der Prophet ﷺ zu ihr kam, während eine andere Frau bei ihr saß. Er ﷺ fragte: **„Wer ist sie?" Aischa**

antwortete: „Sie ist die Frau, die für ihre Gebete bekannt ist.” Er ﷺ sagte: „Langsam! Macht nur das, was ihr machen könnt. Und bei Allah, Allah wird nie müde euch zu belohnen, jedoch ihr könntet müde werden. Und für Ihn ist die beste Religion diejenige, die man kontinuirlich ausübt.”[49]

١٤٣ - وعن انس رضي الله عنه قال: ((جاء ثلاثة رهط الى بيوت ازواج النبي صلى الله عليه وسلم يسالون عن عبادة النبي صلى الله عليه وسلم فلما اخبروا كانهم تقالوها وقالوا: اين نحن من النبي صلى الله عليه وسلم وقد غفر له ما تقدم من ذنبه وما تاخر. قال احدهم: اما انا فاصلي الليل ابدا. وقال الاخر: وانا اصوم الدهر ولا افطر. وقال الاخر: وانا اعتزل النساء فلا اتزوج ابدا. فجاء رسول الله صلى الله عليه وسلم اليهم فقال: ((انتم الذين قلتم كذا وكذا؟ اما والله اني لاخشاكم لله واتقاكم له، لكني اصوم وافطر، واصلي وارقد، واتزوج النساء؛ فمن رغب عن سنتي فليس مني!)) متفق عليه.

143. Anas ﵁ berichtete: Drei Leute kamen zum Haus des Propheten ﷺ, um seine Frauen über den Gottesdienst des Propheten zu befragen. Als sie davon erfuhren, war es für sie so, als sei das, was sie selbst taten,

49 Authentisch: Sahih Buchari Nr. 43, 1151, Sahih Muslim Nr. 785

wenig. Sie sagten: **„Wo stehen wir (bei den Gottesdiensten), während dem Propheten ﷺ seine Sünden, die vergangenen und die kommenden vergeben worden sind." Einer von ihnen sagte: „Ich bete die ganze Nacht durch." Der andere sagte: „Ich faste ständig ohne Unterbrechung." Der andere sagte: „Und ich halte mich von Frauen fern und heirate niemals." Der Prophet ﷺ kam und fragte: „Seid ihr diejenigen, die dies gesagt haben? Bei Allah, ich fürchte Allah mehr als ihr alle und trotzdem faste ich und ich esse, ich bete und schlafe, und ich heirate Frauen. Wer meine Sunna nicht praktiziert, gehört nicht zu mir."**[50]

١٤٤ - وعن ابن مسعود رضي الله عنه ان النبي صلى الله عليه وسلم قال:

((هلك المتنطعون!)) قالها ثلاثا. رواه مسلم.

((المتنطعون)) : المتعمقون المشددون في غير موضع التشديد.

144. Ibn Mas^{3}ud ؓ berichtete Folgendes vom Propheten ﷺ: **„Mögen die Übertreibenden zugrunde gehen!"** Und er wiederholte es dreimal.[51]

---

50 Authentisch: Sahih Buchari Nr. 5063, Sahih Muslim Nr. 1401

51 Authentisch: Sahih Muslim Nr. 2670

١٤٥ - وعن ابي هريرة رضي الله عنه عن النبي صلى الله عليه وسلم قال:
((ان الدين يسر، ولن يشاد الدين الا غلبه، فسددوا وقاربوا وابشروا واستعينوا بالغدوة والروحة وشيء من الدلجة))

رواه البخاري.

145. Abu Huraira ﵁ berichtet, dass der Prophet ﷺ sagte: **„Die Religion ist einfach. Wer den Glauben streng macht, wird überwältigt. Deshalb übertreibt und untertreibt nicht, und seid damit zufrieden und sucht Allahs Hilfe im Gebet am Morgen und Abend und etwas im letzten Teil der Nacht."**[52]

١٤٦ - وعن انس رضي الله عنه قال: دخل النبي صلى الله عليه وسلم المسجد فاذا حبل ممدود بين الساريتين، فقال:
((ما هذا الحبل؟)) قالوا: هذا حبل لزينب فاذا فترت تعلقت به. فقال النبي صلى الله عليه وسلم: ((حلوه، ليصل احدكم نشاطه فاذا فتر فليرقد)) متفق عليه.

146. Anas ﵁ berichtet: **Als der Prophet ﷺ die Moschee betrat, sah er ein Seil, das zwischen zwei Säulen gebunden war. Er fragte: „Was ist das für ein Seil?" Man sagte:**

52 Authentisch: Sahih Buchari Nr. 39

„Dieses ist Zainabs Seil, wenn sie beim Gebet müde wird, hält sie sich daran fest." Der Prophet ﷺ sagte: „Nehmt es ab. Ihr sollt nur so lange beten, solange ihr Kraft habt. Wenn ihr müde seid, ruht euch aus."[53]

53 Authentisch: Sahih Buchari Nr. 1150, Sahih Muslim Nr. 784

١٦ - باب الامر بالمحافظة على السنة وادابها

16. Das Gebot der Bewahrung der Sunna (des Gesandten Allahs ﷺ) und ihre Umgangsformen

Allah, der Erhabene, sagt:

﴿وما ءاتىكم ٱلرسول فخذوه وما نهىكم عنه فٱنتهوا وٱتقوا ٱلله ان ٱلله شديد ٱلعقاب﴾

„Und was euch der Gesandte gibt, das nehmt an; und was er euch untersagt, dessen enthaltet euch."

(Koran 59:7)

﴿ما ضل صاحبكم وما غوى (٢) وما ينطق عن ٱلهوى (٣) ان هو الا وحى يوحى﴾

„Euer Gefährte ist weder verwirrt, noch befindet er sich im Unrecht, 3. noch spricht er aus Begierde. 4. Vielmehr ist es eine Offenbarung, die (ihm) eingegeben wird."

(Koran 53:2-4)

﴿قل ان كنتم تحبون ٱلله فٱتبعونى يحببكم ٱلله ويغفر لكم

﴿ذنوبكم وٱلله غفور رحيم﴾

„Sprich: Wenn ihr Allah liebt, so folgt mir, lieben wird euch Allah und euch eure Sünden vergeben; denn Allah ist Allvergebend, Barmherzig.“ (Koran 3:31)

﴿لقد كان لكم فى رسول ٱلله اسوة حسنة لمن كان يرجوا ٱلله وٱليوم ٱلاخر وذكر ٱلله كثيرا﴾

„Wahrlich, ihr habt an dem Gesandten Allahs ein schönes Vorbild für jeden, der auf Allah und den Letzten Tag hofft und Allahs häufig gedenkt.“

(Koran 33:21)

﴿فلا وربك لا يؤمنون حتى يحكموك فيما شجر بينهم ثم لا يجدوا فى انفسهم حرجا مما قضيت ويسلموا تسليما﴾

„Doch Nein, bei deinem Herrn; sie sind nicht eher Gläubige, bis sie dich zum Richter über alles machen, was zwischen ihnen strittig ist, und dann in ihren Herzen keine Bedenken gegen deine Entscheidung finden und sich voller Ergebung fügen.“

(Koran 4:65)

﴿يـايها ٱلذين ءامنوا اطيعوا ٱلله واطيعوا ٱلرسول واولى ٱلامر منكم فان تنـزعتم فى شىء فردوه الى ٱلله وٱلرسول ان كنتم

﴾تؤمنون بٱلله وٱليوم ٱلاخر ذ لك خير واحسن تاويلا﴿

„O ihr, die ihr glaubt, gehorcht Allah und gehorcht dem Gesandten und denen, die unter euch Befehlsgewalt besitzen. Und wenn ihr über etwas streitet, so bringt es vor Allah und den Gesandten, wenn ihr an Allah glaubt und an den Jüngsten Tag. Das ist das beste und nimmt am ehesten einen guten Ausgang." (Koran 4:59)

﴾من يطع ٱلرسول فقد اطاع ٱلله ومن تولى فما ارسلنك
عليهم حفيظا﴿

„Wer dem Gesandten gehorcht, der hat Allah gehorcht; und wenn sich jemand abwendet, so haben Wir dich nicht zum Hüter über sie gesandt." (Koran 4:80)

﴾وكذ لك اوحينا اليك روحا من امرنا ما كنت تدرى ما
ٱلكتب ولا ٱلايمان ولاكن جعلناه نورا ا نهدى به من نشاء
من عبادنا وانك لتهدى الى صر ط مستقيم﴿

„Und so haben Wir dir nach unserem Gebot ein Wort offenbart. Weder wußtest du, was die Schrift noch was der Glaube ist. Doch Wir haben sie (die Offenbarung) zu einem Licht gemacht, mit dem Wir jenen

von Unseren Dienern, denen wir wollen, den Weg weisen. Wahrlich, du leitest (sie) auf den geraden Weg.“ (Koran 42:52)

﴿فليحذر ٱلذين يخالفون عن امره ان تصيبهم فتنة او يصيبهم عذاب اليم﴾

„So mögen sich die, die sich seinem Befehl widersetzen, (davor) hüten, dass sie nicht Drangsal befalle oder eine schmerzliche Strafe treffe.“ (Koran 24:63)

﴿وقرن فى بيوتكن ولا تبرجن تبرج ٱلجهلية ٱلاولى واقمن ٱلصلوة وءاتين ٱلزكوة واطعن ٱلله ورسوله﴾

„Und bleibt in euren Häusern und prunkt nicht wie in den Zeiten der Dschahiliya und verrichtet das Gebet und entrichtet die Zakah und gehorcht Allah und seinem Gesandten.“ (Koran 33:33)

١٥٦ - عن ابي هريرة رضي الله عنه عن النبي صلى الله عليه وسلم قال:

((دعوني ما تركتكم؛ انما اهلك من كان قبلكم كثرة سؤالهم واختلافهم على انبيائهم، فاذا نهيتكم عن شيء فاجتنبوه، واذا امرتكم بامر فاتوا منه ما استطعتم)) متفق عليه.

156. Abu Huraira ﵁ berichtet, dass der Prophet ﷺ Folgendes sagte: **„Befragt mich nicht über Dinge, die ich bei euch nicht erwähne, denn die Völker vor euch sind wegen zu vieler Fragen und ihrer Meinungsverschiedenheiten mit ihren Propheten zugrundegegangen. Wenn ich euch etwas verbiete, dann meidet es und wenn ich euch etwas gebiete, dann macht es, soviel ihr davon machen könnt."**[54]

١٥٧ - عن ابي نجيح العرباض بن سارية رضي الله عنه قال:

وعظنا رسول الله صلى الله عليه وسلم موعظة بليغة، وجلت منها القلوب، وذرفت منها العيون. فقلنا: يا رسول الله كانها موعظة مودع فاوصنا. قال: ((اوصيكم بتقوى الله والسمع والطاعة وان تامر عليكم عبد[حبشي]، وانه من يعش منكم فسيرى اختلافا كثيرا! فعليكم بسنتي وسنة الخلفاء الراشدين المهديين عضوا عليها بالنواجذ، واياكم ومحدثات الامور فان كل بدعة ضلالة)) رواه ابو داود والترمذي وقال حديث حسن صحيح.

((النواجذ)) بالذال المعجمة: الانياب وقيل الاضراس.

157. Abu Nadschih Al-Irbad Ibn Saria ﵁ berichtete: **Der Gesandte Allahs ﷺ hielt eine wirkunsvolle Ansprache, die unsere Herzen**

54 Authentisch: Sahih Buchari Nr. 8288, Sahih Muslim Nr. 1337

sehr berührt und unsere Augen mit Tränen gefüllt hatte. Wir sagten: „O Gesandter Allahs, (uns ist) als ob diese Ermahnung die letzte wäre. Gebe uns Ratschläge!" Er ﷺ sagte: „Ich ermahne euch, Allah zu fürchten und dem Anführer zu gehorchen, auch wenn er ein äthiopischer Sklave ist, der euch befiehlt. Wer unter euch lebt wird viele Meinungsverschiedenheiten sehen. Deshalb ist euch auferlegt, meiner Sunna **und der** Sunna **meiner rechtgeleiteten Kalifen zu folgen, und beißt darum auf eure Backenzähne (d.h. stark daran festhalten). Hütet euch vor Neuerungen in der Relegion, denn jede Neuerung ist ein Irregehen."**[55]

١٥٨ - عن ابي هريرة رضي الله عنه ان رسول الله صلى الله عليه وسلم قال: **((كل امتي يدخلون الجنة الا من ابى))** قيل: ومن يابى يا رسول الله؟ قال: **((من اطاعني دخل الجنة، ومن عصاني فقد ابى))** رواه البخاري.

158. Abu Huraira رضي الله عنه überliefert, dass der Gesandte Allahs ﷺ sagte: **„Meine ganze Umma (Gemeinde) wird ins Paradies**

55 Abu Dawud und At-Tirmidhi berichteten. Siehe Assilsila As-Sahiha von Albani 937, Sahih Al-Dschami[3] Nr. 2549, Irwa'Alghalil 2455

kommen außer die, die sich weigern.” Man fragte: „Wer wird sich weigern, o Gesandter Allahs?” Er sagte: **„Wer mir gehorcht, kommt ins Paradies und wer mir nicht gehorcht, weigert sich.”**[56]

١٦٤ - عن جابر رضي الله عنه ان رسول الله صلى الله عليه وسلم امر بلعق الاصابع والصحفة وقال: ((انكم لا تدرون في ايه البركة)) رواه مسلم.

وفي رواية له: ((اذا وقعت لقمة احدكم فلياخذها فليمط ما كان بها من اذى ولياكلها ولا يدعها للشيطان، ولا يمسح يده بالمنديل حتى يلعق اصابعه فانه لا يدري في اي طعامه البركة))

وفي رواية له: ((ان الشيطان يحضر احدكم عند كل شيء من شانه حتى يحضره عند طعامه، فاذا سقطت من احدكم اللقمة فليمط ما كان بها من اذى فلياكلها ولا يدعها للشيطان))

164. Dschabir ﵁ berichtete, dass der Gesandte Allahs ﷺ empfohl, die Finger und die Teller (nach dem Essen) abzulecken und sagte dazu: **„Ihr wisst nicht, worin der Segen liegt.”** Eine andere Überlieferung von Muslim besagt: **„Wenn ein Bissen von einem von euch fällt, soll er ihn nehmen, ihn reinigen und essen und ihn nicht für den Satan zurücklassen. Er soll seine Hände nicht mit einem Tuch**

---

56 Authentisch: Sahih Buchari Nr. 7280

abwischen, ohne von seinen Fingern abgeleckt zu haben, weil er nicht weiß, in welchem Teil des Essens der Segen liegt.”[57]

١٦٥ - عن ابن عباس رضي الله عنه قال: قام فينا رسول الله صلى الله عليه وسلم بموعظة فقال: ((يا ايها الناس انكم محشورون الى الله تعالى حفاة عراة غرلا ﴿كما بدانا اول خلق نعيده وعدا علينا انا كنا فاعلين﴾ (الانبياء ١٠٣) الا وان اول الخلائق يكسى يوم القيامة ابراهيم عليه السلام، الا وانه سيجاء برجال من امتي فيؤخذ بهم ذات الشمال فاقول: يا رب اصحابي. فيقال: انك لا تدري ما احدثوا بعدك. فاقول كما قال العبد الصالح: ﴿وكنت عليهم شهيدا ما دمت فيهم﴾ الى قوله: ﴿العزيز الحكيم﴾ (المائدة ١١٧، ١١٨) فيقال لي: انهم لم يزالوا مرتدين على اعقابهم منذ فارقتهم)) متفق عليه.

((غرلا)) : اي غير مختونين.

165. Ibn Abbas ﵁ berichtete: Der Gesandte Allahs ﷺ erhob sich und hielt uns eine Predigt. Er sagte: **„O ihr Leute! Ihr werdet vor Allah stehend versammelt, barfuß, nackt und unbeschnitten.”** (Sura 21:104) **„Wahrlich! Das erste Geschöpf, das am Tag des Gerichts gekleidet wird, ist Abraham ﵇. Und es werden einige Männer aus**

57 Authentisch: Sahih Muslim Nr. 2033

meiner Umma auf die linke Seite geführt. Dann sage ich: „O Allah, meine Gefährten." Es wird gesagt: „Du weißt nicht, was sie nach dir erneuerten." Dann sage ich, wie der Rechtschaffene Diener:

﴿ما قلت لهم الا ما امرتنى به ان ٱعبدوا ٱلله ربى وربكم وكنت عليهم شهيدا ما دمت فيهم فلما توفيتنى كنت انت ٱلرقيب عليهم وانت على كل شىء شهيد (١١٧) ان تعذبهم فانهم عبادك وان تغفر لهم فانك انت ٱلعزيز ٱلحكيم﴾

„nichts anderes sagte ich zu ihnen, als das, was Du mich geheißen hattest: »Betet Allah an, meinen Herrn und euren Herrn.« und ich war ihr Zeuge, solange ich unter ihnen weilte, doch nachdem Du mich abberufen hattest, bist Du ihr Wächter gewesen; und Du bist der Zeuge aller Dinge." „118. wenn Du sie bestrafst, sind sie Deine Diener, und wenn Du ihnen verzeihst, bist Du wahrlich der Allmächtige, der Allweise." (Koran 5:117-118) „Es wird mir dann gesagt: „Seitdem du sie verlassen hast, sind sie deiner abtrünnig geworden." [58]

١٦٧ - وعن عابس بن ربيعة قال: رايت عمر بن الخطاب رضي الله عنه يقبل الحجر (يعني الاسود) ويقول:

58 Authentisch: Sahih Buchari 3349, Sahih Muslim Nr. 2860

((اني اعلم انك حجر ما تنفع ولا تضر، ولولا اني رايت رسول
الله صلى الله عليه وسلم يقبلك ما قبلتك.)) متفق عليه.

167. ^{3}Abis Ibn Rabi^{3}a رضي الله عنه berichtete: Ich sah Umar Ibn al-Chattab رضي الله عنه den schwarzen Stein küssen, während er sagte: **„Ich weiß ganz genau, dass du nur ein Stein bist, der weder nützt noch schadet. Hätte ich nicht den Propheten ﷺ dich küssen sehen, hätte ich dich nicht geküsst.“**[59]

---

59 Authentisch: Sahih Buchari 1597, Sahih Muslim Nr. 1270

١٨ - باب النهي عن البدع ومحدثات الامور

18. Verbot von Bid³a (Neuerungen)

Allah, der Erhabene, sagt:

﴿فماذا بعد ٱلحق الا ٱلضلل﴾

„...was sollte also nach der Wahrheit (übrig) bleiben als der Irrtum?“ (Koran 10:32)

١٦٩ - عن عائشة رضي الله عنها قالت قال رسول الله صلى الله عليه وسلم:
((من احدث في امرنا هذا ما ليس منه فهو رد)) متفق عليه.
وفي رواية لمسلم: ((من عمل عملا ليس عليه امرنا فهو رد))

169. Aischa ﵂ berichtete, dass der Gesandte Allahs ﷺ sagte: **„Wer in dieser unserer Sache (der Religion) etwas neues hinzufügt, was nicht dazu gehört, ist zurückzuweisen.”**[60]

١٧٢ - وعن ابن مسعود رضي الله عنه ان النبي صلى الله عليه وسلم قال:
((ليس من نفس تقتل ظلما الا كان على ابن ادم الاول كفل من دمها لانه كان اول من سن القتل)) متفق عليه.

60 Authentisch: Sahih Buchari 2697, Sahih Muslim 1718

172. Ibn Mas³ud ﷺ berichtete, dass der Gesandte Allahs ﷺ sagte: **„Es gibt keine Seele, die ohne Schuld ermordet wird, ohne dass Kifl, der ältere Sohn Adams, einen Anteil der Strafe bekommt, weil er der Erste war, der mit Morden anfing."**[61]

٢٠ - باب الدلالة على خير والدعاء الى هدى او ضلالة

20. Auf das Gute hinweisen und der Ruf zur Rechtleitung oder zum Irrtum

Allah, der Erhabene, spricht:

﴿ٱدع الى سبيل ربك بٱلحكمة وٱلموعظة ٱلحسنة وجدلهم بٱلتى هى احسن﴾

„Rufe zum Weg deines Herrn mit Weisheit und schöner Ermahnung auf, und streite mit ihnen auf die beste Art." (Koran 16:125)

﴿وتعاونوا على ٱلبر وٱلتقوى ولا تعاونوا على ٱلاثم وٱلعدو ن وٱتقوا ٱلله ان ٱلله شديد ٱلعقاب﴾

61 Authentisch: Sahih Buchari 3335, 7321, Sahih Muslim 1677

„...und helft einander in Rechtschaffenheit und Frömmigkeit...“ (Koran 5:2)

﴿ولتكن منكم امة يدعون الى الخير ويامرون بالمعروف وينهون عن المنكر واولـئك هم المفلحون﴾

„Und aus euch soll eine Gemeinde werden, die zum Guten einlädt und das gebietet, was Rechtens ist, und das Unrecht verbietet; und diese sind die Erfolgreichen...“ (Koran 3:104)

١٧٣ - وعن ابي مسعود عقبة بن عمرو الانصاري البدري رضي الله عنه قال: قال رسول الله صلى الله عليه وسلم: ((من دل على خير فله مثل اجر فاعله)) رواه مسلم.

173. Abu Mas³ud Uqba Ibn ³Amro Al-Ansari ﵁ sagte: Der Gesandte Allahs ﷺ sagte: **„Wer auf Gutes hinweist (d.h. wer veranlasst, dass andere Gutes tun), dem gibt (Allah) die gleiche Belohnung wie dem Wohltäter.”**[62]

١٧٤ - وعن ابي هريرة رضي الله عنه ان رسول الله صلى الله عليه وسلم قال: ((من دعا الى هدى كان له من الاجر مثل اجور من تبعه لا ينقص ذلك من اجورهم شيئا، ومن دعا الى ضلالة كان عليه من

62 Authentisch: Sahih Muslim 1893

الاثم مثل اثام من تبعه لا ينقص ذلك من اثامهم شيئا))

رواه مسلم.

174. Abu Huraira ﷺ berichtete, dass der Gesandte Allahs ﷺ sagte: **„Wer zur Rechtleitung aufruft, bekommt die gleiche Belohnung, wie die, die ihr folgen und das wird ihre Belohnung um nichts verringern. Wer aber zum Irrtum aufruft, bekommt die gleiche Sünde, wie diejenigen, die ihm (dem Irrtum) folgen, und dabei werden die Sünden derer, die ihm gefolgt sind nicht weniger."**[63]

63 Authentisch: Sahih Muslim 2674

٢١ - باب التعاون على البر والتقوى

21. Gegenseitige Hilfe in Güte und Gottesfurcht

قال الله تعالى:

﴿وتعاونوا على ٱلبر وٱلتقوى ﴾

„Und helft einander in Rechtschaffenheit und Frömmigkeit; ...“ (Koran 5:2)

وقال تعالى:

﴿وٱلعصر (١) ان ٱلانسـن لفى خسر (٢) الا ٱلذين ءامنوا وعملوا ٱلصـلحت وتواصوا بٱلحق وتواصوا بٱلصبر﴾

„1. Beim Nachmittag! 2. Die Menschen sind wahrlich im Verlust; 3. außer denjenigen, die glauben und gute Werke tun und sich gegenseitig die Wahrheit ans Herz legen und sich gegenseitig zur Geduld anhalten.“
(Koran 103:1-3)

قال الامام الشافعي رحمه الله كلاما معناه: ان الناس او اكثرهم في غفلة عن تدبر هذه السورة.

Imam Schafi[3]i (Möge Allah ihm barmherzig

sein) sagte, dass die Menschen oder die meisten Menschen sich der Bedeutung dieser Sure nicht bewußt sind.

١٨٠ - وعن ابي موسى الاشعري رضي الله عنه عن النبي صلى الله عليه وسلم انه قال: ((الخازن المسلم الامين الذي ينفذ ما امر به فيعطيه كاملا موفرا، طيبة به نفسه، فيدفعه الى الذي امر له به احد المتصدقين)) متفق عليه.

وفي رواية: ((الذي يعطي ما امر به)) وضبطوا ((المتصدقين)) بفتح القاف مع كسر النون على التثنية، وعكسه على الجمع، وكلاهما صحيح.

180. Abu Musa Al-Asch³ari ﵁ berichtete: Der Prophet ﷺ sagte: **„Ein muslimischer vertrauenswürdiger Verwalter ist derjenige, der die ihm auferlegten Pflichten erledigt, indem er vollständig und aus ganzem Herzen das gibt, wozu einer der Wohltäter ihn beauftragt hat."**[64]

---

64 Authentisch: Sahih Buchari 1438, Sahih Muslim 1023

٢٢ - الباب النصيحة

22. Ratschlag

Allah, der Erhabene, spricht:

﴿انما ٱلمؤمنون اخوة فاصلحوا بين اخويكم﴾

„Die Gläubigen sind ja Brüder, so stiftet Frieden zwischen euren Brüdern. (Koran 49:10)

﴿ابلغكم رسلت ربى وانصح لكم واعلم من ٱلله ما لا تعلمون﴾

„Ich überbringe euch die Botschaften meines Herrn und gebe euch aufrichtigen Rat, und ich weiß durch Allah, was ihr nicht wisset.“ (Koran 7:62)

﴿ابلغكم رسلت ربى وانا لكم ناصح﴾

„Ich überbringe euch die Botschaften meines Herrn, und ich bin euch ein aufrichtiger und getreuer Ratgeber.“ (Koran 7:68)

١٨٢ - عن جرير بن عبد الله رضي الله عنه قال:

بايعت رسول الله صلى الله عليه وسلم على اقام الصلاة، وايتاء الزكاة، والنصح لكل مسلم. متفق عليه.

182. Dschurair Ibn Abdullah ﵁ berichtet: Ich schwor dem Gesandten Allahs ﷺ die Treue, indem ich mich verpflichtete, das Gebet zu verrichten, die **Zakat** zu geben und jedem Muslim gute Ratschläge zu geben.[65]

١٨٣ - عن انس رضي الله عنه عن النبي صلى الله عليه وسلم قال: ((لا يؤمن احدكم حتى يحب لاخيه ما يحب لنفسه))

متفق عليه.

183. Anas ﵁ berichtete: Der Gesandte Allahs ﷺ sagte: **„Keiner von euch gilt als gläubig, solange er seinem Bruder nicht wünscht, was er für sich selbst wünscht."**[66] (Bruder oder Schwester, denn der arab. Plural steht für männlich und weiblich)

65 Authentisch: Sahih Buchari 57, Sahih Muslim 56
66 Authentisch: Sahih Buchari 13, Sahih Muslim 45

٢٣ - باب الامر بالمعروف والنهي عن المنكر

23. Das Gute gebieten und das Üble verbieten

Allah, der Erhabene, spricht:

﴿ولتكن منكم امة يدعون الى ٱلخير ويامرون بٱلمعروف
وينهون عن ٱلمنكر واولـئك هم ٱلمفلحون﴾

„Und aus euch soll eine Gemeinde werden, die zum Guten einlädt und das gebietet, was Rechtens ist, und das Unrecht verbietet; und diese sind die Erfolgreichen.“
(Koran 3:104)

﴿كنتم خير امة اخرجت للناس تامرون بٱلمعروف وتنهون عن
ٱلمنكر وتؤمنون بٱلله ﴾

„Ihr seid die beste Gemeinde, die für die Menschen entstand. Ihr gebietet das, was Rechtens ist, und ihr verbietet das Unrecht, und ihr glaubt an Allah.“ (Koran 3:110)

﴿خذ ٱلعفو وامر بٱلعرف واعرض عن ٱلجاهلين﴾

„Übe Nachsicht, gebiete das Rechte und wende dich von den Unwissenden ab.“
(Koran 7:199)

﴿وٱلمؤمنون وٱلمؤمنت بعضهم اولياء بعض يامرون بٱلمعروف وينهون عن ٱلمنكر﴾

„Und die gläubigen Männer und die gläubigen Frauen sind einer des anderen Beschützer: sie gebieten das Gute und verbieten das Böse..." (Koran 9:71)

﴿وقل ٱلحق من ربكم فمن شاء فليؤمن ومن شاء فليكفر﴾

„...und sprich: ‚Es ist die Wahrheit von eurem Herrn.' Darum laß den gläubig sein, der will, und den ungläubig sein, der will." (Koran 18:29)

﴿فٱصدع بما تؤمر﴾

„...so tue kund, was dir befohlen wurde..." (Koran 15:94)

﴿انجينا ٱلذين ينهون عن ٱلسوء واخذنا ٱلذين ظلموا بعذاب بيس بما كانوا يفسقون﴾

„... da retteten wir jene, die das Böse verhindert hatten, und erfaßten die Ungerechten mit peinlicher Strafe, weil sie gefrevelt hatten." (Koran 7:165)

١٨٤ - عن ابي سعيد الخدري رضي الله عنه قال سمعت رسول الله صلى الله عليه وسلم يقول: ((من راى منكم منكرا فليغيره بيده، فان لم يستطع فبلسانه، فان لم يستطع فبقلبه؛ وذلك اضعف الايمان))

رواه مسلم.

184. Abu Sa³id Al-Chudri ﵁ berichtet: Ich hörte den Gesandten Allahs ﷺ sagen: **„Wer von euch etwas Übles sieht, soll es mit seiner eigenen Hand ändern, und wenn er dies nicht kann, so soll er es mit seiner Zunge verändern, und wenn er dies nicht kann, dann mit seinem Herzen, und das ist das schwächste des Glaubens."**[67]

١٨٧ - عن النعمان بن بشير رضي الله عنهما عن النبي صلى الله عليه وسلم قال: ((مثل القائم في حدود الله والواقع فيها كمثل قوم استهموا على سفينة فصار بعضهم اعلاها وبعضهم اسفلها، فكان الذين في اسفلها اذا استقوا من الماء مروا على من فوقهم؛ فقالوا: لو انا خرقنا في نصيبنا خرقا ولم نؤذ من فوقنا. فان تركوهم وما ارادوا هلكوا جميعا، وان اخذوا على ايديهم نجوا ونجوا جميعا)) رواه البخاري.

((القائم في حدود الله)) معناه: المنكر لها القائم في دفعها وازالتها. والمراد بالحدود: ما نهى الله عنه. و ((استهموا)) : اقترعوا.

67 Authentisch: Sahih Muslim 49

187. An-Nu^{3}man Ibn Baschir رضي الله عنه berichtete, dass der Prophet ﷺ sagte: „**Das Gleichnis von dem, der auf Allahs Grenzen achtet, und dem, der sie überschreitet, ist wie das der Leute auf einem Schiff, die durch das Los entweder auf dem Oberdeck oder Unterdeck des Schiffes untergebracht werden. Die Unteren mussten nach oben, um Wasser zu holen, deshalb baten sie um Erlaubnis, ein Loch in den Boden des Schiffes zu bohren, um an Wasser zu gelangen, ohne die Oberen zu stören. Wenn sie (die Oberen) dies zuließen, würden sie alle ums Leben kommen. Wenn aber diese sie davon abhielten, würden sie selbst und alle anderen gerettet.**"[68]

١٩٣ - عن حذيفة رضي الله عنه عن النبي صلى الله عليه وسلم قال:

((والذي نفسي بيده لتامرن بالمعروف، ولتنهون عن المنكر او ليوشكن الله ان يبعث عليكم عقابا منه ثم تدعونه فلا يستجاب لكم)) رواه الترمذي وقال حديث حسن.

193. Hudhaifa رضي الله عنه berichtete, dass der Prophet ﷺ sagte: „**Bei Dem, in dessen Händen meine Seele liegt, ihr gebietet das Gute und verbietet das Üble, oder Allah wird**

68 Authentisch: Sahih Buchari 2493

eine Strafe über euch senden und dannach werdet ihr zu Ihm beten, ohne dass eure Gebete erhört werden."[69]

١٩٤ - عن ابي سعيد الخدري رضي الله عنه عن النبي صلى الله عليه وسلم قال: ((افضل الجهاد كلمة عدل عند سلطان جائر))

رواه ابو داود والترمذي وقال حديث حسن.

194. Abu Said Al-Chudri ﵁ berichtete, dass der Prophet ﷺ sagte: **„Der beste Dschihad ist ein gerechtes Wort bei einem ungerechten Herrscher."**[70]

69 Authentisch: Sahih Al-Dschami[3] 7070, und Sahih At-Tirmidhi von Albani 1762
70 Authentisch: Sahih Al-Dschami[3] 1100, Assilsila Assahiha von Albani 491, bei Abu Dawud und At-Tirmidhi

٢٤ - باب تغليظ عقوبة من امر بمعروف او نهى عن منكر وخالف قوله فعله

24. Die Strafe für den, der das Gute gebietet und das Schlechte verbietet, während sein Tun das Gegenteil dessen ist, was er sagt

Allah, der Erhabene, sagt:

﴿اتامرون ٱلناس بٱلبر وتنسون انفسكم وانتم تتلون ٱلكتاب افلا تعقلون﴾

„Wollt ihr den Menschen Aufrichtigkeit gebieten und euch selbst vergessen, wo ihr doch das Buch lest! Habt ihr denn keinen Verstand?“ (Koran 2:44)

﴿يايها ٱلذين ءامنوا لم تقولون ما لا تفعلون (٢) كبر مقتا عند ٱلله ان تقولوا ما لا تفعلون﴾

„2. O ihr, die ihr glaubt, warum sagt ihr, was ihr nicht tut? 3. Höchst hassenswert ist es vor Allah, dass ihr sagt, was ihr nicht tut.“
(Koran 61:2-3)

﴿وما اريد ان اخالفكم الى ما انهكم عنه﴾

„Und ich will gegen euch nicht so handeln, wie ich es euch zu unterlassen bitte.“

(Koran 11:88)

١٩٨ - وعن ابي زيد اسامة بن زيد بن حارثة رضي الله عنه قال سمعت رسول الله صلى الله عليه وسلم يقول: ((يؤتى بالرجل يوم القيامة فيلقى في النار فتندلق اقتاب بطنه، فيدور بها كما يدور الحمار في الرحا، فيجتمع اليه اهل النار فيقولون: يا فلان ما لك؟ الم تكن تامر بالمعروف، وتنهى عن المنكر؟ فيقول: بلى كنت امر بالمعروف ولا اتيه وانهى عن المنكر واتيه)) متفق عليه.

قوله ((تندلق)) هو بالدال المهملة معناه: تخرج.و ((الاقتاب)) : الامعاء واحدها قتب

198. Abu Zaid Usama Ibn Zaid Ibn Haritha ﷺ berichtete: Ich hörte den Gesandten Allahs ﷺ sagen: **„Ein Mann wird am Tage der Auferstehung gebracht und in das Feuer geworfen. Die Gedärme seines Bauches brechen heraus und er wird damit kreisen, wie ein Esel an der Mühle. Um ihn werden sich die Bewohner des Feuers versammeln und sagen: „O du Soundso! Was hast du? Warst du nicht derjenige, der das Gute**

geboten und das Üble verboten hat?" Er wird sagen: „Doch. Ich habe das Gute geboten und es selbst nicht gemacht, und verbot das Üble, doch tat es selbst."[71]

71 Authentisch: Sahih Buchari 3267, Sahih Muslim 2989

٢٥ - باب الامر باداء الامانة

25. Das anvertraute Gut (Amana) zurückgeben

Allah, der Erhabene, sagt:

﴿ان ٱلله يامركم ان تؤدوا ٱلامـانـات الى اهلها واذا حكمتم بين ٱلناس ان تحكموا بٱلعدل ﴾

„Allah befiehlt euch, die anvertrauten Güter ihren Eigentümern zurückzugeben; und wenn ihr zwischen Menschen richtet, nach Gerechtigkeit zu richten."
(Koran 4:58)

﴿انا عرضنا ٱلامانة على ٱلسمـوات وٱلارض وٱلجبال فابين ان يحملنها واشفقن منها وحملها ٱلانسـان انه، كان ظلوما جهولا﴾

„Wahrlich, Wir Boten das Treuhänderamt den Himmeln und der Erde und den Bergen an; doch sie weigerten sich, es zu tragen, und schreckten davor zurück. Aber der Mensch nahm es auf sich. Wahrlich, er ist sehr ungerecht, unwissend." (Koran 33:72)

١٩٩ - وعن ابي هريرة رضي الله عنه ان رسول الله صلى الله عليه وسلم

قال: ((اية المنافق ثلاث: اذا حدث كذب، واذا وعد اخلف، واذا اؤتمن خان)) متفق عليه.

وفي رواية ((وان صام وصلى وزعم انه مسلم))

199. Abu Huraira ﵁ berichtete, dass der Gesandte Allahs ﷺ sagte: **„Die Merkmale eines Heuchlers sind drei: Wenn er spricht, lügt er, wenn er etwas verspricht, bricht er es, und wenn ihm etwas anvertraut würde, betrügt er."**

In einer anderen Überlieferung: **„Und auch wenn er fastet, betet und behauptet ein Muslim zu sein."**[72]

72 Authentisch: Sahih Buchari 33, Sahih Muslim 59

٢٦ - باب تحريم الظلم والامر برد المظالم

26. Das Verbot des Unrechts...

Allah, der Erhabene, sagt:

﴿ما للظلمين من حميم ولا شفيع يطاع﴾

„...die Ungerechten werden weder einen Vertrauten Freund noch einen Fürsprecher haben, auf den gehört werden könnte.“

(Koran 40:18)

﴿وما للظلمين من نصير﴾

„...und für die Ungerechten gibt es keinen Helfer.“ (Koran 22:71)

٢٠٣ - وعن جابر رضي الله عنه ان رسول الله صلى الله عليه وسلم قال: ((اتقوا الظلم فان الظلم ظلمات يوم القيامة، واتقوا الشح فان الشح اهلك من كان قبلكم: حملهم على ان سفكوا دماءهم ، واستحلوا محارمهم)) رواه مسلم.

203. Dschabir ﷺ berichtet: Der Gesandte Allahs ﷺ sagte: **„Hütet euch vor Unrecht, denn Unrecht bringt Finsternis am Tage der Auferstehung. Hütet euch vor der**

Habgier, denn Habgier vernichtete die Völker vor euch, sie führte dazu, dass sie aneinander Blut vergossen und ihre Verbote zum Erlaubten machten.“[73]

٢٠٤ - وعن ابي هريرة رضي الله عنه ان رسول الله صلى الله عليه وسلم قال:
((لتؤدن الحقوق الى اهلها يوم القيامة حتى يقاد للشاة الجلحاء من الشاة القرناء)) رواه مسلم.

204. Abu Huraira ﵁ berichtete, dass der Gesandte Allahs ﷺ sagte: **„Am Tage der Auferstehung wird jedem sein Recht gegeben, (auch) das eines hornlosen Schafes, (das) von einem hörnigen Schaf (verletzt wurde).“**[74]

٢٠٧ - وعن ابي موسى رضي الله عنه قال، قال رسول الله صلى الله عليه وسلم: ((ان الله ليملي للظالم فاذا اخذه لم يفلته)) ثم قرا: ﴿وكذلك اخذ ربك اذا اخذ القرى وهي ظالمة؛ ان اخذه اليم شديد﴾ (هود ١٠٢) متفق عليه.

207. Abu Musa ﵁ berichtete, dass der Gesandte Allahs ﷺ sagte: **„Allah gibt dem, der Unrecht tut, eine Frist und wenn Er**

73 Authentisch: Sahih Muslim 2578
74 Authentisch: Sahih Muslim 2582

ihn nimmt, lässt Er ihn nicht entkommen.“ Dann las er: **„Und wie dein Herr mit den (früheren) Städten verfahren ist, ergreift Er auch (andere), wenn sie Unrecht begehen. Wahrlich, Seine Bestrafung ist schmerzlich, streng.“** (Koran 11:102)[75]

٢٠٨ - وعن معاذ رضي الله عنه قال: بعثني رسول الله صلى الله عليه وسلم فقال: ((انك تاتي قوما من اهل الكتاب، فادعهم الى شهادة ان لا اله الا الله واني رسول الله، فان هم اطاعوا لذلك فاعلمهم ان الله افترض عليهم خمس صلوات في كل يوم وليلة، فان هم اطاعوا لذلك فاعلمهم ان الله افترض عليهم صدقة تؤخذ من اغنيائهم فترد على فقرائهم، فان هم اطاعوا لذلك فاياك وكرائم اموالهم، واتق دعوة المظلوم فانه ليس بينها وبين الله حجاب)) متفق عليه.

208. Mu³adh ﵁ berichtete: Der Gesandte Allahs ﷺ sandte mich (nach Jemen) und sagte mir: **„Du kommst zu den Leuten der Schrift (Juden und Christen), so lade sie ein zu bezeugen, dass es keinen Anbetungswürdigen gibt außer Allah und dass ich der Gesandter Allahs bin. Wenn sie das befolgen, dann erkläre ihnen, dass**

75 Authentisch: Sahih Buchari 4686, Sahih Muslim 2583

Allah ihnen fünf Gebete, am Tag und in der Nacht zu Pflicht gemacht hat. Wenn sie das befolgen, dann teile ihnen mit, dass Allah ihnen eine Sadaqa **als Pflicht auferlegt hat, die von ihren Reichen genommen wird, um sie unter ihren Armen zu verteilen. Wenn sie das befolgen, dann nimm ihnen ja nicht ihren besten Besitz. Und fürchte die Klage des ungerecht Behandelten, denn es gibt zwischen ihr und Allah keine Trennwand."**[76]

٢٠٩ - وعن ابي حميد عبد الرحمن بن سعد الساعدي رضي الله عنه قال: استعمل النبي صلى الله عليه وسلم رجلا من الازد يقال له ابن اللتبية على الصدقة. فلما قدم قال: هذا لكم وهذا اهدي الي. فقام رسول الله صلى الله عليه وسلم على المنبر فحمد الله واثنى عليه ثم قال: ((اما بعد فاني استعمل الرجل منكم على العمل مما ولاني الله فياتي فيقول: هذا لكم هذا هدية اهديت الي! افلا جلس في بيت ابيه او امه حتى تاتيه هديته ان كان صادقا! والله لا ياخذ احد منكم شيئا بغير حقه الا لقي الله تعالى يحمله يوم القيامة، فلا اعرفن احدا منكم لقي الله يحمل بعيرا له رغاء، او بقرة لها خوار، او شاة تيعر)) ثم رفع يديه حتى رؤي بياض ابطيه فقال: ((اللهم هل بلغت؟)) ثلاثا متفق عليه.

209. Abu Humaid Abdur-Rahman Ibn Sa³d As-Sa³idi ﷺ berichtete: Der Prophet ﷺ beauftragte

76 Authentisch: Sahih Buchari 1395, 1458, Sahih Muslim 19

einen Mann von den Azd, den man Al-Lutbiyya nannte, um Sadaqa zu empfangen. Als dieser zurückkam, sagte er: „Das ist für euch, und das wurde mir geschenkt." Daraufhin ist der Prophet ﷺ auf das Mimbar (Podest) gestiegen, nachdem er Allah lobpreiste und rühmte, sagte er: **„Wenn ich jemanden von euch in einer Sache beauftrage, die Allah mir auferlegte"** und dann sagt er: **„Das ist für euch und dies wurde mir geschenkt. Wäre er im Hause seines Vaters und seiner Mutter geblieben bis dieses Geschenk zu ihm käme, wenn er die Wahrheit sagt! Bei Allah, keiner von euch nimmt etwas, ohne das Recht zu haben es zu nehmen, ohne dass er am Tage der Auferstehung mit der Last vor Allah steht. Ich will niemanden von euch kennen, der Allah dann mit einem Kamel gegenübersteht oder einer Kuh, die muht oder einem Schaf, das meckert."**
Dann hob er seine Hand hoch, sodass man seine Achselhöhlen sah und sagte: **„O Allah! Habe ich übermittelt?"** (Das wiederholte er dreimal)[77]

٢١٠ - وعن ابي هريرة رضي الله عنه عن النبي صلى الله عليه وسلم قال:

((من كانت عنده مظلمة لاخيه من عرضه او من شيء فليتحلله

77 Authentisch: Sahih Buchari 2597, 7197, Sahih Muslim 1832

منه اليوم قبل ان لا يكون دينار ولا درهم، ان كان له عمل صالح اخذ منه بقدر مظلمته، وان لم تكن له حسنات اخذ من سيئات صاحبه فحمل عليه)) رواه البخاري.

210. Abu Huraira ﵁ berichtete, dass der Gesandte Allahs ﷺ sagte: „**Wenn jemand seinem Bruder Unrecht zugefügt hat (wenn er ihn z.B. beschimpft hat oder seinen Besitz genommen hat), soll er es heute begleichen, bevor der** Dirham **und** Dinar **(d.h. das Geld) nichts mehr bringt. (An dem Tag) Wenn er gute Taten hat, wird man ihm (sein begangenes Unrecht) von seinen guten Taten nehmen, und wenn er keine gute Taten hat, wird man die schlechten Taten des Anderen zu seinen Taten hinzufügen.**"[78]

٢١١ - وعن عبد الله بن عمرو بن العاص رضي الله عنه عن النبي صلى الله عليه وسلم قال: ((المسلم من سلم المسلمون من لسانه ويده، والمهاجر من هجر ما نهى الله عنه)) متفق عليه.

211. Abdullah Ibn Amro Ibn Al-³As ﵁ berichtet, dass der Prophet ﷺ sagte: „**Muslim ist derjenige, vor dessen Zunge und**

78 Authentisch: Sahih Buchari 2449, 6534

Hand die Muslime sicher sind, und ein Muhadschir ist derjenige, der sich von dem fernhält, was Allah verboten hat."[79]

٢١٨ - وعن ابي هريرة رضي الله عنه ان رسول الله صلى الله عليه وسلم قال: ((اتدرون ما المفلس؟)) قالوا: المفلس فينا من لا درهم له ولا متاع. فقال: ((ان المفلس من امتي من ياتي يوم القيامة بصلاة وصيام وزكاة، وياتي قد شتم هذا، وقذف هذا، اكل مال هذا، وسفك دم هذا، وضرب هذا؛ فيعطى هذا من حسناته، وهذا من حسناته، فان فنيت حسناته قبل ان يقضى ما عليه اخذ من خطاياهم فطرحت عليه ثم طرح في النار)) رواه مسلم.

218. Abu Huraira ﵁ berichtete, dass der Gesandte Allahs ﷺ fragte: **„Wisst ihr, wer bankrot ist?"**
Sie antworteten: „Mittellos ist der, der kein Geld und kein Besitz hat." Da sagte er ﷺ: „Mittellos ist in meiner Umma derjenige, der am Tage der Auferstehung mit seinen Gebeten, seinem Fasten und seiner Zakat kommen wird, der aber diesen beschimpft und jenen verleumdet hat, dem einen den Besitz genommen und des anderen Blut vergossen hat und jene geschlagen hat. Dann werden dem einen gute Taten

79 Authentisch: Sahih Buchari 10, Sahih Muslim 40

gegeben und dem Anderen von seinen guten Taten genommen. Wenn er keine guten Taten mehr hat, bevor er allen Opfern ihre Rechte gegeben hat, dann werden die Sünden seiner Opfer auf ihn übergehen, und er wird dann ins Feuer geworfen."[80]

٢١٩ - وعن ام سلمة رضي الله عنها ان رسول الله صلى الله عليه وسلم قال:
((انما انا بشر وانكم تختصمون الي، ولعل بعضكم ان يكون الحن بحجته من بعض فاقضي له بنحو ما اسمع، فمن قضيت له بحق اخيه فانما اقطع له قطعة من النار)) متفق عليه.

((الحن)) : اي اعلم.

219. Umm Salama ﵂ berichtete, dass der Gesandte Allahs ﷺ sagte: **„Ich bin nur ein Mensch und ihr bringt eure Streitereien zu mir. Es mag sein, dass manche von euch besser argumentieren können als die anderen und ich urteile zu seinen Gunsten, wie ich höre. Wem ich das Recht seines Bruders zuspreche, dem spreche ich ein Stück vom Höllenfeuer zu."**[81]

---

80 Authentisch: Sahih Muslim 2581
81 Authentisch: Sahih Buchari 7169, Sahih Muslim 1713

٢٢٠ - وعن ابن عمر رضي الله عنه قال، قال رسول الله صلى الله عليه وسلم:

((لن يزال المؤمن في فسحة من دينه ما لم يصب دما حراما))

رواه البخاري.

220. Ibn Umar ﷺ berichtet, dass der Gesandte Allahs ﷺ sagte: **„Ein Gläubiger ist immer noch in seiner Religion, wenn er kein Blut zu Unrecht vergossen hat."**[82]

82 Authentisch: Sahih Buchari 6862

فسحة : سعة . النهاية ٤٤٥/ ٣

٢٧ - باب تعظيم حرمات المسلمين وبيان حقوقهم والشفقة عليهم ورحمتهم

27. Die Unantastbarkeit der Verbote der Muslime, Ihre Menschenrechtserklärungen

Allah, der Erhabene, sagt:

﴿ذ لك ومن يعظم شعـر ٱلله فانها من تقوى ٱلقلوب﴾

„... somit rührt das wahrlich von der Gottesfürchtigkeit der Herzen her, wenn einer die Gebote Allahs ehrt.“ (Koran 22:32)

﴿وٱخفض جناحك للمؤمنين﴾

„...und senke deinen Flügel auf die Gläubigen.“
(Koran 15:88)

﴿من قتل نفسا بغير نفس او فساد فى ٱلارض فكانما قتل ٱلناس جميعا ومن احياها فكانما احيا ٱلناس جميعا﴾

„...wenn jemand einen Menschen tötet, ohne dass dieser einen Mord begangen hätte, oder ohne dass ein Unheil im Lande

geschehen wäre, es so sein soll, als hätte er die ganze Menschheit getötet; und wenn jemand einem Menschen das Leben erhält, es so sein soll, als hätte er der ganzen Menschheit das Leben erhalten.“ (Koran 5:32)

٢٢٢ - وعن ابي موسى رضي الله عنه قال، قال رسول الله صلى الله عليه وسلم: ((المؤمن للمؤمن كالبنيان يشد بعضه بعضا)) وشبك بين اصابعه. متفق عليه.

222. Abu Musa ﷺ berichtete, dass der Gesandte Allahs ﷺ sagte: **„Ein Gläubiger ist dem Gläubigen wie ein Bau, der einander stärkt.” Er ﷺ verschlang dabei die Finger seiner Hände miteinander.“** [83]

٢٢٤ - وعن النعمان بن بشير رضي الله عنه قال، قال رسول الله صلى الله عليه وسلم: ((مثل المؤمنين في توادهم وتراحمهم وتعاطفهم مثل الجسد اذا اشتكى منه عضو تداعى سائر الجسد بالسهر والحمى)) متفق عليه.

224. An-Nu[3]man Ibn Baschir ﷺ berichtete, dass der Gesandte Allahs ﷺ sagte: **„Das Gleichnis der Gläubigen in ihrer Freundschaft, Barmherzigkeit und ihrer**

83 Authentisch: Sahih Buchari 2446, Sahih Muslim 2585

Sympathie miteinander ist wie ein Körper; wenn ein Teil davon leidet, leidet der ganze Körper mit Schlaflosigkeit und Fieber."[84]

٢٢٥ - وعن ابي هريرة رضي الله عنه قال: قبل النبي صلى الله عليه وسلم الحسن بن علي رضي الله عنه وعنده الاقرع بن حابس، فقال الاقرع: ان لي عشرة من الولد ما قبلت منهم احدا. فنظر اليه رسول الله صلى الله عليه وسلم فقال: ((من لا يرحم لا يرحم!)) متفق عليه.

225. Abu Huraira ﵁ überliefert: **Der Prophet ﷺ küsste Al-Hassan Ibn Ali ﵁ (seinen Enkel), während er sich bei Al-Aqra[3] Ibn Habis befand. Da sagte Al-Aqra[3]: „Ich habe zehn Söhne und ich habe nie einen von ihnen geküsst." Der Gesandte Allahs ﷺ sprach zu ihm: „Wer kein Erbarmen hat, der erhält auch kein Erbarmen."**[85]

٢٢٦ - وعن عائشة رضي الله عنها قالت: قدم ناس من الاعراب على رسول الله صلى الله عليه وسلم فقالوا: اتقبلون صبيانكم؟ فقال: ((نعم)) قالوا: لكنا والله ما نقبل. فقال رسول الله صلى الله عليه وسلم: ((او املك ان كان الله نزع من قلوبكم الرحمة)) متفق عليه.

---

84 Authentisch: Sahih Buchari 5997, Sahih Muslim 2318
85 Authentisch: Sahih Buchari 6011, Sahih Muslim 2586

226. Aischa رضي الله عنها berichtet: **Einige Beduinen besuchten den Gesandten Allahs ﷺ. Sie fragten ihn: „Ihr küsst eure Kinder?" Er ﷺ antwortete: „Ja!" Sie sagten: „Aber, bei Allah, wir küssen sie nie!" Der Gesandte Allahs ﷺ erwiderte: „Was soll ich tun, wenn Allah die Barmherzigkeit aus euren Herzen genommen hat?"**[86]

٢٢٧ - وعن جرير بن عبد الله رضي الله عنه قال، قال رسول الله صلى الله عليه وسلم: ((من لا يرحم الناس لا يرحمه الله)) متفق عليه.

227. Dscharir Ibn Abdullah رضي الله عنه berichtete, dass der Gesandte Allahs ﷺ sagte: **„Wer sich den Menschen nicht erbarmt, dem wird Sich Allah nicht erbarmen."**[87]

٢٢٨ - وعن ابي هريرة رضي الله عنه ان رسول الله صلى الله عليه وسلم قال: ((اذا صلى احدكم للناس فليخفف؛ فان فيهم الضعيف والسقيم والكبير، واذا صلى احدكم لنفسه فليطول ما شاء)) متفق عليه.

228. Abu Huraira رضي الله عنه berichtet, dass der Gesandte Allahs ﷺ sagte: **„Wenn einer von euch die Menschen im Gebet (Gemeinschaftsgebet) leitet, sollte er**

---

86 Authentisch: Sahih Buchari 5998, Sahih Muslim 2317
87 Authentisch: Sahih Buchari 7376, Sahih Muslim 2319

dieses kurz fassen, denn unter ihnen (den Betenden) sind Schwache, Kranke oder Alte. Wenn aber einer alleine betet, kann er (das Gebet) so verlängern, wie er möchte."[88]

٢٣١ - وعن ابي قتادة الحارث بن ربعي رضي الله عنه قال، قال رسول الله صلى الله عليه وسلم: ((ان لاقوم الى الصلاة واريد ان اطول فيها فاسمع بكاء الصبي فاتجوز في صلاتي كراهية ان اشق على امه)) رواه البخاري.

231. Abu Qatada Al-Harith Ibn Rabi³i ﵁ berichtete, dass der Gesandte Allahs ﷺ sagte: **„Ich verlängere das (Gemeinschafts-) Gebet gerne, doch ich höre währenddessen das Weinen eines Babys, weshalb ich mein Gebet kürze, damit ich es seiner Mutter nicht schwer mache."**[89]

---

88 Authentisch: Sahih Buchari 703, Sahih Muslim 468
89 Authentisch: Sahih Buchari 707

٢٨ - باب ستر عورات المسلمين والنهي عن اشاعتها لغير ضرورة

28. Bedecken der Schwächen der Muslime und das Verbot diese grundlos zu verbreiten

Allah, der Erhabene, spricht:

﴿ان ٱلذين يحبون ان تشيع ٱلفحشة فى ٱلذين ءامنوا لهم عذاب اليم فى ٱلدنيا وٱلاخرة ﴾

„Wahrlich, jenen, die wünschen, dass sich Unzucht unter den Gläubigen verbreite, wird im Diesseits und im Jenseits eine schmerzliche Strafe zuteil sein." (Koran 24:19)

٢٤٠ - وعن ابي هريرة رضي الله عنه عن النبي صلى الله عليه وسلم قال:

((لا يستر عبد عبدا في الدنيا الا ستره الله يوم القيامة))

رواه مسلم.

240. Abu Huraira ﷺ berichtet, dass der Prophet ﷺ sagte: **„Wer die Mängel eines anderen im Diesseits verdeckt, dem wird Allah am Tage der Auferstehung seine Mängel verdecken."**[90]

---

90 Authentisch: Sahih Muslim 2590

٣٠ - باب الشفاعة

30. Fürsprache

Allah, der Erhabene, spricht:

﴿من يشفع شفعة حسنة يكن له، نصيب منها﴾

"Wer eine gute Fürsprache einlegt, dem soll ein Anteil daran zukommen..." (Koran 4:85)

٢٤٧ - وعن ابن عباس رضي الله عنه في **قصة بريرة وزوجها قال، قال لها النبي صلى الله عليه وسلم: ((لو راجعته؟)) قالت: يا رسول الله تامرني؟ قال: ((انما اشفع)) قالت: لا حاجة لي فيه.** رواه البخاري.

247. Ibn Abbas ﵁ berichtet, **was der Prophet ﷺ in der Geschichte von Barira und ihrem Gatten sagte: Der Prophet ﷺ sagte zu ihr: „(Es wäre besser,) wenn du zu ihm zurückgehen würdest." Sie sagte: „O Gesandter Allahs, befiehlst du es mir?" Er sagte: „Ich spreche nur eine Fürsprache." Sie sagte: „Ich bin an ihm nicht (mehr) interessiert."**[91]

91 Authentisch: Sahih Muslim 5283

٣١ - باب الاصلاح بين الناس

31. Frieden unter den Menschen verbreiten

Allah, der Erhabene, spricht:

﴿لا خير فى كثير من نجوىهم الا من امر بصدقة او معروف او اصلاح بين ٱلناس﴾

„...nichts Gutes ist in vielen ihrer Besprechungen, es sei denn in solchen, die zur Mildtätigkeit oder zur Güte oder zum Friedenstiften unter den Menschen ermahnen..." (Koran 4:114)

﴿وٱلصلح خير﴾

„...denn Versöhnung ist gut..." (Koran 4:128)

﴿فٱتقوا ٱلله واصلحوا ذات بينكم﴾

„...darum fürchtet Allah und ordnet die Dinge in Eintracht unter euch." (Koran 8:1)

﴿انما ٱلمؤمنون اخوة فاصلحوا بين اخويكم وٱتقوا ٱلله لعلكم ترحمون﴾

„Die Gläubigen sind ja Brüder, so

stiftet Frieden zwischen euren Brüdern und fürchtet Allah, auf dass euch Barmherzigkeit erwiesen werde.“ (Koran 49:10)

٢٤٨ - وعن ابي هريرة رضي الله عنه قال، قال رسول الله صلى الله عليه وسلم:
((كل سلامى من الناس عليه صدقة كل يوم تطلع فيه الشمس:
يعدل بين الاثنين صدقة، ويعين الرجل في دابته فتحمله عليها
او ترفع له عليها متاعه صدقة، والكلمة الطيبة صدقة، وبكل
خطوة تمشيها الى الصلاة صدقة، وتميط الاذى عن الطريق
صدقة)) متفق عليه.
ومعنى ((تعدل بينهما)) : يصلح بينهما بالعدل

248. Abu Huraira ﷺ berichtete, dass der Gesandte Allahs ﷺ erklärte: **„An jedem Tag, an dem die Sonne aufgeht, ist auf jedes Glied des menschlichen Körpers ein** Sadaqa **(Almosen für die Bedürftigen) zu geben. Gerechtigkeit zwischen Zweien stiften, ist ein** Sadaqa. **Einem Menschen zu helfen, sein Reittier zu besteigen, ist** Sadaqa, **oder sein Tier zu beladen ist** Sadaqa; **ein freundliches Wort ist** Sadaqa, **jeder Schritt, den du zum Gebet schreitest, ist** Sadaqa; **und ein Hindernis vom Weg zu beseitigen, ist** Sadaqa.**“**[92]

92 Authentisch: Sahih Buchari Nr. 2989, Sahih Muslim Nr. 1009

٢٤٩ - وعن ام كلثوم بنت عقبة بن ابي معيط رضي الله عنها قالت سمعت رسول الله صلى الله عليه وسلم يقول: ((ليس الكذاب الذي يصلح بين الناس فينمي خيرا او يقول خيرا)) متفق عليه.

249. Umm Kulthum Bint (Tochter von) Uqba Ibn Abi Mu3ait ﵂ berichtete, dass sie den Gesandten Allahs ﷺ sagen hörte: **„Jener ist kein Lügner, der Frieden unter den Menschen verbreitet und Gutes sät oder Gutes sagt.“**[93]

93 Authentisch: Sahih Buchari 2692, Sahih Muslim 2605

٣٢ - باب فضل ضعفة المسلمين والفقراء والخاملين

32. Bevorzugung der schwachen Menschen unter den Muslimen

Allah, der Erhabene, sagt:

﴿وَٱصبر نفسك مع ٱلذين يدعون ربهم بٱلغدوة وٱلعشى يريدون وجهه، ولا تعد عيناك عنهم﴾

„Und gedulde dich zusammen mit denjenigen, die ihren Herrn morgens und abends anrufen - im Trachten nach seinem Wohlgefallen; und laß deine Blicke nicht über sie hinauswandern..." (Koran 18:28)

٢٥٢ - وعن حارثة بن وهب رضي الله عنه قال سمعت رسول الله صلى الله عليه وسلم يقول: ((الا اخبركم باهل الجنة؟ كل ضعيف متضعف لو اقسم على الله لابره. الا اخبركم باهل النار؟ كل عتل جواظ مستكبر)) متفق عليه.[٩٤]

252. Haritha Ibn Wahb ﵁ sagt: Ich hörte den Gesandten Allahs ﷺ sagen: **„Soll ich**

---

٩٤ متضعف بفتح العين وكسرها المشهور الفتح قال النووي في شرح صحيح مسلم ، ومعناه يستضعفه الناس ويحتقرونه ويتجبرون عليه لضعف حاله في الدنيا ، واما رواية الكسر فمعناها : متواضع متذلل خامل واضع من نفسه العتل)) : الغليظ الجافي . ((والجواظ)) : بفتح الجيم وتشديد الواو وبالظاء
المعجمة: وهو الجموع المنوع، وقيل: الضخم المختال في مشيته، وقيل: القصير البطين.

euch von den Bewohnern des Paradieses erzählen? Jeder Schwache, Bescheidene (oder Geringschätzige), wenn er Allah bittet, wird seine Bitte erfüllt. Soll ich euch von den Bewohnern des Feuers erzählen? Es ist jeder, der unverschämt, hochnäsig und arrogant ist."[95]

٢٥٣ - وعن ابي العباس سهل بن سعد الساعدي رضي الله عنه قال مر رجل على النبي صلى الله عليه وسلم فقال لرجل عنده جالس:

((ما رايك في هذا؟)) فقال: رجل من اشراف الناس، هذا والله حري ان خطب ان ينكح وان شفع ان يشفع. فسكت رسول الله صلى الله عليه وسلم ثم مر رجل اخر فقال له رسول الله صلى الله عليه وسلم: ((ما رايك في هذا؟)) فقال: يا رسول الله هذا رجل من فقراء المسلمين، هذا حري ان خطب ان لا ينكح، وان شفع ان لا يشفع، وان قال ان لا يسمع لقوله. فقال رسول الله صلى الله عليه وسلم: ((هذا خير من ملء الارض مثل هذا))

متفق عليه.

قوله ((حري)) هو بفتح الحاء وكسر الراء وتشديد الياء: اي حقيق.وقوله: ((شفع)) بفتح الفاء.

253. Abu Abbas Sahl Ibn Sa³d As-Sa³idi ﵁ berichtet: Ein Mann ging am Propheten ﷺ vorbei. Er ﷺ fragte einen Mann, der

95 Authentisch: Sahih Buchari 2692, Sahih Muslim 2605

bei ihm saß: **„Wie ist deine Meinung zu diesem Mann?" Er sagte: „Ich glaube, er ist ein edler Mann unter den Leuten. Bei Allah, er kann ohne Weiteres um die Hand einer Frau bitten und wenn er Fürsprache einlegt, wird seine Fürsprache angenommen." Der Gesandte Allahs ﷺ schwieg. Dann ging ein anderer Mann vorbei. Der Gesandte Allahs ﷺ fragte ihn wieder: „Wie ist deine Meinung zu diesem Mann?" Er sagte: „O Gesandter Allahs! Das ist ein armer Mann unter den Muslimen! Wenn er um die Hand einer Braut bittet, wird er zurückgewiesen und wenn er (für einen Menschen) Fürsprache einlegt, niemand würde sie annehmen und wenn er spricht, wird man ihm nicht zuhören." Der Gesandte Allahs ﷺ sagte: „Dieser (arme Mensch ist Allah gegenüber) besser als alle auf der Erde von der anderen Sorte."** (Wenn die Erde voll von dem Arroganten wäre, so ist dieser arme Mensch besser als all diese.)[96]

٢٥٥ - وعن ابي هريرة رضي الله عنه عن رسول الله صلى الله عليه وسلم قال:

((انه لياتي الرجل العظيم السمين يوم القيامة لا يزن عند الله جناح بعوضة)) متفق عليه.

96 Authentisch: Sahih Buchari 6447, Sahih Muslim 4720 in Tuhfatul Aschraf

255. Abu Huraira ﷺ berichtete, dass der Gesandte Allahs ﷺ sagte: „**Am Tage der Auferstehung wird ein fetter, großer Mann kommen, der vor Allah nicht einmal so viel wiegen wird, wie ein Flügel einer Mücke.**"[97]

٢٥٧ - وعنه رضي الله عنه قال، قال رسول الله صلى الله عليه وسلم:

((رب اشعث مدفوع بالابواب لو اقسم على الله لابره)) رواه مسلم.

257. Abu Huraira ﷺ berichtet, dass der Gesandte Allahs ﷺ erklärte: „**Es gibt welche deren Haare durcheinander und staubig sind und sie werden an der Türe zurückgewiesen; wenn solche Allah bitten, wird Er sie erhören.**"[98]

٢٥٩ - وعن ابي هريرة رضي الله عنه عن النبي صلى الله عليه وسلم قال:

((لم يتكلم في المهد الا ثلاثة: عيسى ابن مريم، صاحب جريج. وكان جريج رجلا عابدا فاتخذ صومعة فكان فيها، فاتته امه وهو يصلي فقالت: يا جريج. فقال: يا رب امي وصلاتي. فاقبل على صلاته فانصرفت. فلما كان من الغد اتته وهو يصلي فقالت: يا جريج. فقال: يا رب امي وصلاتي. فاقبل على صلاته فلما كان

---

97 Authentisch: Sahih Buchari 4729, Sahih Muslim 2785
98 Authentisch: Sahih Muslim 2854

من الغد اتته وهو يصلي فقالت: يا جريج. فقال: اي رب امي وصلاتي. فاقبل على صلاته فقالت: اللهم لا تمته حتى ينظر الى وجوه المومسات! فتذاكر بنو اسرائيل جريجا وعبادته، وكانت امراة بغي يتمثل بحسنها فقالت: ان شئتم لافتننه. فتعرضت له فلم يلتفت اليها، فاتت راعيا كانت ياوي الى صومعته فامكنته من نفسها فوقع عليها فحملت فلما ولدت قالت هو من جريج. فاتوه فاستنزلوه وهدموا صومعته وجعلوا يضربونه. فقال: ما شانكم؟ قالوا: زنيت بهذه البغي فولدت منك. قال: اين الصبي؟ فجاءوا به، فقال: دعوني حتى اصلي، فصلى فلما انصرف اتى الصبي فطعن في بطنه وقال: يا غلام من ابوك؟ قال: فلان الراعي. فاقبلوا على جريج يقبلونه ويتمسحون به. وقالوا نبني لك صومعتك من ذهب. قال: لا، اعيدوها من طين كما كانت، ففعلوا. وبينا صبي يرضع من امه فمر راكب على دابة فارهة وشارة حسنة فقالت امه: اللهم اجعل ابني مثل هذا. فترك الثدي واقبل اليه فنظر اليه فقال: اللهم لا تجعلني مثله! ثم اقبل على ثديه فجعل يرضع. فكاني انظر الى رسول الله صلى الله عليه وسلم وهو يحكي ارتضاعه باصبعه السبابة في فيه فجعل يمصها. ثم قال: ومروا بجارية وهم يضربونها ويقولون زنيت سرقت، وهي تقول: حسبي الله ونعم الوكيل. فقالت امه: اللهم لا تجعل ابني مثلها! فترك الرضاع ونظر اليها فقال: اللهم اجعلني مثلها! فهنالك تراجعا الحديث فقالت: مر

رجل حسن الهيئة فقلت اللهم اجعل ابني مثله فقلت اللهم لا تجعلني مثله، ومروا بهذه الامة وهم يضربونها ويقولون زنيت سرقت فقلت اللهم لا تجعل ابني مثلها فقلت اللهم اجعلني مثلها؟ قال: ان ذلك الرجل جبار فقلت اللهم لا تجعلني مثله، وان هذه يقولون زنيت ولم تزن وسرقت ولم تسرق فقلت: اللهم اجعلني مثلها)) متفق عليه.[٩٩]

259. Abu Huraira ﵁ berichtete: Der Prophet ﷺ sagte: **„In der Wiege hat niemand gesprochen, außer drei: Jesus, der Sohn der Maria, Sahib Dschuraidsch (dem das Baby zugeschoben wurde); und Dschuraidsch war ein Mann, der sich dem Gottesdienst widmete und sich in ein Kloster zurückgezogen hatte, das er baute. Einst kam seine Mutter zu ihm, während er betete und rief: „O Dschuraidsch!" Er sagte: „O Herr, meine Mutter und mein Gebet." Er verichtete aber sein Gebet weiter und seine Mutter ging weg. Am nächsten Tag kam seine Mutter erneut während er betete und rief: „O Dschuraidsch!" Er sagte: „O Herr, meine Mutter und mein Gebet."**

---

٩٩ ((المومسات)) : بضم الميم الاولى، واسكان الواو وكسر الميم الثانية وبالسين المهملة؛ هن الزواني. المومسة: الزانية. وقوله ((دابة فارهة)) بالفاء: اي حاذقة نفيسة. و ((الشارة)) بالشين المعجمة وتخفيف الراء. وهي الجمال الظاهر في الهيئة والملبس. ومعنى ((تراجعا الحديث)) اي حدثت الصبي وحدثها، والله اعلم.

Er verichtete aber sein Gebet weiter, und seine Mutter ging wieder.
Am dritten Tag kam seine Mutter erneut zu ihm während er betete und rief: „O Dschuraidsch!” Er sagte: „O Herr meine Mutter und mein Gebet.” Er verrichtete aber sein Gebet weiter. Hierauf bat seine Mutter: „O Allah! Lass ihn nicht sterben, bevor er die Gesichter der Huren gesehen hat!” Das Volk Israel erwähnte die Hingabe Dschuraidschs und sein Gottesdienst (war in aller Munde). Es gab eine Hure, die ein Beispiel für Schönheit war. Sie sagte: „Wenn ihr wollt, werde ich ihn verführen.” Sie versuchte es, aber er wendete sich ihr nicht zu. Dann bot sie sich einem Schäfer an, der in der Nähe des Klosters lebte. Dies gelang ihr und sie wurde schwanger. Als sie entbunden hatte, sagte sie, es sei von Dschuraidsch. Sie kamen zu Dschuraidsch, schleppten ihn aus seinem Kloster, zerstörten es und schlugen ihn. Er fragte: „Was ist mit euch los?” Sie sagten: „Du hast mit dieser Hure Ehebruch begangen, und sie hat von dir ein Kind bekommen.” Er fragte: „Wo ist das Kind?” Sie brachten es ihm. Er sagte: „Lasst mich

beten!" Dann betete er, und als er sein Gebet beendete, kam er zum Kind, tippte es auf seinen Bauch und fragte: „O Kind! Wer ist dein Vater?" Das Kind antwortete: „Soundso, der Schäfer." Da wandten sich alle Dschuraidsch zu, küssten ihn und streichten ihn. Sie sagten: „Wir bauen dir ein Kloster aus Gold." Dschuraidsch sagte: „Nein! Baut es aus Lehm, wie sie vorher war." Dies taten sie dann. Die dritte Person wurde eins von seiner Mutter gestillt, als ein Mann vorbei ritt, auf einem schnellen und schönen Pferd, mit gutem Aussehen. Die Mutter betete: „O Allah, lass meinen Sohn wie diesen werden." Das Kind ließ von der Brust, schaute zu ihm und sagte: „O Allah, mach mich nicht wie diesen." Dann wandte er sich wieder der Brust zu. Als sähe ich jetzt den Gesandte Allahs, während er ﷺ erzählte, seinen Zeigefinger in den Mund nahm und daran saugte. Dann sagte er weiter: „Dann kamen Leute vorbei, die eine Sklavin schlugen und sie beschuldigten: Du hast Ehebruch begangen, du hast gestohlen.!" Sie rief dabei: „Allah ist für mich genug, und welch ein vorzüglicher Beschützer ist Er." Seine

Mutter betete: „O Allah, mach meinen Sohn nicht wie diese." Da ließ das Baby wieder von der Brust, schaute sie sich an und sagte: „O Allah, mach mich wie sie." Nun kam es zu einem Gespräch. Sie (die Mutter) sagte: „Ein schön aussehender Mann kam vorbei, und ich betete: O Allah, mache meinen Sohn wie ihn. Und du sagtest: ‚O Allah, mache mich nicht wie ihn.' Danach kamen diese mit der Sklavin und sie schlugen sie und bezichtigten sie des Ehebruchs und des Diebstahls. Ich betete: ‚O Allah, mach meinen Sohn nicht wie sie.' Du hast aber gesagt: ‚O Allah, mach mich wie sie.' Er (das Baby) sagte: „Er war ein Tyrann, deshalb sagte ich: ‚O Allah, mach mich nicht wie ihn.' Und diese sagten: Du hast Ehebruch begangen. In Wirklichkeit hatte sie weder Ehebruch noch Diebstahl begangen. Deshalb sagte ich: ‚O Allah, mache mich wie sie (wie die Sklavin).'"[100]

100 Authentisch: Sahih Buchari 3436, Sahih Muslim 2550

٣٣ - باب ملاطفة اليتيم والبنات وسائر الضعفة والمساكين والمنكسرين والاحسان اليهم والشفقة عليهم والتواضع معهم وخفض الجناح لهم

33. Die Güte und das Mitgefühl mit den Waisen, Schwachen und Armen.

Allah, der Erhabene, spricht:

﴿وَٱخفض جناحك للمؤمنين﴾

„...und senke deinen Flügel auf die Gläubigen." (Koran 15:88)

﴿وَٱصبر نفسك مع ٱلذين يدعون ربهم بٱلغدوة وَٱلعشى يريدون وجهه، ولا تعد عيناك عنهم تريد زينة ٱلحيوة ٱلدنيا﴾

„Und gedulde dich zusammen mit denjenigen, die ihren Herrn morgens und abends anrufen - im Trachten nach seinem Wohlgefallen; und laß deine Blicke nicht über sie hinauswandern, indem du nach dem Schmuck des irdischen Lebens trachtest..." (Koran 18:28)

﴿فاما ٱليتيم فلا تقهر (٩) واما ٱلسائل فلا تنهر﴾

„... darum unterdrücke nicht die Waise, 10. und fahre nicht den Bettler an...“ (Koran 93:9-10)

﴿ارءيت ٱلذى يكذب بٱلدين (١) فذالك ٱلذى يدع ٱليتيم (٢) ولا يحض على طعام ٱلمسكين﴾

„1. Hast du den gesehen, der das Gericht leugnet? 2. Das ist der, der die Waise wegstößt 3. und nicht zur Speisung des Armen ansporNt.“ (Koran 107:1-3)

٢٦٠ - وعن سعد بن ابي وقاص رضي الله عنه قال:

كنا مع النبي صلى الله عليه وسلم ستة نفر، فقال: المشركون للنبي صلى الله عليه وسلم: اطرد هؤلاء لا يجترئون علينا. وكنت انا وابن مسعود ورجل من هذيل وبلال ورجلان لست اسميهما، فوقع في نفس رسول الله صلى الله عليه وسلم ما شاء الله ان يقع: فحدث نفسه فانزل الله تعالى: ﴿ولا تطرد الذين يدعون ربهم بالغداة والعشي يريدون وجهه﴾ (الانعام ٥٢)

رواه مسلم.

260. Sa³d Ibn Abi Waqqas ﵁ berichtete: **Wir waren sechs Personen, die bei dem Propheten ﷺ saßen. Da sagten die Götzendiener (denen er den Islam erklärte) zum Propheten: „Weise diese ab, damit sie nicht wagen, (uns etwas anzutun oder uns**

zu stören)." Diese waren ich, Ibn Mas^{3}ud, ein Mann von dem Stamm Hudhail, Bilal und zwei andere Männer, deren Namen ich nicht weiß. Das war dem Gesandten Allahs ﷺ nicht ganz recht und er fühlte sich so unwohl. Er dachte nach, und Allah, Der Erhabene offenbarte: „Und weise nicht diejenigen ab, die vom Morgen bis zum Abend ihren Herrn anrufen, im Wunsch nach Seinem Angesicht. Du bist in keiner Weise verantwortlich für sie und sie sind in keiner Weise verantwortlich für dich. Würdest du sie also abweisen, dann würdest du Unrecht tun." (Koran 6:52)[101]

٢٦٢ - وعن سهل بن سعد رضي الله عنه قال، قال رسول الله صلى الله عليه وسلم: **((انا وكافل اليتيم في الجنة هكذا)) واشار بالسبابة والوسطى وفرج بينهما.** رواه البخاري.

و ((كافل اليتيم)) : القائم باموره.

262. Sahl Ibn Sa^{3}d ؓ berichtete: Der Gesandte Allahs ﷺ sagte: **„Ich und derjenige, der für Waisen (elternlose Kinder) sorgt, wir werden im Paradies so (nebeneinander) sein" und er zeigte seine Zeigefinger und Mittelfinger und spreitzte sie.**[102]

---

101 Authentisch: Sahih Muslim 2413
102 Authentisch: Sahih Buchari 5304

٢٦٣ - وعن ابي هريرة رضي الله عنه قال، قال رسول الله صلى الله عليه وسلم: ((كافل اليتيم له او لغيره انا وهو كهاتين في الجنة)) واشار الراوي، وهو مالك بن انس، بالسبابة والوسطى.

رواه مسلم.

قوله صلى الله عليه وسلم ((اليتيم له او لغيره)) معناه: قريبه او الاجنبي منه. فالقريب مثل ان تكفله امه او جده او اخوه او غيرهم من قرابته، والله اعلم.

263. Abu Huraira ﷺ berichtete, dass der Gesandte Allahs ﷺ sagte: **„Der für Waisen sorgt, seien es seine (Verwandten) oder andere, werden mit mir wie diese im Paradies sein.“ Malik Ibn Anas, der diesen Hadith überlieferte, hob dabei seinen Zeigefinger und den Mittelfinger.**[103]

٢٦٤ - وعنه رضي الله عنه قال، قال رسول الله صلى الله عليه وسلم: ((ليس المسكين الذي ترده التمرة والتمرتان ولا اللقمة واللقمتان، انما المسكين الذي يتعفف)) متفق عليه.

وفي رواية في الصحيحين ((ليس المسكين الذي يطوف على الناس ترده اللقمة واللقمتان والتمرة والتمرتان، ولكن المسكين الذي لا يجد غنى يغنيه، ولا يفطن به فيتصدق عليه، ولا يقوم فيسال الناس))

103 Authentisch: Sahih Muslim 2983

264. Und er, Abu Huraira ﵁, berichtete: Der Gesandte Allahs ﷺ sagte: **„Ein Bedürftiger ist nicht der, der um ein oder zwei Datteln bittet oder ein, zwei Bissen, viel mehr ist bedürftig, wer sich zurückhält (und nicht bettelt obwohl er in Not ist).“**

In einer anderen Überlieferung in beiden Sahihs (von Buchari und Muslim) lautet es: **„Ein Bedürftiger ist nicht der, der um ein oder zwei Datteln bittet oder ein, zwei Bissen. Ein Bedürftiger ist jedoch der, der nichts besitzt und nicht bittet, denn man würde ihm geben, wenn er darum bitten würde, doch er geht nicht zu den Leuten.“**[104]

٢٦٥ – عن ابي هريرة رضي الله عنه عن النبي صلى الله عليه وسلم قال: ((الساعي على الارملة والمسكين كالمجاهد في سبيل الله)) واحسبه قال: ((وكالقائم لا يفتر، وكالصائم لا يفطر)) متفق عليه.

265. Abu Huraira ﵁ berichtete, dass der Prophet ﷺ sagte: **„Wer für Witwen und Bedürftige sorgt, den belohnt Allah wie den Mudschahid auf dem Wege Allahs (der um Allahs willen kämpft).“**

Er (Abu Huraira) sagt: Ich denke, er hat noch gesagt: **„...wie einer der zum Gebet**

---

104 Authentisch: Sahih Buchari 4539, Sahih Muslim 1039

Stehenden und nicht müde Werdenden und einem ständig Fastenden, der sein Fasten nicht bricht."[105]

٢٦٧ - وعن انس رضي الله عنه عن النبي صلى الله عليه وسلم قال:

((من عال جاريتين حتى تبلغا جاء يوم القيامة انا وهو كهاتين))

وضم اصابعه. رواه مسلم.

و ((جاريتين)) : اي بنتين. قال النووي في شرح صحيح مسلم اي قام عليها بالمؤنة والتربية

267. Anas berichtete: Der Prophet sagte: **„Wer zwei Mädchen großzieht bis sie das Reifealter erreicht haben, so werden ich und er am Tage der Auferstehung wie diese beiden (Finger sein)." Dabei legte er seine beiden Finger zusammen.[106]**

٢٦٨ - وعن عائشة رضي الله عنها قالت: دخلت علي امراة ومعها ابنتان لها تسال فلم تجد عندي شيئا غير تمرة واحدة فاعطيتها اياها، فقسمتها بين ابنتيها ولم تاكل منها ثم قامت فخرجت، فدخل النبي صلى الله عليه وسلم علينا فاخبرته.

فقال: ((من ابتلي من هذه البنات بشيء فاحسن اليهن كن له سترا من النار)) متفق عليه.

105 Authentisch: Sahih Buchari 6007, Sahih Muslim 2982
106 Authentisch: Sahih Muslim 2631

268. Aischa ﷺ berichtete: Eine Frau kam zu mir. Mit ihr waren zwei ihrer Töchter und sie bat (mich um etwas). Ich besaß nichts außer einer einzigen Dattel, die ich ihr gab. Sie teilte sie unter ihren zwei Töchtern auf und aß nichts davon. Danach stand sie auf und ging. Der Prophet ﷺ kam, dem ich davon erzählte. Er sagte: „**Wer mit diesen Töchtern geprüft wird und sie gut behandelt, so werden diese für ihn ein Schutz vor dem Feuer sein.**"[107]

٢٧٠ - وعن ابي شريح خويلد بن عمرو الخزاعي رضي الله عنه قال، قال النبي صلى الله عليه وسلم: ((**اللهم اني احرج حق الضعيفين: اليتيم والمراة**)) حديث حسن رواه النسائي باسناد جيد.

ومعنى ((احرج)) : الحق الحرج وهو الاثم بمن ضيع حقهما، واحذر من ذلك تحذيرا بليغا، وازجر عنه زجرا اكيدا.

270. Abu Schuraih Chuweilid Ibn Amro Al-Chuza³i ﷺ berichtet: Der Prophet ﷺ sagte: „**O Allah! Ich erkläre die Verletzung der Rechte der beiden Schwachen, der Waisen und der Frauen als unantastbar.**"[108]

107 Authentisch: Sahih Buchari 1418, Sahih Muslim 2629
108 Ein guter Hadith (**hasan**) der von An-Nasai in Alkubra 9150 überliefert wurde. Authentisch: Assilsila Assahiha 1015 und Sahih Ibn Madscha 2967 von Albani

٣٤ - باب الوصية بالنساء

34. Die gute Behandlung der Frauen

Allah, der Erhabene, spricht:

﴿وعاشروهن بٱلمعروف﴾

„Und lebt mit ihnen in gütlicher ehelicher Gemeinschaft.“ (Koran 4:19)

٢٧٣ - وعن ابي هريرة رضي الله عنه قال، قال رسول الله صلى الله عليه وسلم: ((استوصوا بالنساء خيرا؛ فان المراة خلقت من ضلع وان اعوج ما في الضلع اعلاه، فان ذهبت تقيمه كسرته، وان تركته لم يزل اعوج، فاستوصوا بالنساء)) متفق عليه.

وفي رواية في الصحيحين ((المراة كالضلع: ان اقمتها كسرتها، وان استمتعت بها استمتعت بها وفيها عوج))

وفي رواية لمسلم: ((ان المراة خلقت من ضلع لن تستقيم لك على طريقة، فان استمتعت بها استمتعت بها وفيها عوج، وان ذهبت تقيمها كسرتها وكسرها طلاقها))

273. Abu Huraira ﵁ berichtete: Der Gesandte Allahs ﷺ sagte: **„Behandelt die Frauen gut; denn die Frau ist aus einer Rippe**

erschaffen worden, und der am stärksten gekrümmte Teil ist oben. Wenn du sie gerade biegen willst, wirst du sie brechen, und wenn du sie lässt, wie sie ist, wird sie verbogen bleiben. Behandle die Frauen also gut."

In einer Überlieferung in beiden Sahihs (Buchari und Muslim): **„Die Frau ist wie eine (krumme) Rippe. Wenn du versuchst, sie gerade zu machen, dann wird sie zerbrechen, und wenn du mit ihr glücklich sein möchtest, wirst du glücklich, auch wenn sie krumm ist."**

Eine Überlieferung von Muslim:

„Die Frau wurde aus einer Rippe erschaffen und du wirst sie nicht gerade machen können und wenn du mit ihr glücklich sein möchtest, wirst du glücklich, auch wenn sie krumm ist." Wenn du aber versuchen würdest, sie gerade zu machen, wirst du sie brechen, und ihr brechen ist sich von ihr scheiden zu lassen."[109]

٢٧٥ - وعن ابي هريرة رضي الله عنه قال، قال رسول الله صلى الله عليه وسلم: ((لا يفرك مؤمن مؤمنة، ان كره منها خلقا رضي منها اخر او قال غيره)) رواه مسلم.

109 Authentisch: Sahih Buchari 3331, Sahih Muslim 1468

وقوله ((يفرك)) هو بفتح الباء واسكان الفاء وفتح الراء معناه: يبغض. يقال: فركت المراة زوجها وفركها زوجها. بكسر الراء يفركها: اي ابغضها، والله اعلم.

275. Abu Huraira ﵁ berichtete: Der Gesandte Allahs ﷺ sagte: **„Ein gläubiger Ehemann hasst nie seine gläubige Frau, denn wenn er eine Angewohnheit von ihr hasst, dann wird ihm eine andere Angewohneit von ihr gefallen."**[110]

٢٧٨ - وعن ابي هريرة رضي الله عنه قال، قال رسول الله صلى الله عليه وسلم: ((اكمل المؤمنين ايمانا احسنهم خلقا، وخياركم خياركم لنسائهم)) رواه الترمذي وقال حديث حسن صحيح

278. Abu Huraira ﵁ berichtete: Der Prophet ﷺ sagte: **„Der vollkommenste unter den Gläubigen im Glauben sind die mit vorzüglichem Benehmen und die Besten unter euch sind jene, die am besten zu ihren Ehefrauen sind."**[111]

٢٨٠ - وعن عبد الله بن عمرو بن العاص رضي الله عنه ان رسول الله صلى الله عليه وسلم قال: ((الدنيا متاع وخير متاعها المراة الصالحة)) رواه مسلم.

110 Authentisch: Sahih Muslim 1469

111 Authentisch, Abu Dawud 4682, At-Tirmidhi 1162. Abu Dawuds Überlieferung beinhaltet nur den ersten Teil des Hadith. Sahih Al-Dschami[3] Alsaghir 1232, Assilsila Assahiha 284, Sahih Tirmidhi von Albani 928 und in Mischkat Almasabih 3264

280. Abdullah Ibn Amro Ibn Al-³As ﵁ berichtete: Der Gesandte Allahs ﷺ sagte: **„Das Diesseits ist ein (vorübergehender) Genuss. Und der beste Genuss ist eine tugendhafte Ehefrau.“**[112]

٢٩٣ - وعن ابي مسعود البدري رضي الله عنه عن النبي صلى الله عليه وسلم قال: ((اذا انفق الرجل على اهله يحتسبها فهو له صدقة))

متفق عليه.

293. Abu Mas³ud Al-Badri ﵁ berichtete: Der Prophet ﷺ sagte: **„Wer etwas für seine Familie ausgibt und dabei auf die Belohnung von Allah hofft, so ist das für ihn eine** Sadaqa.“[113]

٢٩٤ - وعن عبد الله بن عمرو بن العاص رضي الله عنهما قال، قال رسول الله صلى الله عليه وسلم: ((كفى بالمرء اثما ان يضيع من يقوت))

حديث صحيح رواه ابو داود وغيره. ورواه مسلم في صحيحه بمعناه قال: ((كفى بالمرء اثما ان يحبس عمن يملك قوته)).

294. Abdullah Ibn Amro Ibn Al-³As ﵁ berichtete: Der Gesandte Allahs ﷺ sagte: **„Es ist für den Mensch Sünde genug, dass er**

112 Authentisch: Sahih Muslim 1467
113 Authentisch: Sahih Buchari 55, Sahih Muslim 1002

die Menschen verloren gehen lässt, die er zu ernähren hat.”

Von Muslim wird in seinem Sahih-Buch überliefert:

„Es ist für den Mensch Sünde genug, dass er den Unterhalt von jemandem kontrolliert und ihn zurückhält.”[114]

٢٩٥ - وعن ابي هريرة رضي الله عنه ان النبي صلى الله عليه وسلم قال:

((ما من يوم يصبح العباد فيه الا ملكان ينزلان فيقول احدهما: اللهم اعط منفقا خلفا، ويقول الاخر: اللهم اعط ممسكا تلفا))

متفق عليه.

295. Abu Huraira ﵁ überliefert, dass der Prophet ﷺ sagte: **„Es gibt keinen Tag, an dem die Diener morgens aufstehen, ohne dass zwei Engel heruntersteigen. Der eine betet: „O Allah, gebe dem Spender Nachschub!” und der andere betet: „O Allah! Lass den Geizigen (seinen Besitz) verschwenden!”**[115]

---

114 Authentisch: Abu Dawud und andere: Ein gesunder Hadith (sahih). Abu Dawud 1692, An-Nasai´ in Alkubra 9176, Sahih Al-Dschami[3] 4481, Irwa´ Alghalil 894, Sahih Muslim 996

115 Authentisch: Sahih Buchari 1442, Sahih Muslim 1010 und die 2. Überlieferung von Buchari unter der Nr. 1428

٣٧ - باب الانفاق مما يحب ومن الجيد

37. Spenden von dem Guten und dem, was man selbst liebt

Allah, der Erhabene, spricht:

﴿لن تنالوا ٱلبر حتى تنفقوا مما تحبون﴾

„Ihr werdet das Gütigsein nicht erlangen, ehe ihr nicht von dem spendet, was ihr liebt..." (Koran 3:92)

﴿يايها ٱلذين ءامنوا انفقوا من طيبت ما كسبتم ومما اخرجنا لكم من ٱلارض ولا تيمموا ٱلخبيث منه تنفقون﴾

„O ihr, die ihr glaubt, spendet von dem Guten, das ihr erwarbt, und von dem, was wir für euch aus der Erde hervorkommen lassen, und sucht darunter zum spenden nicht das Schlechte aus." (Koran 2:267)

٢٩٧ - وعن انس رضي الله عنه قال: كان ابو طلحة اكثر الانصار بالمدينة مالا من نخل، وكان احب امواله اليه بيرحاء، وكانت مستقبلة المسجد، وكان رسول الله صلى الله عليه وسلم يدخلها ويشرب من ماء فيها طيب. قال انس: فلما نزلت هذه الاية: ﴿لن

تنالوا البر حتى تنفقوا مما تحبون﴾ قام ابو طلحة الى رسول الله صلى الله عليه وسلم فقال: يا رسول الله ان الله تعالى انزل عليك: ﴿لن تنالوا البر حتى تنفقوا مما تحبون﴾ وان احب مالي الي بيرحاء وانها صدقة لله تعالى ارجو برها وذخرها عند الله تعالى، فضعها يارسول الله حيث اراك الله. فقال رسول الله صلى الله عليه وسلم: ((بخ![116] ذلك مال رابح، ذلك مال رابح، وقد سمعت ما قلت واني ارى ان تجعلها في الاقربين)) فقال ابو طلحة: افعل يا رسول الله. فقسمها ابو طلحة في اقاربه وبني عمه. متفق عليه.

قوله صلى الله عليه وسلم: ((مال رابح)) روي في الصحيحين ((رابح)) و ((رايح)) بالباء الموحدة وبالياء المثناة، اي: رايح عليك نفعه. و ((بيرحاء)): حديقة نخل، وروي بكسر الباء وفتحها.

297. Anas ﷺ berichtet: **Abu Talha ﷺ besaß unter den Ansar in Medina die meisten Dattelgärten. Am meisten liebte er seinen Besitz in Bairaha´, welcher gegenüber der Moschee lag. Der Gesandte Allahs ﷺ pflegte seinen Garten oft zu besuchen und von dem süßen Wasser dort zu trinken. Anas sagte weiter: Als dieser Koranvers herabgesandt wurde: „Niemals werdet ihr Frömmigkeit erlangen, ehe ihr nicht von dem spendet, was ihr liebt."** (Koran 3:92), **kam**

---

١١٦ بخ : كلمة تقال عند المدح والرضا بالشيء ، وتكرر للمبالغة . النهاية (١٠١١/ ١)

Abu Talha ﷺ zum Gesandten Allahs ﷺ und sagte zu ihm: „O Gesandter Allahs! Allah hat dir diesen Koranvers herabgesandt: „Niemals werdet ihr Frömmigkeit erlangen, ehe ihr nicht von dem spendet, was ihr liebt“, und wahrlich der von mir am meisten geliebte Besitz, ist Bairaha´. Und er ist eine Sadaqa für Allah, den Erhabenen, und ich erhoffe mir dadurch die Güte und Belohnung bei Allah, dem Erhabenen. Investiere also, o Gesandter Allahs, so wie Allah dich es machen lässt.” Der Gesandte Allahs ﷺ sagte: „Bach (wie Hervorragend/ Bravo)! Das ist aber ein Gewinn, das ist aber ein Gewinn! Ich habe gehört, was du gesagt hast, und ich finde, dass du ihn unter deinen Verwandten verteilen solltest.” Abu Talha ﷺ sagte: „Dann mache ich es, o Gesandter Allahs!” Und er verteilte ihn unter seinen Verwandten und Cousins väterlicherseits.[117]

٢٩٨ - وعن ابي هريرة رضي الله عنه قال: اخذ الحسن بن علي رضي الله عنهما من تمرة من تمر الصدقة فجعلها في فيه فقال رسول الله صلى الله عليه وسلم: ((كخ كخ! ارم بها، اما علمت انا لا

117 Authentisch: Sahih Buchari 1461, Sahih Muslim 998

ناكل الصدقة!)) متفق عليه.

وفي رواية: ((انا لا تحل لنا الصدقة))

وقوله ((كخ كخ)) يقال باسكان الخاء، ويقال بكسرها مع التنوين، وهي كلمة زجر للصبي عن المستقذرات، وكان الحسن رضي الله عنه صبيا.

298. Abu Huraira ﵁ berichtet: **Al-Hassan Ibn Ali (Enkel des Propheten ﷺ) nahm eine Dattel von den Datteln der** Sadaqa **und steckte sie in den Mund. Da sagte der Gesandte Allahs ﷺ: „Kach, kach! Ausspucken! Wusstest du nicht, dass wir** Sadaqa **nicht essen dürfen?"**
Und in einer anderen Überlieferung: **„Sadaqa ist für uns nicht erlaubt."**[118]

118 Authentisch: Sahih Buchari 1491, Sahih Muslim 1069

٣٩ - باب حق الجار والوصية به

39. Das Recht des Nachbarn und seine gute Behandlung

Allah, der Erhabene, spricht:

﴿وٱعبدوا ٱلله ولا تشركوا به شيئا وبٱلو لدين احسنا وبذى ٱلقربى وٱليتمى وٱلمسكين وٱلجار ذى ٱلقربى وٱلجار ٱلجنب وٱلصاحب بٱلجنب وٱبن ٱلسبيل﴾ [١١٩]

„Und dient Allah und setzt Ihm nichts zur Seite; und seid gut zu den Eltern und zu den Verwandten, den Waisen, den Armen, dem Nachbar, sei er verwandt oder aus der Fremde, dem Begleiter an der Seite, dem Sohn des Weges...“ (Koran 4:36)

٣٠٣ - وعن ابن عمر وعائشة رضي الله عنهما قالا قال رسول الله صلى الله عليه وسلم: ((ما زال جبريل يوصيني بالجار حتى ظننت انه سيورثه)) متفق عليه.

303. Ibn Umar und Aischa ﵄ berichten: Der Gesandte Allahs ﷺ sagte: **„Gabriel (der Engel)**

١١٩ الجار ذو القربى : الجار الذي بينك وبينه قرابة . والجار الجنب : الجار الغريب الذي ليس بينك وبينه قرابة . والصاحب بالجنب : الزوجة . قاله ابن الجوزي من بين اقوال اخرى . زاد المسير

hat mir die gute Behandlung des Nachbarn solange empfohlen, bis ich fast dachte, dass er ihn zu seinem Erben erklären wird."[120]

٣٠٤ - وعن ابي ذر رضي الله عنه قال، قال رسول الله صلى الله عليه وسلم:

((يا ابا ذر اذا طبخت مرقة فاكثر ماءها وتعاهد جيرانك))

رواه مسلم.

وفي رواية له عن ابي ذر قال: ان خليلي صلى الله عليه وسلم اوصاني ((اذا طبخت مرقا فاكثر ماءه ثم انظر اهل بيت من جيرانك فاصبهم منها بمعروف))

304. Abu Dharr ﵁ berichtet: Der Gesandte Allahs ﷺ sagte: **„O Abu Dharr! Wenn du eine Suppe kochst, nimm mehr Wasser und denke an deinen Nachbarn."**
Einer anderen Überlieferung von Abu Dharr nach: **Mein Freund (der Prophet (s) hat mir empfohlen: „Wenn du eine Suppe kochst, gieße mehr Wasser rein, dann sehe, wie es der Familie deines Nachbarn geht, so gib ihnen etwas davon."**[121]

٣٠٥ - وعن ابي هريرة رضي الله عنه ان النبي صلى الله عليه وسلم قال:

((والله لا يؤمن، والله لا يؤمن، والله لا يؤمن!)) قيل: من يا

---

120 Authentisch: Sahih Buchari 6014, 6015, Sahih Muslim 2624, 2625
121 Authentisch: Sahih Muslim 2625

رسول الله؟ قال: ((الذي لا يامن جاره بوائقه)) متفق عليه.

وفي رواية لمسلم ((لا يدخل الجنة من لا يامن جاره بوائقه)).

((البوائق)) : الغوائل والشرور.

305. Abu Huraira ﵁ berichtet: Der Prophet ﷺ sagte: **„Bei Allah, er glaubt nicht! Bei Allah, er glaubt nicht! Bei Allah, er glaubt nicht." Man fragte: „Wer, o Gesandter Allahs?" Er sagte: „Der, dessen Nachbar vor seiner Bosheit keine Ruhe hat."** Und in Muslims Überlieferung: **„„Derjenige wird nicht ins Paradies gehen, dessen Nachbar vor seiner Bosheit keine Ruhe hat."**[122]

٣١٠ - وعن عائشة رضي الله عنها قالت: قلت يا رسول الله ان لي جارين فالى ايهما اهدي؟ قال: ((الى اقربهما منك بابا))

رواه البخاري.

310. Aischa ﵂ berichtete: Ich fragte: **„O Gesandter Allahs! Ich habe zwei Nachbarn; wem soll ich etwas schenken?" Er antwortete: „Dem, dessen Tür dir am nächsten ist."**[123]

122 Authentisch: Sahih Buchari 6016, Sahih Muslim 46
123 Authentisch: Sahih Buchari 2259

٤٠ - باب بر الوالدين وصلة الارحام

40. Güte den Eltern gegenüber und das bewahren der Verwandtschaftsbande

﴿واتقوا الله الذى تساءلون به والارحام﴾

„...und fürchtet Allah, in dessen Namen ihr einander bittet, sowie (im Namen eurer) Blutsverwandtschaft...“ (Koran 4:1)

﴿والذين يصلون ما امر الله به ان يوصل﴾

„Und es sind jene, welche verbinden, was Allah zu verbinden geboten hat...“ (Koran 13:21)

﴿ووصينا الانسن بوالديه حسنا﴾

„Und wir haben dem Menschen anbefohlen, seinen Eltern Gutes zu tun...“ (Koran 29:8)

﴿وقضى ربك الا تعبدوا الا اياه وبالو لدين احسنا اما يبلغن
عندك الكبر احدهما او كلاهما فلا تقل لهما اف ولا تنهرهما
وقل لهما قولا كريما (٢٣) واخفض لهما جناح الذل من الرحمة
وقل رب ارحمهما كما ربيانى صغيرا﴾

„Und dein Herr hat befohlen: „Verehrt

keinen außer Ihm, und (erweist) den Eltern Güte. Wenn ein Elternteil oder beide bei dir ein hohes Alter erreichen, so sage dann nicht »Pfui!« zu ihnen und fahre sie nicht an, sondern sprich zu ihnen in ehrerbietiger Weise. Und senke für sie in Barmherzigkeit den Flügel der Demut und sprich: Mein Herr, erbarme dich ihrer (ebenso mitleidig), wie sie mich als Kleines aufgezogen haben." (Koran 17:23-24)

﴿ووصينا ٱلانسـن بو لديه حملته امه، وهنا على وهن وفصـله، فى عامين ان ٱشكر لى ولوٱلديك﴾

„Und Wir haben dem Menschen im Hinblick auf seine Eltern anbefohlen - seine Mutter Trug ihn in Schwäche über Schwäche, und seine Entwöhnung erfordert zwei Jahre: «Sei mir und deinen Eltern dankbar..."
(Koran 31:14)

٣١٢ - وعن ابي عبد الرحمن عبد الله بن مسعود رضي الله عنه قال: سالت النبي صلى الله عليه وسلم اي العمل احب الى الله؟ قال: ((الصلاة على وقتها)) قلت: ثم اي؟ قال: ((بر الوالدين)) قلت: ثم اي؟ قال: ((الجهاد في سبيل الله)) متفق عليه.

312. Abu Abdur-Rahman Abdullah Ibn Mas³ud ﵁ berichtet, dass er den Propheten ﷺ fragte: **„Welche Tat ist Allah am liebsten?" Er sagte: „Das Verrichten des Gebets zur richtigen Zeit." Ich fragte: „Und welche dann?" Er ﷺ sagte: „Güte den Eltern gegenüber." Ich fragte: „Und welche dann?" Er sagte: „Dschihad (die Anstrengung) auf dem Wege Allahs."**[124]

٣١٦ - وعنه رضي الله عنه قال: جاء رجل الى رسول الله صلى الله عليه وسلم فقال: يا رسول الله من احق الناس بحسن صحابتي؟ قال: ((امك)) قال: ثم من؟ قال: ((امك)) قال: ثم من؟ قال: ((امك)) قال: ثم من؟ قال: ((ابوك)) متفق عليه.

وفي رواية: يا رسول الله من احق الناس بحسن الصحبة؟ قال: ((امك، ثم امك، ثم امك، ثم اباك، ثم ادناك ادناك)).

و ((الصحابة)) بمعنى: الصحبة. وقوله: ((ثم اباك)) هكذا هو منصوب بفعل محذوف: اي ثم بر اباك. وفي رواية ((ثم ابوك)) وهذا واضح.

316. Abu Huraira ﵁ berichtete: Ein Mann kam zum Gesandten Allahs ﷺ und fragte: **„O Gesandter Allahs, wer von den Leuten hat das Recht, von mir gut behandelt zu werden?" Er antwortete: „Deine Mutter." Er (der Mann) fragte: „Und wer dann?" Er**

124 Authentisch: Sahih Buchari 2782, Sahih Muslim 85, 137

sagte: „Deine Mutter." Er fragte: „Und wer dann?" Er antwortete: „Deine Mutter." Er fragte: „Und wer dann?" Er sagte: „Dein Vater."

Und in einer anderen Überlieferung hat der Mann gefragt: **„O Gesandter Allahs, wer hat am meisten Recht auf gute Freundschaft?" Er sagte: „Deine Mutter, und dann deine Mutter, und dann deine Mutter, und dann dein Vater, und dann deine nächsten Verwandten."**[125]

٣١٨ - وعنه رضي الله عنه ان رجلا قال: **يا رسول الله ان لي قرابة اصلهم ويقطعوني، واحسن اليهم ويسيئون الي، واحلم عنهم ويجهلون علي. فقال: ((لئن كنت كما قلت فكانما تسفهم المل، ولا يزال معك من الله ظهير عليهم ما دمت على ذلك))**

رواه مسلم.

318. Abu Huraira ﵁ berichtete: **Ein Mann kam zum Propheten ﷺ und sagte: „O Gesandter Allahs, ich habe Verwandte, ich pflege die Verwanschaftsbeziehung zu ihnen und sie zu mir nicht. Ich behandle sie mit Güte und sie behandeln mich schlecht. Ich bin milde zu ihnen, doch sie**

125 Authentisch: Sahih Buchari 5971, Sahih Muslim 2548

ignorieren mich." Er ﷺ sagte: „Wenn es so ist, wie du erwähnst, dann ist es so, als ob du sie mit heißer Asche trinken lässt. Solange du darauf (auf deine Güte und Freundlichkeit) bestehst, wird Allah dir helfen und schützt dich vor ihnen."[126]

٣١٩ - وعن انس رضي الله عنه ان رسول الله صلى الله عليه وسلم قال: ((من احب ان يبسط له في رزقه، وينسا له في اثره، فليصل رحمه)) متفق عليه.

ومعنى ((ينسا له في اثره)) : اي يؤخر له في اجله وعمره

319. Anas رضي الله عنه berichtete: Der Gesandte Allahs ﷺ sagte: **„Wer möchte, dass sein Lebensunterhalt und sein Alter gesegnet werden, der pflegt seine Verwandtschaftsbeziehungen."**[127]

٣٢١ - وعن عبد الله بن عمرو بن العاص رضي الله عنه قال اقبل رجل الى نبي الله صلى الله عليه وسلم فقال: ابايعك على الهجرة والجهاد ابتغي الاجر من الله تعالى. فقال: ((فهل من والديك احد حي؟)) قال: نعم بل كلاهما. قال: ((فتبتغي الاجر من الله تعالى؟)) قال: نعم. قال: ((فارجع الى والديك فاحسن

126 Authentisch: Sahih Muslim 2558
127 Authentisch: Sahih Buchari 2067, 5986, Sahih Muslim 2557

صحبتهما)) متفق عليه. وهذا لفظ مسلم.

وفي رواية لهما: جاء رجل فاستاذنه في الجهاد فقال: ((احي والداك؟)) قال: نعم. قال: ((ففيهما فجاهد)).

321. Abdullah Ibn Amro Ibn Al-³As ﷺ berichtete: Ein Mann stellte sich dem Propheten ﷺ vor und sagte: **„Ich leiste den Treueid auszuwandern und um Allahs willen zu kämpfen, um den Lohn Allahs, dem Erhabenen, zu erhalten." Er (der Prophet ﷺ fragte: „Lebt einer deiner Eltern noch?" Er sagte: „Ja, sogar beide." Der Prophet ﷺ fragte ihn: „Du suchst also die Belohnung Allahs, des Erhabenen?" Er sagte: „Ja." Er ﷺ sagte: „Dann kehre zu deinen Eltern zurück und sei gut zu ihnen."**

Diese Überlieferung ist von Muslim.

In der anderen Überlieferung von beiden (Buchari und Muslim) lautet es: **Ein Mann kam und bat um Erlaubnis zum Dschihad. Der Prophet ﷺ fragte: „Leben denn deine Eltern noch?" Er sagte: „Ja." Er ﷺ sagte: „Dann mache Dschihad bei ihnen (indem er seine Eltern gut behandelt, was bei Allah so wertvoll ist wie Dschihad)."**[128]

---

128 Authentisch: Sahih Buchari 3004, Sahih Muslim 2549

٣٢٢ - وعن عبد الله بن عمرو بن العاص رضي الله عنه عن النبي صلى الله عليه وسلم قال: ((ليس الواصل بالمكافئ، ولكن الواصل الذي اذا قطعت رحمه وصلها)) رواه البخاري.

322. Abdullah Ibn Amro Ibn Al-³As ﷺ berichtete: Der Prophet ﷺ sagte: **„Wer die Verwandtschaftsbeziehung pflegt, ist nicht jemand, der das Gleiche zurückerhält, sondern wer seine Verwandtschaftsbeziehung pflegt, obwohl die Verwandten das Gleiche nicht tun."**[129]

٣٢٣ - وعن عائشة رضي الله عنها قالت: قال رسول الله صلى الله عليه وسلم قال: ((الرحم معلقة بالعرش تقول: من وصلني وصله الله، ومن قطعني قطعه الله)) متفق عليه.

323. Aischa ﷺ berichtete: Der Gesandte Allahs ﷺ sagte: **„Die Verwandschaftsbeziehung ist am Thron festgebunden und sagt: Wer mich pflegt, den wird Allah pflegen, wer mich bricht, mit dem wird Allah abrechen."**[130]

٣٢٥ - وعن اسماء بنت ابي بكر الصديق رضي الله عنها قالت: قدمت علي امي وهي مشركة في عهد رسول الله صلى الله عليه وسلم

129 Authentisch: Sahih Buchari 5991
130 Authentisch: Sahih Buchari 5978, 5989, Sahih Muslim 2555

فاستفتيت رسول الله صلى الله عليه وسلم قلت: قدمت علي امي وهي راغبة افاصل امي؟ قال: نعم صلي امك)) متفق عليه.

وقولها ((راغبة)) اي طامعة فيما عندي تسالني شيئا. قيل: كانت امها من النسب. وقيل: من الرضاعة. والصحيح الاول

325. Asma` Bint Abi Bakr As-Siddiq ﵄ berichtete: **Meine Mutter, die damals noch Götzendienerin war, besuchte mich, während der Gesandte Allahs noch lebte. Ich ging zum Propheten ﷺ und bat um Rat: „Meine Mutter ist zu mir gekommen und braucht etwas von mir. Soll ich die Verwandtschaftsbeziehung pflegen?" Er sagte: „Ja. pflege die Verwandtschaftsbeziehung zu deiner Mutter."**[131]

٣٢٦ - وعن زينب الثقفية امراة عبد الله بن مسعود رضي الله عنه وعنها قالت قال رسول الله صلى الله عليه وسلم: ((تصدقن يا معشر النساء ولو من حليكن)) قالت: فرجعت الى عبد الله بن مسعود فقلت: انك رجل خفيف ذات اليد وان رسول الله صلى الله عليه وسلم قد امرنا بالصدقة فاته فاساله فان كان ذلك يجزي عني والا صرفتها الى غيركم. فقال عبد الله: بل ائتيه انت. فانطلقت فاذا امراة من الانصار بباب رسول الله صلى الله عليه وسلم حاجتي

131 Authentisch: Sahih Buchari 2620, Sahih Muslim 1003

حاجتها، وكان رسول الله صلى الله عليه وسلم قد القيت عليه المهابة، فخرج علينا بلال فقلنا له: ائت رسول الله صلى الله عليه وسلم فاخبره ان امراتين بالباب تسالانك: اتجزئ الصدقة عنهما على ازواجهما وعلى ايتام في حجورهما؟ ولا تخبره من نحن. فدخل بلال على رسول الله صلى الله عليه وسلم فساله فقال له رسول الله صلى الله عليه وسلم: ((من هما؟)) قال: امراة من الانصار وزينب. فقال رسول الله صلى الله عليه وسلم: ((اي الزيانب هي؟)) قال: امراة عبد الله. فقال رسول الله صلى الله عليه وسلم: ((لهما اجران: اجر القرابة، واجر الصدقة)) متفق عليه.

326. Zainab Ath-Thaqafia ﵂, die Frau des Abdullah Ibn Mas^{3}ud ﵁ berichtete: Der Gesandte Allahs ﷺ sagte: **„(Auch ihr) Gebt (den Armen)** Sadaqa, **o ihr Frauen, wenn es auch von eurem Schmuck sein sollte!" Daraufhin ging ich zu Abdullah Ibn Mas^{3}ud (ihr Ehemann) und sagte zu ihm: „Du bist ein bedürftiger Mann, und der Prophet ﷺ hat uns empfohlen,** Sadaqa **zu geben. Gehe zu ihm und frage ihn, ob ich dafür belohnt werde (wenn ich dir etwas gebe), sonst gebe ich es anderen." Abdullah sagte: „Gehe lieber du zu ihm." Ich ging los und fand plötzlich eine Frau von den**

Ansar vor der Tür des Gesandten Allahs ﷺ, die das gleiche Anliegen wie ich hatte. Aus Ehrfurcht zum Gesandten Allahs ﷺ gingen wir nicht zu ihm, sondern baten Bilal ؓ, der herauskam: „Gehe zum Gesandten Allahs ﷺ und sage ihm, dass zwei Frauen vor der Tür sind und fragen, ob sie dafür belohnt werden, wenn sie ihren Ehemännern und den Waisen, die bei ihnen leben, Sadaqa geben. Erzähle ihm aber nicht, wer wir sind." Bilal ؓ trat zum Propheten ﷺ ein und fragte ihn. Der Gesandte Allahs ﷺ fragte: „Wer sind sie?" Bilal ؓ antwortete: „Eine Frau von den Ansar und Zainab." Er fragte: „Welche Zainab ist es?" Er antwortete: „Abdullahs Ehefrau." Der Gesandte Allahs ﷺ sagte: „Sie bekommen zweimal soviel Belohnung (von Allah): Die Belohnung für die Verwandtschaft und Belohnung für Sadaqa."[132]

٣٢٧ - وعن ابي سفيان صخر بن حرب رضي الله عنه في حديثه الطويل في قصة هرقل ان هرقل قال لابي سفيان: فماذا يامركم به؟ (يعني النبي صلى الله عليه وسلم) قال قلت: يقول ((اعبدوا الله وحده ولا تشركوا به شيئا،

132 Authentisch: Sahih Buchari 1466, Sahih Muslim 1000

واتركوا ما يقول اباؤكم. ويامرنا بالصلاة والصدق والعفاف والصلة)) متفق عليه.

327. Abu Sufjan Sachr Ibn Harb ﷺ berichtete in seiner langen Aussage über Heraklios, als dieser ihn unter Anderem fragte: „**Was befiehlt er euch?" Er sagte: „Er befiehlt uns, nur Allah alleine zu dienen und Ihm nichts beizugesellen; hört mit dem auf, was eure Vorfahren euch sagten. Er trägt uns auf, das Gebet zu verrichten, die Wahrheit zu sprechen, die Anständigkeit und Pflege der Verwandschaftsbeziehung."**[133]

٣٣٨ - وعنه رضي الله عنه ان رسول الله صلى الله عليه وسلم قال: ((من الكبائر شتم الرجل والديه!)) قالوا: يا رسول الله وهل يشتم الرجل والديه؟ قال: ((نعم يسب ابا الرجل فيسب اباه، ويسب امه فيسب امه)) متفق عليه.

وفي رواية: ((ان من اكبر الكبائر ان يلعن الرجل والديه!)) قيل: يا رسول الله كيف يلعن الرجل والديه؟! قال: ((يسب ابا الرجل فيسب اباه، ويسب امه فيسب امه)).

338. Abdullah Ibn Amro Ibn Al-³As ﷺ berichtete: Der Gesandte Allahs ﷺ sagte:

---

133 Authentisch: Sahih Buchari 7, Sahih Muslim 1773

„Zu den großen Sünden gehört das Beschimpfen der eigenen Eltern." Die Leute fragten: „O Gesandter Allahs! Beschimpft überhaupt jemand seine eigenen Eltern?" Er sagte: „Ja, wenn jemand den Vater des Anderen beschimpft, der dann seinen Vater beschimpft, und wenn jemand die Mutter eines Anderen beschimpft, und der Andere dann seine Mutter beschimpft."[134]

٣٤٠ - وعن ابي عيسى المغيرة بن شعبة رضي الله عنه عن النبي صلى الله عليه وسلم قال: ((ان الله تعالى حرم عليكم عقوق الامهات، ومنعا وهات، ووأد البنات. وكره لكم قيل وقال، وكثرة السؤال، واضاعة المال)) متفق عليه.

340. Abu Isa Al-Mughira Ibn Schu³ba ﵁ berichtete: Der Prophet ﷺ sagte: **„Wahrlich hat Allah, der Erhabene, euch verboten: Die schlechte Behandlung der Mütter; nicht abzugeben, was anderen zusteht; einen Besitz zu verlangen, der einem nicht zusteht und Mord an den Töchtern. Ferner hat Er das nutzlose Geschwätz, die nutzlose Fragerei und Verschwendung verboten."**[135]

134 Authentisch: Sahih Buchari 5973, Sahih Muslim 90
135 Authentisch: Sahih Buchari 2408, 5975, Sahih Muslim 593

٣٤٤ - وعن عائشة رضي الله عنها قالت: ما غرت على احد من نساء النبي صلى الله عليه وسلم ما غرت على خديجة رضي الله عنها وما رايتها قط، ولكن كان يكثر ذكرها، وربما ذبح الشاة ثم يقطعها اعضاء ثم يبعثها في صدائق خديجة. فربما قلت له: كان لم يكن في الدنيا الا خديجة! فيقول: انها كانت وكانت، وكان لي منها ولد)) متفق عليه.

وفي رواية: وان كان ليذبح الشاة فيهدي في خلائلها منها ما يسعهن. وفي رواية: كان اذا ذبح الشاة يقول: ((ارسلوا بها الى اصدقاء خديجة))

وفي رواية قالت: استاذنت هالة بنت خويلد اخت خديجة على رسول الله صلى الله عليه وسلم فعرف استئذان خديجة فارتاح لذلك، فقال: ((اللهم هالة بنت خويلد)).

قولها: ((فارتاح)) هو بالحاء. وفي الجمع بين الصحيحين للحميدي: ((فارتاع)) بالعين. ومعناه: اهتم به.

344. Aischa ﵂ berichtete: **Ich bin auf keine der Frauen des Propheten ﷺ so eifersüchtig wie auf (die verstorbene) Chadidscha ﵂, und ich habe sie nie gesehen. Der Prophet ﷺ aber erwähnte sie sehr oft. Wenn er ein Schaf schlachtete und in Stücke schneidete, verteilte er sie dann an Freundinnen von Chadidscha. Ich sagte ihm: „Als ob es auf der Welt keine andere Frau gäbe, außer Chadidscha!" Er sagte:**

„Wahrlich sie war so und so, und ich habe von ihr Kinder." Eine andere Überlieferung: **Wenn er ein Schaf schlachtete, verschenkte er davon an ihre Freundinnen, so viel, dass es ihnen reichte.**

Eine andere Überlieferung: **Wenn er ein Schaf schlachtete, sagte er ﷺ: „Schickt davon Chadidschas Freundinnen."**

In einer anderen Überlieferung berichtet Aischa: **Hala Bint Chuwailid, die Schwester von Chadidscha ﵂, bat den Propheten ﷺ um Erlaubnis, einzutreten. Er erinnerte sich an Chadidscha und freute sich sehr. Er sagt: „O Allah, es ist Hala Bint Chuwailid!"**[136]

٣٤٥ - وعن انس بن مالك رضي الله عنه قال: **خرجت مع جرير بن عبد الله البجلي رضي الله عنه في سفر فكان يخدمني. فقلت له: لا تفعل. فقال: اني قد رايت الانصار تصنع برسول الله صلى الله عليه وسلم شيئا اليت ان لا اصحب احدا منهم الا خدمته.**

متفق عليه.

345. Anas Ibn Malik ﵁ berichtete: **Mit Dschurair Ibn Abdullah Al-Badschali ﵁ war ich unterwegs, als er mich während der Reise bediente. Ich sagte zu ihm: „Mach das**

136 Authentisch: Sahih Buchari 3818, 3816, 3820, Sahih Muslim 2435, 2437

nicht!" Er sagte: „Ich habe gesehen wie die Ansar den Propheten ﷺ bedienten, weshalb ich schwor, jedes Mal wenn ich jemanden von ihnen (den Ansar) begleite, ihnen zu dienen."[137]

137 Authentisch: Sahih Buchari 2888, Sahih Muslim 2513

٤٤ - باب توقير العلماء والكبار واهل الفضل وتقديمهم على غيرهم ورفع مجالسهم واظهار مرتبتهم

44. Die gute Behandlung der Gelehrten, Alten und Wohltäter

Ihre Bevorzugung, gebührender Respekt und Anerkennung ihrer Stellung

Allah, der Erhabene sagt:

﴿قل هل يستوى ٱلذين يعلمون وٱلذين لا يعلمون انما يتذكر اولوا ٱلالبـب﴾

„Sprich: ‚Sind solche, die wissen, denen gleich, die nicht wissen?' Allein nur diejenigen lassen sich warnen, die verständig sind." (Koran 39:9)

٣٤٨ - وعن ابي مسعود عقبة بن عمرو البدري الانصاري رضي الله عنه قال، قال رسول الله صلى الله عليه وسلم: ((يؤم القوم اقرؤهم لكتاب الله، فان كانوا في القراءة سواء فاعلمهم بالسنة، فان كانوا في السنة سواء فاقدمهم هجرة، فان كانوا في الهجرة سواء فاقدمهم سنا. ولا يؤمن الرجل الرجل في سلطانه؛ ولا يقعد في بيته على تكرمته الا باذنه)) رواه مسلم.

وفي رواية له: ((فاقدمهم سلما)) بدل ((سنا)) : اي اسلاما.

وفي رواية ((يؤم القوم اقرؤهم لكتاب الله، واقدمهم قراءة، فان

كانت قراءتهم سواء فليؤمهم اقدمهم هجرة، فان كانوا في الهجرة سواء فليؤمهم اكبرهم سنا)) والمراد ((بسلطانه)) : محل ولايته، او الموضع الذي يختص به. و ((تكرمته)) بفتح التاء وكسر الراء: وهي ما ينفرد به من فراش وسرير ونحوهما

348. Abu Mas³ud Uqba Ibn Amro Al-Badri Al-Ansari ﷺ berichtete: Der Gesandte Allahs ﷺ sagte: **„Vorbeter soll der sein, der am besten das Buch Allahs rezitieren kann. Wenn sie in der Rezitation gleich gut sind, dann der, der in der** Sunna **am meisten Wissen hat; wenn sie in der** Sunna **gleich sind, dann der, der am frühesten ausgewandert ist, wenn sie gleichzeitig ausgewandert sind, dann der Älteste. Keiner darf das Gebet im Bereich des Anderen leiten, und keiner darf auf dem Platz des Hausherrn sitzen, es sei denn mit seiner Erlaubnis."**

In einer anderen Überlieferung von Muslim: **„...der am ältesten im Islam ist."**, anstatt: **„...der Ältesten."** In einer anderen Überlieferung: **„Vorbeter soll der sein, der am besten und am längsten das Buch Allahs rezitieren kann. Wenn sie im Lesen gleich sind, dann der, der am frühesten ausgewandert ist, wenn sie gleichzeitig ausgewandert sind, dann der Älteste."**[138]

138 Authentisch: Sahih Buchari 2888, Sahih Muslim 2513

٤٥ - باب زيارة اهل الخير ومجالستهم وصحبتهم ومحبتهم وطلب زيارتهم والدعاء منهم وزيارة المواضع الفاضلة

45. Wohltäter zu besuchen, bei ihnen zu sitzen, Freundschaften mit ihnen pflegen, sie lieben ...

Allah, der Erhabene, spricht:

﴿واذ قال موسى لفتىه لا ابرح حتى ابلغ مجمع ٱلبحرين او امضى حقبا (٦٠) فلما بلغا مجمع بينهما نسيا حوتهما فٱتخذ سبيله، فى ٱلبحر سربا (٦١) فلما جاوزا قال لفتىه ءاتنا غداءنا لقد لقينا من سفرنا هذا نصبا (٦٢) قال ارءيت اذ اوينا الى ٱلصخرة فانى نسيت ٱلحوت وما انسىنيه الا ٱلشيطن ان اذكره، وٱتخذ سبيله، فى ٱلبحر عجبا (٦٣) قال ذ لك ما كنا نبغ فٱرتدا على ءاثارهما قصصا (٦٤) فوجدا عبدا من عبادنا ءاتينه رحمة من عندنا وعلمنه من لدنا علما (٦٥) قال له، موسى هل اتبعك على ان تعلمن مما علمت رشدا﴾

„Und Moses sagte zu seinem jungen Diener: ‚Ich will nicht eher rasten, als bis ich den Zusammenfluß der beiden Meere erreicht habe, und sollte ich

jahrhundertelang wandern.’ 61. Doch als sie den Zusammenfluß der beiden (Meere) erreicht hatten, da vergaßen sie ihren Fisch; und dieser nahm seinen Weg und schwamm ins Meer hinaus. 62. Und als sie weitergegangen waren, sagte er zu seinem jungen Diener: ‚Bring uns unsere Speise. Wir haben wahrlich auf dieser unserer Reise große Anstrengungen auf uns genommen.’ 63. Er sagte: ‚Hast du nicht gesehen, dass sich der Fisch da auf wundersame Weise ins Meer begab, als wir auf dem Felsen rasteten und ich ihn vergaß - und kein (anderer) als Satan ließ mich vergessen, ihn zu erwähnen?’ 64. Er sagte: ‚Das ist es, was wir wollten.’ Da kehrten sie beide um und schritten auf ihren Spuren zurück. 65. Dann fanden sie einen unserer Diener, dem wir Unsere Barmherzigkeit verliehen und den Wir Unser Wissen gelehrt hatten. 66. Moses sagte zu ihm: ‚Darf ich dir folgen, auf dass du mich über das Rechte handeln belehrest, wie du gelehrt worden bist?’“ (Koran 18:60-66)

٣٦٠ - وعن انس رضي الله عنه قال، قال ابو بكر لعمر رضي الله عنه بعد وفاة رسول الله صلى الله عليه وسلم: انطلق بنا الى ام ايمن نزورها كما كان رسول الله صلى الله عليه وسلم يزورها. فلما انتهيا اليها بكت. فقالا لها: ما يبكيك؟ اما تعلمين ان ما عند الله خير لرسول الله صلى الله عليه وسلم؟ فقالت: اني لا ابكي اني لا اعلم ان ما عند الله تعالى خير لرسول الله صلى الله عليه وسلم ولكن ابكي ان الوحي قد انقطع من السماء. فهيجتهما على البكاء فجعلا يبكيان معها. رواه مسلم.

360. Anas ﵁ berichtete: **Nach dem der Gesandte Allahs ﷺ verstorben war, sagte Abu Bakr zu Umar ﵁: „Führe uns, um Umm Aiman ﵂ zu besuchen, so wie der Gesandte Allahs ﷺ sie stets besuchte." Als sie bei ihr ankamen, weinte sie. Sie fragten: „Was lässt dich weinen? Weißt du denn nicht, was bei Allah ist, ist viel besser für den Gesandten Allahs ﷺ?" Sie sagte: „Ich weine nicht, weil ich nicht weiß, dass das, was bei Allah, dem Erhabenen, ist, viel besser für den Gesandten Allahs ﷺ ist. Ich weine jedoch, weil die himmlische Offenbarung aufgehört hat." Damit berührte sie die beiden so, dass sie mit ihr weinten. Umm Aiman ﵂ heißt Baraka und war eine Sklavin. Der Prophet**

ﷺ befreite sie aus der Sklaverei und gab ihr Zaid Ibn Haritha رضي الله عنه zum Mann. Der Prophet ﷺ sagte immer „Mutter“ zu ihr.[139]

٣٦١ - وعن ابي هريرة رضي الله عنه عن النبي صلى الله عليه وسلم:

((ان رجلا زار اخا له في قرية اخرى فارصد الله تعالى على مدرجته ملكا. فلما اتى عليه قال: اين تريد؟ قال: اريد اخا لي في هذه القرية. قال: هل لك عليه من نعمة تربها عليه؟ قال: لا، غير اني احببته في الله تعالى. قال: فاني رسول الله اليك بان الله قد احبك كما احببته فيه.)) رواه مسلم.

يقال: ارصده لكذا اذا وكله بحفظه. و ((المدرجة)) بفتح الميم والراء: الطريق. ومعنى ((تربها)): تقوم بها وتسعى في صلاحها.

361. Abu Huraira رضي الله عنه berichtete, dass der Prophet ﷺ sagte: **„Ein Mann besuchte einen (Glaubens-) Bruder in einem anderen Dorf. Allah, der Erhabene, stellte ihm einen Engel auf den Weg. Als er ihn traf, fragte er ihn: „Wo willst du hin?” Er antwortete: „Ich will zu einem Bruder in diesem Dorf.” Er fragte: „Hast du bei ihm Geschäftliches zu erledigen?” Der Mann sagte: „Nein, weil ich ihn um Allahs, dem Erhabenen, willen liebe.” Er sagte: „Ich bin ein Bote Allahs, der zu dir gesandt ist, um dir mitzuteilen,**

139 Authentisch: Sahih Muslim 2454

dass Allah dich liebt, wie du ihn um Allahs Willen geliebt hast.“[140]

٣٦٢ - وعنه رضي الله عنه قال، قال رسول الله صلى الله عليه وسلم:

((من عاد مريضا او زار اخا له في الله ناداه مناد: بان طبت وطاب ممشاك، وتبوات من الجنة منزلا))

رواه الترمذي وقال حديث حسن. وفي بعض النسخ غريب.

362. Derselbe (Abu Huraira ﵁) berichtete: Der Gesandte Allahs ﷺ sagte: **„Wer einen Kranken oder einen Bruder um Allahs Willen besucht, dem ruft ein Rufer (ein Engel, der für ihn betet) zu: Gut gemacht und möge dein Weg wohl sein; und dir eine hohe Wohnstätte im Paradies gewährt werden!“**[141]

٣٦٣ - وعن ابي موسى الاشعري رضي الله عنه ان النبي صلى الله عليه وسلم قال: ((انما مثل الجليس الصالح وجليس السوء كحامل المسك ونافخ الكير. فحامل المسك: اما ان يحذيك، واما ان تبتاع منه، واما ان تجد منه ريحا طيبة. ونافخ الكير: اما ان يحرق ثيابك، واما ان تجد منه ريحا منتنة)) متفق عليه.

((يحذيك)) : يعطيك.

140 Authentisch: Sahih Muslim 2567

141 Authentisch: Sahih Al-Dschami[3] As-Saghir 6378, Sahih At-Tirmidhi von Albani 1633 und in Mischkatul Masabih 5015

363. Abu Musa Al-Asch[3]ari ﵁ berichtete: Der Prophet ﷺ sagte: **„Das Beispiel dessen, der sich rechtschaffene Freunde nimmt, und dessen, der sich schlechte Freunde nimmt, ist wie das desjenigen, der Moschus besitzt, und wie eines Schmieds der Schmelztiegel anzündet. Der Besitzer von Moschus würde dir entweder etwas davon schenken oder du würdest von ihm kaufen, oder du riechest seinen Duft. Der Schmied würde entweder deine Kleidung verbrennen oder du atmetest den Gestank bei ihm ein.“**[142]

٣٦٤ - وعن ابي هريرة رضي الله عنه عن النبي صلى الله عليه وسلم قال:

((تنكح المراة لاربع: لمالها، ولحسبها، ولجمالها، ولدينها، فاظفر بذات الدين تربت يداك)) متفق عليه.

ومعنى ذلك: ان الناس يقصدون في العادة من المراة هذه الخصال الاربع فاحرص انت على ذات الدين واظفر بها واحرص على صحبتها.

364. Abu Huraira ﵁ berichtete: Der Gesandte Allahs ﷺ sagte: **„Eine Frau heiratet man aus vier Gründen: wegen ihres Besitzes, wegen ihrer Abstammung, wegen ihrer Schönheit oder wegen ihres Glaubens. Wähle diejenige, wegen ihres Glaubens, so wirst du Erfolg haben.”**[143]

142 Authentisch: Sahih Buchari 2104, 5534, Sahih Muslim 2628
143 Authentisch: Sahih Buchari 5090, Sahih Muslim 1466

٣٦٥ - وعن ابن عباس رضي الله عنهما قال، قال النبي صلى الله عليه وسلم لجبريل صلى الله عليه وسلم: ((ما يمنعك ان تزورنا اكثر مما تزورنا؟)) فنزلت: ﴿وما نتنزل الا بامر ربك، له ما بين ايدينا وما خلفنا وما بين ذلك﴾ (مريم ٦٤) . رواه البخاري.

365. Ibn Abbas ﷺ berichtete: Der Prophet ﷺ fragte Gabriel: **„Was hindert dich daran, uns öfter zu besuchen?" Da wurde (von Allah) herabgesandt: „Wir kommen nur auf Beschluss deines Herrn herab. Ihm gehört, was vor uns und was hinter uns und was dazwischen liegt."** (Koran19:64)[144]

٣٦٦ - وعن ابي سعيد الخدري رضي الله عنه عن النبي صلى الله عليه وسلم قال: ((لا تصاحب الا مؤمنا، ولا ياكل طعامك الا تقي)) رواه ابو داود والترمذي باسناد لا باس به.

366. Abu Said Al-Chudri ﷺ berichtet: Der Prophet ﷺ sagte: **„Nimm zu Freunden keinen, außer Gläubige und dein Essen soll nicht gegessen werden außer von einem Gottesfürchtigen."**[145]

---

144 Authentisch: Sahih Buchari 4731
145 Authentisch: Sahih Al-Dschami[3] 7441, Sahih Abu Dawud von Albani 4045 und als hassan eingestuft, in Mischkatul Masabih 5018, At-Tirmidhi

٣٦٧ - وعن ابي هريرة رضي الله عنه ان النبي صلى الله عليه وسلم قال:

((الرجل على دين خليله فلينظر احدكم من يخالل))

رواه ابو داود والترمذي باسناد صحيح وقال الترمذي حديث حسن.

367. Abu Huraira ﷺ berichtet: Der Prophet ﷺ sagte: **„Jeder ist in seiner Religion und seinen Gewohnheiten wie sein Freund, jeder von euch soll darauf achten, wer sein Freund ist."**[146]

٣٦٨ - وعن ابي موسى الاشعري رضي الله عنه ان النبي صلى الله عليه وسلم

قال: ((المرء مع من احب)) متفق عليه.

وفي رواية: قال قيل للنبي صلى الله عليه وسلم: الرجل يحب القوم ولما يلحق

بهم؟ قال: ((المرء مع من احب))

368. Abu Musa Al-Asch³ari ﷺ überliefert: Der Prophet ﷺ sagte: **„Der Mensch wird (am Tag der Auferstehung) mit dem sein, den er liebt."**[147]

٣٦٩ - وعن انس رضي الله عنه ان اعرابيا قال لرسول الله صلى

الله عليه وسلم: متى الساعة؟ قال له رسول الله صلى الله

عليه وسلم: ((ما اعددت لها؟)) قال: حب الله ورسوله. قال:

146 Authentisch: Sahih Al-Dschami³ 3545, Assilsila Assahiha von Albani 927 und als hassan eingestuft, in Mischkatul Masabih 5019, At-Tirmidhi
147 Authentisch: Sahih Buchari 6170, Sahih Muslim 2641

((انت مع من احببت)) متفق عليه. وهذا لفظ مسلم.

وفي رواية لهما: ما اعددت لها من كثير صوم ولا صلاة ولا صدقة ولكني احب الله ورسوله.

369. Anas ﵁ berichtete: **Ein Beduine fragte den Gesandten Allahs ﷺ: „Wann kommt die Stunde (Tag der Auferstehung)?" Er ﷺ fragte ihn: „Was hast du dafür vorbereitet?" Er sagte: „Die Liebe zu Allah und Seinem Gesandten." Er (der Prophet ﷺ) sagte: „Du bist mit denen, die du liebst."**[148]

٣٧١ - وعن ابي هريرة رضي الله عنه عن النبي صلى الله عليه وسلم قال: ((الناس معادن كمعادن الذهب والفضة، خيارهم في الجاهلية خيارهم في الاسلام اذا فقهوا، والارواح جنود مجندة، فما تعارف منها ائتلف، وما تناكر منها اختلف)) رواه مسلم.

وروى البخاري قوله: ((الارواح)) الى اخره من رواية عائشة رضي الله عنها.

371. Abu Huraira ﵁ berichtet: Der Prophet ﷺ sagte: **„Die Menschen sind Metalle wie Gold und Silber. Die besten in der Dschahilija (vor dem Islam) sind auch die besten im Islam, wenn sie sich (das islamische Wissen) aneignen und die Seelen sind wie**

148 Authentisch: Sahih Buchari 3688, Sahih Muslim 2639

Soldaten, die, wenn sie sich gleichen, sich anfreunden, und wenn sie verschieden sind, dann sind sie anders."[149]

٣٧٥ - وعن انس رضي الله عنه عن النبي صلى الله عليه وسلم قال:

((ثلاث من كن فيه وجد بهن حلاوة الايمان: ان يكون الله ورسوله احب اليه مما سواهما، وان يحب المرء لا يحبه الا لله، وان يكره ان يعود في الكفر بعد ان انقذه الله منه كما يكره ان يقذف في النار)) متفق عليه.

375. Anas ﵁ berichtet: Der Prophet ﷺ sagte: **„Drei (Eigenschaften) gibt es, in denen man die Süße des Imans (Glaubens) schmecken wird: Allah und Seinen Gesandten über alles zu lieben; einen Anderen zu lieben, nur um Allahs willen; und zu verabscheuen zum Unglauben zurückzukehren, nachdem Allah ihn gerettet hat, wie er es verabscheut ins Feuer geworfen zu werden."**[150]

٣٧٦ - وعن ابي هريرة رضي الله عنه عن النبي صلى الله عليه وسلم قال:

((سبعة يظلهم الله في ظله يوم لا ظل الا ظله: امام عادل، وشاب نشا في عبادة الله عز وجل، ورجل قلبه معلق في

---

149 Buchari überliefert diesen Hadith von Aischa (3336) und Albani hat ihn in seinem Sahihul Adab Almufrad mit der Hadithnr. 691 als Sahih eingestuft. Authentisch: Sahih Buchari 3493, Sahih Muslim 2638

150 Authentisch: Sahih Buchari 16, Sahih Muslim 43

المساجد، ورجلان تحابا في الله اجتمعا عليه وتفرقا عليه، ورجل دعته امراة ذات حسن وجمال فقال اني اخاف الله، ورجل تصدق بصدقة فاخفاها حتى لا تعلم شماله ما تنفق يمينه، ورجل ذكر الله خاليا ففاضت عيناه)) متفق عليه.

376. Abu Huraira ﵁ berichtete: Der Prophet ﷺ sagte: „**Sieben wird Allah unter seinen Schutzschatten bringen, an dem Tag, an dem es keinen Schatten gibt außer Seinen (Schutz)schatten: Ein gerechter Herrscher; ein junger Mann (bzw. eine junge Frau), der seine Jugend mit der Anbetung Allahs, dem Erhabenen, verbrachte; jemand, dessen Herz mit der Moschee verbunden ist; zwei Menschen, die sich um Allahs Willen lieben, und deswegen zusammen gekommen sind und auseinander gingen, auch um Seinetwillen; ein Mann, der von einer hochrangigen und schönen Frau zur Sünde gerufen wird, (der es aber nicht tut und) sagt, ich fürchte Allah; einer, der die Sadaqa (den Armen) im Verborgenen gibt, auf eine Weise, dass seine linke Hand nicht weiß, was seine Rechte gibt; ein Mensch, der alleine ist und sich an Allah erinnert, so**

dass aus seine Augen Tränen fließen."[151]

٣٧٧ - وعنه رضي الله عنه قال، قال رسول الله صلى الله عليه وسلم:
((ان الله تعالى يقول يوم القيامة: اين المتحابون بجلالي؟
اليوم اظلهم في ظلي يوم لا ظل الا ظلي)) رواه مسلم.

377. Abu Huraira ﷺ berichtet: Der Gesandte Allahs ﷺ sagte: **„Allah der Erhabene wird am Tag der Auferstehung sagen: ‚Wo sind die, die sich um Meiner Erhabenheit Willen lieben? Heute werde Ich sie unter Meinen (Schutz)schatten bringen, an dem Tag, an dem es keinen Schatten gibt außer Meinem."**[152]

٣٧٨ - وعنه رضي الله عنه قال، قال رسول الله صلى الله عليه وسلم:
((والذي نفسي بيده لا تدخلوا الجنة حتى تؤمنوا ولا تؤمنوا
حتى تحابوا، اولا ادلكم على شيء اذا فعلتموه تحاببتم؟ افشوا
السلام بينكم)) رواه مسلم.

378. Abu Huraira ﷺ überliefert, dass der Gesandte Allahs ﷺ sagte: **„Bei Dem, in Dessen Händen meine Seele liegt, ihr**

151 Authentisch: Sahih Buchari 660, Sahih Muslim 1031
152 Authentisch: Sahih Muslim 2566

werdet das Paradies nicht betreten, wenn ihr nicht glaubt, und ihr werdet nicht glauben, bis ihr euch geliebt habt. Soll ich euch zeigen, wie ihr euch lieben werdet? Verbreitet den Friedensgruß unter euch."[153]

٣٨١ - وعن معاذ رضي الله عنه قال سمعت رسول الله صلى الله عليه وسلم يقول: ((قال الله عز وجل: المتحابون في جلالي لهم منابر من نور يغبطهم[١٥٤] النبيون والشهداء))

رواه الترمذي وقال حديث حسن صحيح.

381. Mu³adh ﵁ berichtete, dass er den Gesandten Allahs ﷺ sagen hörte: **„Allah, der Erhabene, sagt: Jenen, die sich wegen Meiner Erhabenheit lieben, sind auf dem Mimbar (Podest) aus Licht (im Paradies), so dass Propheten und Märtyrer sie beneiden werden."**[155]

٣٨٢ - وعن ابي ادريس الخولاني رحمه الله قال دخلت مسجد دمشق فاذا فتى براق الثنايا[١٥٦] واذا الناس معه فاذا اختلفوا في شيء اسندوه اليه وصدروا عن رايه فسالت عنه فقيل: هذا معاذ بن جبل، فلما كان من الغد هجرت فوجدته قد سبقني بالتهجير، ووجدته يصلي فانتظرته حتى قضى صلاته ثم جئته من قبل

153 Authentisch: Sahih Muslim 54

١٥٤ (١/٣٥٥) اي تمني مثل ما للغير من الخير من غير زواله عن صاحبه . دليل الفالحين.)

155 Authentisch: Sahih Al-Dschami³ von Albani 4312, At-Tirmidhi

١٥٦ اي وصف ثناياه بالحسن والصفاء وانها تلمع اذا تبسم كالبرق واراد صفة وجهه بالبشر والطلاقة. ١٢٠/ النهاية ١

وجهه فسلمت عليه ثم قلت: والله اني لاحبك لله! فقال: الله؟ فقلت: الله. فقال: الله؟ فقلت: الله. فاخذ بخبوة ردائي فجبذني اليه فقال ابشر فاني سمعت رسول الله صلى الله عليه وسلم يقول:

((قال الله تبارك وتعالى: وجبت محبتي للمتحابين في، والمتجالسين في، والمتزاورين في، والمتباذلين في))

حديث صحيح رواه مالك في الموطا باسناده الصحيح.
قوله: ((هجرت)) : اي بكرت وهو بتشديد الجيم قوله: ((الله فقلت: الله)) الاول بهمزة ممدودة للاستفهام، والثاني بلا مد.

382. Abu Idris Al-Chaulani ﵁ berichtete: Als ich die Moschee in Damaskus betrat, sah ich einen fröhlichen jungen Mann mit glänzend schönen Zähnen, der mit Menschen zusammen war. Wenn sie sich einer Sache nicht einig waren, zogen sie ihn zu Rate und nahmen an, was er sagte. Ich fragte, wer dieser sei und man sagte mir, er sei Mu³adh Ibn Dschabal ﵁. Einen Tag später kam ich früher zur Moschee, sah aber, dass er schon im Gebet war. Ich wartete, bis er mit seinem Gebet fertig war, dann trat ich vor ihn und begrüßte ihn. Ich sagte ihm: „Bei Allah, ich liebe dich um Allahs willen." Er fragte: „Um Allahs willen?" Ich antwortete: „Um Allahs willen." Er sagte erneut: „Um Allahs willen?" Ich antwortete: „Um Allahs willen." Dann hielt er mein Hemd fest, zog mich zu sich und sagte: „**Dann (teile ich mit dir) die frohe Botschaft, dass ich den Gesandten Allahs ﷺ sagen hörte: „Allah der Erhabene, hat gesagt: ‚Meine Liebe haben diejenigen verdient, die sich um Meinetwillen lieben, die sich um Meinetwillen treffen, sich um Meinetwillen besuchen und die sich um Meinetwillen opfern.‘“**[157]

٣٨٣ - وعن ابي كريمة المقداد بن معد يكرب رضي الله عنه عن النبي صلى الله عليه وسلم قال: ((اذا احب الرجل اخاه فليخبره انه يحبه))

رواه ابو داود والترمذي وقال حديث حسن صحيح.

383. Abu Karima Al-Miqdad (richtig Al-Miqdam) Ibn Ma³d Yakarb ؓ berichtete: Der Prophet ﷺ sagte: „**Wenn ein Mann (Person) seinen (Glaubens-) Bruder oder eine Glaubensschwester liebt, sollte er es ihnen mitteilen.**"[158]

٣٨٤ - وعن معاذ رضي الله عنه ان رسول الله صلى الله عليه وسلم اخذ بيده

---

157 Authentisch: Ein Sahih Hadith, den Imam Malik in seinem Muwata´ mit einem Sahih-Isnad überlieferte, Sahih Al-Dschami³ von Albani 4331, Mischkatul Masabih 5011

158 Authentisch: Assilsila Assahiha 417, Sahihul Adab Almufrad 421 und in Misc - katul masabih von Albani unter der Nr. 5016 als sahih erklärt, auch laut Abu Dawud und At-Tirmidhi ist dies ein Sahih-Hadith.

وقال: ((يا معاذ والله اني لاحبك، ثم اوصيك يا معاذ: لا تدعن في دبر كل صلاة تقول: اللهم اعني على ذكرك وشكرك وحسن عبادتك)) حديث صحيح رواه ابو داود والنسائي باسناد صحيح.

384. Mu3adh ﵁ berichtete: Der Gesandte Allahs ﷺ nahm seine Hand und sagte: **„O Mu3adh, bei Allah, ich liebe dich und empfehle dir, o Mu3adh, nicht zu unterlassen, am Ende jedes Gebets zu bitten:** Allahuma a3inni 3ala dhikrika wa schukrika wa husni 3ibadatik - **O Allah, unterstütze mich, dass ich Deiner gedenke, Dir danke und Dir auf beste Weise diene."**[159]

٣٨٥ - وعن انس رضي الله عنه ان رجلا كان عند النبي صلى الله عليه وسلم فمر رجل فقال: يا رسول الله اني لاحب هذا. فقال له النبي صلى الله عليه وسلم: ((اعلمته؟)) قال: لا. قال: ((اعلمه)) فلحقه فقال: اني احبك في الله. فقال: احبك الذي احببتني له.

رواه ابو داود باسناد صحيح.

385. Anas ﵁ berichtete: Als ein Mann beim Propheten ﷺ war, ging ein anderer Mann vorbei. (Der anwesende Mann) sagte: **„O**

159 Authentisch: Sahihul Dschami3 Nr 7969, Scharh At-Tahawiya 335, Sahih Abu Dawud 1362 Sahih An-Nasa'i von Albani 1236

Gesandter Allahs, ich liebe diesen." Der Prophet ﷺ fragte: „Hast du es ihm gesagt?" Er sagte: „Nein." Er (der Prophet ﷺ) sagte: „Sag es ihm!" Er ging dem Mann hinterher und sagte ihm: „Ich liebe dich um Allahs willen." Er (der Andere) sagte: „Möge Der dich lieben, um Dessentwillen du mich liebst."[160]

160 Sahih Abu Dawud von Albani 4274, und in Mischkatul Masabih von Albani unter der Nr. 5017 als hassan erklärt, Abu Dawud 333, Imam Ahmad 12022

٤٧ - باب علامات حب الله تعالى للعبد والحث على التخلق بها والسعي في تحصيلها

47. Zeichen der Liebe Allahs, des Erhabenen, Seinem Diener gegenüber und die Bemühung, sich diese Zeichen anzueignen

Allah, der Erhabene, spricht:

﴿قل ان كنتم تحبون ٱلله فٱتبعونى يحببكم ٱلله ويغفر لكم ذنوبكم وٱلله غفور رحيم﴾

„Sprich: ‚Wenn ihr Allah liebt, so folgt mir. So liebt euch Allah und vergibt euch eure Sünden; denn Allah ist Allvergebend, Barmherzig.'" (Koran 3:31)

﴿يـايها ٱلذين ءامنوا من يرتد منكم عن دينه فسوف ياتى ٱلله بقوم يحبهم ويحبونه اذلة على ٱلمؤمنين اعزة على ٱلكفرين يجـهدون فى سبيل ٱلله ولا يخافون لومة لائم ذ لك فضل ٱلله يؤتيه من يشاء وٱلله واسع عليم﴾

„O ihr, die ihr glaubt, wer sich von euch von seinem Glauben abkehrt, wisset, Allah wird bald ein anderes Volk bringen, das er liebt

und das ihn liebt, (das) demütig gegen die Gläubigen und hart gegen die Ungläubigen (ist); sie werden auf Allahs Weg kämpfen und werden den Vorwurf des Tadelnden nicht fürchten. Das ist Allahs Huld; Er gewährt sie, wem Er will; denn Allah ist Allumfassend, Allwissend.“ (Koran 5:54)

٣٨٧ - وعنه رضي الله عنه عن النبي صلى الله عليه وسلم قال:

((اذا احب الله تعالى العبد نادى جبريل ان الله يحب فلانا فاحبوه. فيحبه اهل السماء، ثم يوضع له القبول في الارض))

متفق عليه. وفي رواية لمسلم قال رسول الله صلى الله عليه وسلم:

((ان الله تعالى اذا احب عبدا دعا جبريل فقال: اني احب فلانا فاحبه. فيحبه جبريل، ثم ينادي في السماء فيقول: ان الله يحب فلانا فاحبوه. فيحبه اهل السماء، ثم يوضع له القبول في الارض. واذا ابغض عبدا دعا جبريل فيقول: اني ابغض فلانا فابغضه. فيبغضه جبريل ثم ينادي في اهل السماء: ان الله يبغض فلانا فابغضوه. فيبغضه اهل السماء ثم توضع له البغضاء في الارض))

387. Abu Huraira ﵁ berichtete: Der Prophet ﷺ sagte: **„Wenn Allah, der Erhabene, einen Diener liebt, ruft Er Gabriel und sagt ihm, dass Allah, der Erhabene, den Soundso**

liebt, und dass er ihn auch lieben solle. Dann liebt ihn Gabriel und ruft unter den Bewohnern der Himmel: ‚Allah liebt den Soundso, ihr sollt ihn also auch lieben.' Dann lieben ihn die Bewohner der Himmel auch und demjenigen wird schließlich Akzeptanz auf Erden verliehen."

Muslims Überlieferung: Der Prophet ﷺ sagte: **„Wenn Allah, der Erhabene, einen Diener liebt, sagt Er Gabriel ‚Ich liebe den Soundso' und er solle ihn auch lieben. Dann liebt ihn Gabriel und ruft im Himmel: ‚Allah liebt den Soundso, ihr sollt ihn also auch lieben.' Dann lieben ihn die Bewohner der Himmel auch und demjenigen wird schließlich Akzeptanz auf Erden verliehen. Wenn Er (Allah) aber einen Diener verabscheut, ruft Er den Engel Gabriel und sagt zu ihm: ‚Ich verabscheue Soundso, du sollst ihn auch verabscheuen!' Dann wird Gabriel ihn verabscheuen und den Bewohnern des Himmels zurufen, dass Allah den Soundso verabscheut. Danach werden ihn die Bewohner des Himmels verabscheuen und dem wird Hass auf Erden gesät."**[161]

161 Authentisch: Sahih Buchari 3209, Sahih Muslim 2637

٣٨٨ - وعن عائشة رضي الله عنها ان رسول الله صلى الله عليه وسلم بعث رجلا على سرية فكان يقرا لاصحابه في صلاتهم فيختم ب ﴿قل هو الله احد﴾ فلما رجعوا ذكروا ذلك لرسول الله صلى الله عليه وسلم فقال: ((سلوه لاي شيء يصنع ذلك؟)) فسالوه فقال: لانها صفة الرحمن فانا احب ان اقرا بها. فقال رسول الله صلى الله عليه وسلم: ((اخبروه ان الله تعالى يحبه)) متفق عليه.

388. Aischa ﷺ berichtete: **Der Prophet ﷺ schickte einen Mann mit einer Truppe. Er hat sie im Gebet geführt und jedes Mal seine Rezitation mit der Sure** Qul huwa Allahu ahad **(Sure Al-Ikhlas) beendet. Als die Truppe nach Medina zurückkehrte, erwähnten sie dies beim Gesandten Allahs ﷺ. Er sagte: „Fragt ihn, weswegen er das macht." Man fragte ihn und dieser sagte: „Weil sie die Eigenschaften des Erbarmers beinhaltet, und ich liebe es, sie zu rezitieren." Darauf sagte der Gesandte Allahs: „Informiert ihn, dass Allah, der Erhabene, ihn liebt."**[162]

162 Authentisch: Sahih Buchari 7375, Sahih Muslim 813

٥٠ - باب الخوف

50. Die Furcht

Allah, der Erhabene, spricht:

﴿وإيى فأرهبون﴾

„...und Mich allein sollt ihr fürchten."
(Koran 2:40)

﴿ان بطش ربك لشديد﴾

„Wahrlich, die Rache deines Herrn ist enorm." (Koran 85:12)

﴿وكذ لك اخذ ربك اذا اخذ ٱلقرى وهى ظالمة ان اخذه،
اليم شديد (١٠٢) ان فى ذ لك لاية لمن خاف عذاب ٱلاخرة
ذ لك يوم مجموع له ٱلناس وذ لك يوم مشهود(١٠٣) وما
نؤخره، الا لاجل معدود (١٠٤) يوم يات لا تكلم نفس الا
باذنهۦ فمنهم شقى وسعيد (١٠٥) فاما ٱلذين شقوا ففى ٱلنار
لهم فيها زفير وشهيق﴾

„102. Und so ist der Griff deines Herrn, wenn Er die Städte erfaßt, weil sie freveln. Wahrlich, Sein Griff ist schmerzhaft, streng. 103. Darin liegt gewiß ein Zeichen für den, der die Strafe des Jenseits fürchtet. Das ist

ein Tag, an dem die Menschen versammelt werden, und das ist ein Tag, den jeder erleben wird, 104. und Wir verschieben ihn nur bis zu einem berechneten Termin. 105. Wenn jener (Tag) kommt, dann wird keine Seele sprechen, es sei denn mit Seiner Erlaubnis; unter ihnen gibt es dann welche, die unselig und welche, die selig sind. 106. Was nun diejenigen angeht, die unselig sind, so werden sie ins Feuer gelangen, worin sie seufzen und schluchzen werden..."

(Koran 11:102-106)

﴿ويحذركم ٱلله نفسه﴾

„...und Allah ermahnt euch, vor Sich."

(Koran 3:28)

﴿يوم يفر ٱلمرء من اخيه (٣٤) وامه وابيه (٣٥) وصاحبته
وبنيه (٣٦) لكل ٱمرى منهم يومئذ شان يغنيه﴾

„...am Tage, da der Mensch seinen Bruder fluchtartig verläßt 35, sowie seine Mutter und seinen Vater 36. Und seine Frau und seine Söhne, 37. an jenem Tage wird jeder eigene Sorgen genug haben, die ihn beschäftigen." (Koran 80:34-37)

﴿يايها ٱلناس ٱتقوا ربكم ان زلزلة ٱلساعة شيء عظيم (١)

يوم ترونها تذهل كل مرضعة عما ارضعت وتضع كل ذات
حمل حملها وترى ٱلناس سكرى وما هم بسكرى ولكن عذاب
ٱلله شديد﴾

„1. O ihr Menschen, fürchtet euren Herrn; denn das Beben der Stunde ist wahrlich etwas Gewaltiges. 2. An dem Tage, da ihr es seht, wird jede Stillende ihren Säugling vergessen und jede Schwangere ihre Bürde abwerfen; und du wirst die Menschen trunken sehen, obwohl sie nicht trunken sind; aber die Strafe Allahs ist gewaltig."

(Koran 22:1-2)

﴿ولمن خاف مقام ربه جنتان﴾

„Und dem aber, der sich vor der Gegenwart seines Herrn fürchtet, werden zwei Gärten zuteil sein." (Koran 55:46)

﴿واقبل بعضهم على بعض يتساءلون (٢٥) قالوا انا كنا قبل
فى اهلنا مشفقين (٢٦) فمن ٱلله علينا ووقنا عذاب ٱلسموم
(٢٧) انا كنا من قبل ندعوه انه‌ۥ هو ٱلبر ٱلرحيم﴾

„Und sie wenden sich fragend aneinander, 26. (und) sie sagen: ‚Wahrlich, früher bei unseren Angehörigen waren wir ängstlich, 27. doch Allah ist uns gnädig gewesen

und hat uns vor der Pein des sengenden Windes bewahrt. 28. Wir pflegten vormals zu Ihm zu beten. Er ist der Gütige, der Barmherzige.'" (Koran 52:25-28)

٣٩٦ - عن ابن مسعود رضي الله عنه قال حدثنا رسول الله صلى الله عليه وسلم وهو الصادق المصدوق: ((ان احدكم يجمع خلقه في بطن امه اربعين يوما، ثم يكون علقة مثل ذلك، ثم يكون مضغة مثل ذلك، ثم يرسل الملك فينفخ فيه الروح، ويؤمر باربع كلمات: بكتب رزقه، واجله وعمله، وشقي او سعيد. فوالذي لا اله غيره ان احدكم ليعمل بعمل اهل الجنة حتى ما يكون بينه وبينها الا ذراع فيسبق عليه الكتاب فيعمل بعمل اهل النار فيدخلها، وان احدكم ليعمل بعمل اهل النار حتى ما يكون بينه وبينها الا ذراع فيسبق عليه الكتاب فيعمل بعمل اهل الجنة فيدخلها))

متفق عليه.

396. Ibn Mas³ud ﷛ berichtete: Der Gesandte Allahs ﷺ, und er ist der Wahrhheitsprechende und der Glaubwürdige: **„Jeder von euch bleibt vierzig Tage als Samentropfen im Bauch seiner Mutter, dann ebenfalls so viele Tage als ein Blutklumpen, und dann ebenfalls so viele als ein Fleischklumpen. Dann wird der Engel gesandt, der die Seele dort**

einhaucht. Ihm (dem Engel) ist befohlen worden, vier Worte niederzuschreiben: Sein Unterhalt, seine Lebensdauer, seine Taten und ob er unglücklich oder glücklich sein wird. Bei Dem, außer Dem es keinen Anbetungswürdigen gibt, dass der eine von euch die Taten der Bewohner des Paradieses vollbringt, bis zwischen ihm und dem Paradies nicht mehr ist als eine Handbreit, und ihn das Buch (in dem seine Taten aufgezeichnet wurden), vorausgeht und er Taten der Bewohner des Höllenfeuers vollbringt und er dorthin gelangt. Und der eine von euch die Taten der Bewohner des Feuers vollbringt, bis zwischen ihm und dem Höllenfeuer nicht mehr ist als eine Handbreit, und ihn das Buch (in dem seine Taten stehen), vorausgeht und er Taten der Bewohner des Paradieses vollbringt und er dorthin gelangt."[163]

٣٩٧ - وعنه رضي الله عنه قال، قال رسول الله صلى الله عليه وسلم:
((يؤتى بجهنم يومئذ لها سبعون الف زمام مع كل زمام سبعون الف ملك يجرونها)) رواه مسلم.

163 Authentisch: Sahih Buchari 3208, Sahih Muslim 2643

397. Ibn Mas^{3}ud ؓ berichtete: Der Gesandte Allahs ﷺ sagte: **„An jenem Tag (am letzten Tag) wird die Hölle gebracht, die siebzigtausend Zügel hat und jeder Zügel von siebzigtausend Engeln gezogen wird.”**[164]

٣٩٨ - وعن النعمان بن بشير رضي الله عنه قال سمعت رسول الله صلى الله عليه وسلم يقول: ((ان اهون اهل النار عذابا يوم القيامة لرجل يوضع في اخمص قدميه جمرتان يغلي منهما دماغه، ما يرى ان احدا اشد منه عذابا وانه لاهونهم عذابا)) متفق عليه.

398. An-Nu^{3}man Ibn Baschir ؓ berichtete: Ich hörte den Gesandten Allahs ﷺ sagen: **„Der von den Einwohnern des Feuers die leichteste Qual erhält, ist ein Mann, der zwei Stücke glühender Kohle unter die Füße gelegt bekommt, durch das sein Gehirn zum Kochen gebracht wird. Er denkt, dass niemand so hart bestraft wird, obwohl er die leichteste Qual erhält.”**[165]

٤٠٠ - وعن ابن عمر رضي الله عنهما ان رسول الله صلى الله عليه وسلم قال: ((يقوم الناس لرب العالمين حتى يغيب احدهم في رشحه الى انصاف اذنيه)) متفق عليه. ((الرشح)) : العرق.

---

164 Authentisch: Sahih Muslim 2842
165 Authentisch: Sahih Buchari 6561, 6562, Sahih Muslim 213

400. Ibn Umar ﷛ berichtete: Der Gesandte Allahs ﷺ sagte: **„Die Leute werden (am Tage des Gerichts) vor dem Herrn der Welten stehen, wobei einigen von ihnen der Schweiß bis zu den Ohren reicht."**[166]

٤٠٢ - وعن المقداد رضي الله عنه قال سمعت رسول الله صلى الله عليه وسلم يقول: (تدنى الشمس يوم القيامة من الخلق حتى تكون منهم كمقدار ميل (قال سليم بن عامر الراوي عن المقداد: فوالله ما ادري ما يعني بالميل امسافة الارض ام الميل الذي يكحل به العين) فيكون الناس على قدر اعمالهم في العرق. فمنهم من يكون الى كعبيه، ومنهم من يكون الى ركبتيه، ومنهم من يكون الى حقويه، ومنهم من يلجمه العرق الجاما) واشار رسول الله صلى الله عليه وسلم بيده الى فيه. رواه مسلم.

402. Al-Miqdad ﷛ berichtete: Ich hörte den Gesandten Allahs ﷺ sagen: **„Am Tage der Auferstehung wird die Sonne den Menschen so nah sein, wie ein Miel." Sulaim Ibn Amir, der diesen Hadith von Al-Miqdad überlieferte, sagte: Bei Allah, ich weiß nicht, was mit diesem Miel gemeint war. „Die Menschen werden gemäß ihren Taten in Schweiß stehen. Manche stehen**

166 Authentisch: Sahih Buchari 4938, Sahih Muslim 2862

bis zu ihren Knöcheln darin, manche bis zu ihren Knien, manche bis zu ihrer Hüfte, und manche von ihnen bis zum Mund." Und der Gesandte Allahs ﷺ zeigte dabei mit seiner Hand auf seinen Mund.[167]

٤٠٣ - وعن ابي هريرة رضي الله عنه ان رسول الله صلى الله عليه وسلم قال:
((يعرق الناس يوم القيامة حتى يذهب عرقهم في الارض سبعين ذراعا، ويلجمهم حتى يبلغ اذانهم)) متفق عليه.

ومعنى ((يذهب في الارض)) : ينزل ويغوص.

403. Abu Huraira ؓ berichtete: Der Gesandte Allahs ﷺ sagte: **„Die Menschen schwitzen am Tage der Auferstehung, bis ihr Schweiß siebzig Ellen in die Erde fließt und die Menschen stehen bis zu ihren Ohren darin."**[168]

٤٠٤ - وعنه رضي الله عنه قال: كنا مع رسول الله صلى الله عليه وسلم اذ سمع وجبة فقال: ((هل تدرون ما هذا؟)) قلنا الله ورسوله اعلم. قال:
((هذا حجر رمي به في النار منذ سبعين خريفا فهو يهوي في النار الان حتى انتهى الى قعرها فسمعتم وجبتها)) رواه مسلم.

167 Authentisch: Sahih Muslim 2864
168 Authentisch: Sahih Buchari 6532, Sahih Muslim 2863

404. Abu Huraira ﷺ berichtete: **Während wir beim Gesandten Allahs ﷺ waren, hörten wir das Geräusch des Fallens eines Steines. Er fragte: „Wisst ihr, was das war?" Wir sagten: „Allah und Sein Gesandter ﷺ wissen es am besten." Er sagte: „Das war ein Stein, der vor siebzig Jahren ins Höllenfeuer geworfen wurde, der rollte und erst jetzt unten ankam. Ihr habt das Geräusch seines Fallens gehört."**[169]

٤٠٧ - وعن ابي برزة - براء ثم زاي - نضلة بن عبيد الاسلمي رضي الله عنه قال، قال رسول الله صلى الله عليه وسلم: ((لا تزول قدما عبد حتى يسال عن عمره فيما افناه، وعن علمه فيم فعل فيه، وعن ماله من اين اكتسبه وفيم انفقه، وعن جسمه فيم ابلاه))

رواه الترمذي وقال حديث حسن.

407. Abu Barza Nadhla Ibn Ubaid Al-Aslami ﷺ berichtete: Der Gesandte Allahs ﷺ sagte: **„Die Beine eines Dieners werden sich am Tage der Auferstehung nicht bewegen, bis er zu seinem Leben befragt wird, womit er es verbrachte, und über sein Wissen, was er damit machte, und über seinen Besitz, womit er ihn erwarb und wofür er ihn**

169 Authentisch: Sahih Muslim 844

ausgab, und über seinen Körper, wofür er ihn nutzte.”[170]

٤١١ - وعن عائشة رضي الله عنها قالت سمعت رسول الله صلى الله عليه وسلم يقول: ((يحشر الناس يوم القيامة حفاة، عراة، غرلا)) قلت: يا رسول الله الرجال والنساء جميعا ينظر بعضهم الى بعض؟ قال: ((يا عائشة الامر اشد من ان يهمهم ذلك))

وفي رواية: ((الامر اهم من ان ينظر بعضهم الى بعض))

متفق عليه.

((غرلا)) بضم الغين المعجمة: اي غير مختونين.

411. Aischa ﵂ berichtete: Ich hörte den Gesandten Allahs ﷺ sagen: **„Die Menschen werden am Tage der Auferstehung barfuß, unbekleidet und unbeschnitten auferstehen.” Ich sagte: „O Gesandter Allahs ﷺ, alle, Männer und Frauen werden sich anschauen?” Er sagte: „Aischa, die Angelegenheit ist viel schwerer, als dass sie sich anschauen könnten.”**

Eine andere Überlieferung: **„...diese Angelegenheit ist viel wichtiger, als dass jemand den anderen anschauen könnte.”**[171]

---

170 Authentisch: Sahih Al-Dschami[3] Nr. 7300, Assilsila Asahiha von Albani 946, von At-Tirmidhi überliefert.

171 Authentisch: Sahih Buchari 6527, Sahih Muslim 2859

٥١ - باب الرجاء

51. Die Hoffnung

Allah, der Erhabene, spricht:

﴿قل يعبادى ٱلذين اسرفوا على انفسهم لا تقنطوا من رحمة ٱلله ان ٱلله يغفر ٱلذنوب جميعا انه، هو ٱلغفور ٱلرحيم﴾

„Sprich: ‚O Meine Diener, die ihr euch gegen eure eigenen Seelen vergangen habt, verzweifelt nicht an Allahs Barmherzigkeit; denn Allah vergibt alle Sünden; Er ist der Allverzeihende, der Barmherzige.'"

(Koran 39:53)

﴿انا قد اوحى الينا ان ٱلعذاب على من كذب وتولى﴾

„Es ist uns offenbart worden, dass die Strafe über den kommen wird, der (den Glauben) verwirft und sich (von ihm) abwendet." (Koran 20:48)

﴿ورحمتى وسعت كل شىء﴾

„...doch Meine Barmherzigkeit umfaßt alle Dinge..." (Koran 7:156)

٤١٢ - وعن عبادة بن الصامت رضي الله عنه قال، قال رسول الله صلى الله عليه وسلم: ((من شهد ان لا اله الا الله وحده لا شريك له وان محمدا عبده ورسوله، وان عيسى عبد الله ورسوله وكلمته القاها الى مريم وروح منه، والجنة والنار حق، ادخله الله الجنة على ما كان من العمل)) متفق عليه.

وفي رواية لمسلم: ((من شهد ان لا اله الا الله وان محمدا رسول الله حرم الله عليه النار))

412. Ubada Ibn As-Samit ﵁ berichtete: Der Gesandte Allahs ﷺ sagte: **„Wer bezeugt, dass es keinen Anbetungswürdigen außer Allah gibt, dem Einen, der keinen Teilhaber hat, und dass Muhammad ﷺ Sein Diener und Gesandter ist, und dass Jesus Allahs Diener und Gesandter ist und Sein Wort, das Er Maria übermittelte und ihm von Seinem Geist gab; und dass das Paradies wahr ist, und dass das Höllenfeuer wahr ist, den wird Allah ins Paradies eintreten lassen, je nach seinen Taten."**

In Muslims Überlieferung: **„Wer bezeugt, dass es keinen Anbetungswürdigen außer Allah gibt und dass Muhammad ﷺ der Gesandte Allahs ist, hat Allah vor dem Höllenfeuer bewahrt."**[172]

---

172 Authentisch: Sahih Buchari 3435, Sahih Muslim 28

٤١٣ - وعن ابي ذر رضي الله عنه قال، قال النبي صلى الله عليه وسلم:
((يقول الله عز وجل: من جاء بالحسنة فله عشر امثالها او ازيد، ومن جاء بالسيئة فجزاء سيئة سيئة مثلها او اغفر، ومن تقرب مني شبرا تقربت منه ذراعا، ومن تقرب مني ذراعا تقربت منه باعا، ومن اتاني يمشي اتيته هرولة، ومن لقيني بقراب الارض خطيئة لا يشرك بي شيئا لقيته بمثلها مغفرة)) رواه مسلم.

معنى الحديث: من تقرب الي بطاعتي تقربت اليه برحمتي وان زاد زدت، فان اتاني يمشي واسرع في طاعتي اتيته هرولة: اي صببت عليه الرحمة وسبقته بها ولم احوجه الى المشي الكثير في الوصول الى المقصود.
و ((قراب الارض)) بضم القاف ويقال بكسرها والضم اصح واشهر ومعناه: ما يقارب ملاها، والله اعلم.

413. Abu Dharr ﵁ berichtete: Der Prophet ﷺ sagte: **„Allah, der Allmächtige und Erhabene, sagt: ‚Wer mit einer guten Tat kommt, der wird zehnfach oder mehr belohnt, und wer mit einer bösen Tat kommt, der wird nur für eine Tat bestraft, oder es wird ihm vergeben. Und wer Mir eine Spanne näher kommt, dem nähere Ich Mich eine Elle, und Wer Mir eine Elle näher kommt, dem komme Ich (soviel wie) einen (ganzen) Arm näher. Und wenn er laufend zu Mir kommt, werde Ich ihm rennend entgegenkommen; und wer Mich wie die ganze Welt voller Sünden trifft, Mir dabei**

aber niemanden beigesellt, den treffe Ich mit gleich soviel Vergebung."[173]

٤١٩ - وعن ابي هريرة رضي الله عنه قال، قال رسول الله صلى الله عليه وسلم: ((لما خلق الله الخلق كتب في كتاب فهو عنده فوق العرش: ان رحمتي تغلب غضبي، وفي رواية: غلبت غضبي، وفي رواية: سبقت غضبي)) متفق عليه.

419. Abu Huraira ﵁ berichtete: Der Gesandte Allahs ﷺ sagte: **„Als Allah die Geschöpfe erschuf, schrieb Er in ein Buch, was über Seinem Thron ist: ‚Meine Barmherzigkeit überwältigt Meinen Zorn.'"**
In einer anderen Überlieferung: **„Meine Barmherzigkeit überwältigte Meinen Zorn."**
Und in einer Überlieferung: **„Meine Barmherzigkeit hat Meinen Zorn überholt."**[174]

٤٢٠ - وعنه رضي الله عنه قال سمعت رسول الله صلى الله عليه وسلم يقول: ((جعل الله الرحمة مائة جزء فامسك عنده تسعة وتسعين وانزل في الارض جزءا واحدا، فمن ذلك الجزء يتراحم الخلائق حتى ترفع الدابة حافرها عن ولدها خشية ان تصيبه))

وفي رواية: ((ان لله تعالى مائة رحمة انزل منها رحمة واحدة بين

173 Authentisch: Sahih Muslim 2687
174 Authentisch: Sahih Buchari 7404, 7553, 7554, Sahih Muslim 2751

الجن والانس والبهائم والهوام، فبها يتعاطفون وبها يتراحمون وبها تعطف الوحش على ولدها، واخر الله تسعا وتسعين رحمة يرحم بها عباده يوم القيامة)) متفق عليه.

ورواه مسلم ايضا من رواية سلمان الفارسي رضي الله عنه قال، قال رسول الله صلى الله عليه وسلم: ((ان لله تعالى مائة رحمة، فمنها رحمة يتراحم بها الخلق بينهم، وتسع وتسعون ليوم القيامة))

وفي رواية ((ان الله تعالى خلق يوم خلق السماوات والارض مائة رحمة كل رحمة طباق ما بين السماء الى الارض فجعل منها في الارض رحمة فبها تعطف الوالدة على ولدها، والوحش والطير بعضها على بعض، فاذا كان يوم القيامة اكملها بهذه الرحمة))

420. Und von ihm (Abu Huraira ﵁) wurde berichtet: Ich hörte den Gesandten Allahs ﷺ sagen: **„Allah hat die Barmherzigkeit in hundert Teile verteilt und davon neunundneunzig bei Sich aufbewahrt und zu der Erde hat Er (nur) einen Teil hinabgesandt. Mit dem Teil gibt sich die Schöpfung einander die Barmherzigkeit, sodass sogar das Reittier seinen Huf über sein Junges hält, aus Furcht, es könnte ihm etwas passieren.“**

Und in einer anderen Überlieferung heißt es:

„Allah, der Erhabene besitzt einhundert Barmherzigkeiten, davon hat Er eine Barmherzigkeit hinabgesandt, womit die Menschen, Dschinn, **Tiere wie Ungeziefer einander lieben und barmherzig miteinander sind, und womit die wilden Tiere ihre Jungen lieben. Und Allah hat neunundneunzig Barmherzigkeiten zurückgehalten, um damit mit Seinen Dienern am Tage der Auferstehung barmherzig zu sein."**

Und Muslim überlieferte: Salman Al-Farisi رضي الله عنه sagte: Der Gesandte Allahs ﷺ sagte: **„Allah, der Erhabene besitzt einhundert Barmherzigkeiten, mit einer davon verhalten sich die Geschöpfe untereinander barmherzig, und neunundneunzig sind für den Tag der Auferstehung."**

In einer anderen Überlieferung: **„Allah, der Erhabene, erschuf an dem Tag, an dem Er die Himmel und die Erde erschuf, einhundert Barmherzigkeiten, jede Barmherzigkeit erfüllt sich zwischen Himmel und Erde. Auf die Erde ließ Er eine Barmherzigkeit, mit der eine Mutter mit ihrem Kind barmherzig ist, und Tiere und Vögel untereinander. Und wenn der**

Tag der Auferstehung ist, vollendet Er die Barmherzigkeit."[175]

٤٢٧ - وعن البراء بن عازب رضي الله عنه عن النبي صلى الله عليه وسلم قال: ((المسلم اذا سئل في القبر يشهد ان لا اله الا الله وان محمدا رسول الله فذلك قوله تعالى: ﴿يثبت الله الذين امنوا بالقول الثابت في الحياة الدنيا وفي الاخرة﴾[ابراهيم: ٢٧].

متفق عليه.

427. Al-Bara' Ibn Azib ﷺ berichtete: Der Prophet ﷺ sagte: **„Wenn der Muslim im Grab befragt wird und er bezeugt, dass es keinen Anbetungswürdigen gibt außer Allah und dass Muhammad ﷺ Sein Gesandter ist, dann sagt Der Erhabene: „Allah festigt diejenigen, die glauben, durch Sein Wort, in dieser Welt und im Jenseits."** (Koran 14:27)[176]

٤٣٣ - وعن ابن عمر رضي الله عنه قال سمعت رسول الله صلى الله عليه وسلم يقول: ((يدنى المؤمن يوم القيامة من ربه حتى يضع كنفه عليه فيقرره بذنوبه فيقول: اتعرف ذنب كذا؟ اتعرف ذنب كذا؟ فيقول: رب اعرف. قال: فاني قد سترتها عليك في الدنيا وانا اغفرها لك اليوم. فيعطى صحيفة حسناته)) متفق عليه.

((كنفه)) : ستره ورحمته.

175 Authentisch: Sahih Buchari 6000, Sahih Muslim 2752
176 Authentisch: Sahih Buchari 4669, Sahih Muslim 2871

433. Ibn Umar ﵁ berichtete, er hörte den Gesandten Allahs ﷺ sagen: **„Der Gläubige wird seinem Herrn (Allah) am Tage der Auferstehung nahe gebracht, wo Er ihn mit Seinem Schutz und Seiner Gnade bedecken wird. Seine Sünden werden ihm aufgeführt und er wird befragt werden: „Erinnerst du dich an diese Sünde und an jene Sünde?" Er wird antworten: „O mein Herr, ich gestehe das." Dann wird Er sagen: „Ich habe sie für dich im Diesseits verdeckt, und verzeihe sie dir heute." Danach werden ihm die Seiten seiner guten Taten unterbreitet werden."**[177]

٤٤٤ - وعن ابي سعيد الخدري رضي الله عنه ان رسول الله صلى الله عليه وسلم قال: ((اذا وضعت الجنازة واحتملها الناس او الرجال على اعناقهم فان كانت صالحة قالت: قدموني قدموني، وان كانت غير صالحة قالت: يا ويلها! اين تذهبون بها؟ يسمع صوتها كل شيء الا الانسان ولو سمعه صعق)) رواه البخاري.

444. Abu Sa³id Al-Chudri ﵁ berichtete folgende Aussage vom Gesandten Allahs ﷺ: **„Wenn der Sarg (der Toten) vorbereitet ist und ihn die Menschen auf ihren**

177 Authentisch: Sahih Buchari 2441, 4685, Sahih Muslim 2768

Schultern getragen haben, wenn er ein rechtschaffener Mensch war, wird er sagen: „Bringt mich weiter; bringt mich weiter!" Und wenn er kein Rechtschaffener war, dann wird er sagen: „Wehe mir, wohin bringt ihr mich?" Alle hören seine Stimme, außer die Menschen. Der Mensch würde tot umfallen, wenn er diese Stimme hören würde."[178]

178 Authentisch: Sahih Buchari 1314

٥٤ - باب فضل البكاء من خشية الله تعالى وشوقا اليه

54. Das Weinen aus Furcht und Sehnsucht zu Allah

Allah, der Erhabene, spricht:

﴿ويخرون للاذقان يبكون ويزيدهم خشوعا ۩﴾

„Und weinend fallen sie anbetend auf ihr Angesicht nieder, und ihre Demut nimmt zu.“ (Koran 17:109)

﴿افمن هذا ٱلحديث تعجبون (٥٩) وتضحكون ولا تبكون﴾

„Wundert ihr euch über diese Verkündigung? 60. Und ihr lacht; aber weinen tut ihr nicht?“ (Koran 53:59-60)

٤٤٦ - وعن ابن مسعود رضي الله عنه قال، قال لي النبي صلى الله عليه وسلم: ((اقرا علي القران)) قلت: يا رسول الله اقرا عليك وعليك انزل؟ قال: ((اني احب ان اسمعه من غيري)) فقرات عليه سورة النساء حتى جئت الى هذه الاية: ﴿فكيف اذا جئنا من كل امة بشهيد وجئنا بك على هؤلاء شهيدا﴾ (النساء ٤١) قال: ((حسبك الان)) فالتفت اليه فاذا عيناه تذرفان.

متفق عليه.

446. Abu Mas³ud ﷺ berichtete: Der Prophet ﷺ bat mich: **„Rezitiere mir aus dem Koran." Ich fragte: „O Gesandter Allahs, ich soll dir aus dem Koran rezitieren, wo er doch auf dich hinabgesandt wurde?" Er antwortete: „Ich höre gerne von einem anderen." Ich rezitierte ihm die Sure An-Nisa´, bis zu diesem Vers: „Und wie wenn wir aus jeder Gemeinschaft einen Zeugen herbeibringen und dich als Zeugen gegen jene herbeibringen?"** (Koran 4:41). **Da sagte er: „Jetzt ist genug!" Als ich mich zu ihm wandte, sah ich, dass Tränen aus seinen Augen traten.**[179]

٤٤٨ - وعن ابي هريرة رضي الله عنه قال، قال رسول الله صلى الله عليه وسلم: ((لا يلج النار رجل بكى من خشية الله حتى يعود اللبن في الضرع، ولا يجتمع غبار في سبيل الله ودخان جهنم))

رواه الترمذي وقال حديث حسن صحيح.

448. Abu Huraira ﷺ berichtete: Der Gesandte Allahs ﷺ sagte: **„Wer aus Furcht vor Allah geweint hat, gelangt nicht ins Höllenfeuer, bis die Milch in die Euter zurückkehrt. Und der Staub auf dem Wege Allahs wird nicht mit dem Rauch der Hölle zusammentreffen."**[180]

---

179 Authentisch: Sahih Buchari 4582, Sahih Muslim 800

180 Laut At-Tirmidhi ist der Hadith hassan sahih. Authentisch: Sahih Al-Dschami³ Nr. 7778, Sahih At-Tirmidhi von Albani 1333

٤٤٩ - وعنه رضي الله عنه قال، قال رسول الله صلى الله عليه وسلم:
((سبعة يظلهم الله في ظله يوم لا ظل الا ظله: امام عادل، وشاب نشا في عبادة الله، ورجل قلبه معلق في المساجد، ورجلان تحابا في الله اجتمعا عليه وتفرقا عليه، ورجل دعته امراة ذات منصب وجمال فقال اني اخاف الله، ورجل تصدق بصدقة فاخفاها حتى لا تعلم شماله ما تنفق يمينه، ورجل ذكر الله خاليا ففاضت عيناه)) متفق عليه.

449. Und derselbe (Abu Huraira ﵁) berichtete Folgendes vom Propheten ﷺ: **„Sieben wird Allah unter seinen (Schutz) schatten bringen, an dem Tag, an dem es keinen Schatten gibt außer Seinen (Schutz)schatten: Ein gerechter Herrscher; ein junger Mann, der seine Jugend mit Anbetung Allahs, dem Erhabenen, verbrachte; jemand, dessen Herz mit der Moschee verbunden ist; zwei Menschen, die sich um Allahs Willen lieben, und deswegen zusammengekommen sind und auseinander gingen auch um Seinetwillen; ein Mann, der von einer hochrangigen und schönen Frau zur Sünde gerufen wird, (der es aber nicht tut und) sagt, ich fürchte Allah; einer, der die** Sadaqa **(den Armen)**

verborgen gibt, auf die Weise, dass seine linke Hand nicht weiß, was seine Rechte gibt; ein Mensch, der alleine ist und Allahs gedenkt, so dass aus seinen Augen Tränen fließen."[181]

٤٥٠ - وعن عبد الله بن الشخير رضي الله عنه قال: اتيت رسول الله صلى الله عليه وسلم وهو يصلي ولجوفه ازيز كازيز المرجل من البكاء. حديث صحيح رواه ابو داود والترمذي في الشمائل باسناد صحيح.

450. Abdullah Ibn Asch-Schichir ﵁ berichtete: **Ich kam zum Propheten ﷺ während er betete und hörte das Weinen aus seiner Brust, wie ein kochender Topf aus seinem Inneren (klingt).**[182]

٤٥٣ - وعن ابن عمر رضي الله عنهما قال: لما اشتد برسول الله صلى الله عليه وسلم وجعه قيل له في الصلاة. قال: ((مروا ابا بكر فليصل بالناس)) فقالت عائشة رضي الله عنها: ان ابا بكر رجل رقيق اذا قرا غلبه البكاء. فقال: ((مروه فليصل))

وفي رواية عن عائشة رضي الله عنها قالت قلت: ان ابا بكر اذا قام مقامك لم يسمع الناس من البكاء. متفق عليه.

181 Authentisch: Sahih Buchari 660, Sahih Muslim 1031

182 Authentisch: Sahih Abu Dawud 839 und Sahih in Muchtasarul Schama'il Al-Muhammadiya, Abu Dawud und At-Tirmidhi: Sahih.

453. Ibn Umar ﷺ berichtete: **„Als die Schmerzen des Gesandten Allahs ﷺ (während seiner Krankheit) sehr stark wurden, fragte man ihn wegen des Gebets. Er sagte: „Lasst Abu Bakr die Leute im Gebet leiten." Aischa ﷺ sagte zu ihm ﷺ: „Abu Bakr ﷺ ist ein sanfter Mann und wem er den Koran rezitiert, den überwältigen die Tränen." Er ﷺ sagte: „Sagt ihm, er solle das Gebet leiten!"**

In Aischas Überlieferung heißt es: **„Wenn Abu Bakr ﷺ an deiner Stelle steht, werden ihn die Leute wegen seines Weinens nicht hören."**[183]

٤٦٣ - وعن المستورد بن شداد رضي الله عنه قال، قال رسول الله صلى الله عليه وسلم: ((ما الدنيا في الاخرة الا مثل ما يجعل احدكم اصبعه في اليم فلينظر بم يرجع!)) رواه مسلم.

463. Al-Mustaurid Ibn Schaddad ﷺ berichtete: Der Gesandte Allahs ﷺ sagte: **„Dunya (Diesseits) ist im Vergleich zum Jenseits nicht anders, als würde einer von euch seinen Finger in das Meer hineintauchen und wenn er ihn wieder herauszieht, sehen,**

183 Authentisch: Sahih Buchari 682 (Ibn Umar) und Aischas Überlieferung in Sahih Buchari Nr. 713, Sahih Muslim 94, 95

was zurückbleibt."[184]

٤٦٦ - وعن ابي هريرة رضي الله عنه عن رسول الله صلى الله عليه وسلم قال:
((لو كان لي مثل احد ذهبا لسرني ان لا تمر علي ثلاث ليال وعندي منه شيء الا شيء ارصده لدين)) متفق عليه.

466. Abu Huraira ﵁ berichtete: Der Gesandte Allahs ﷺ sagte: **„Wenn ich wie der Berg Uhud Gold hätte, würde ich mich freuen, wenn ich (es an die Armen verteilen würde und) nach drei Nächten nichts mehr davon hätte, außer etwas für die Rückzahlung einer Schuld."**[185]

٤٧١ - وعن ابن عمر رضي الله عنهما قال اخذ رسول الله صلى الله عليه وسلم بمنكبي فقال: ((كن في الدنيا كانك غريب، او عابر سبيل))
وكان ابن عمر يقول: اذا امسيت فلا تنتظر الصباح، واذا اصبحت فلا تنتظر المساء، وخذ من صحتك لمرضك، ومن حياتك لموتك.

رواه البخاري.

قالوا في شرح هذا الحديث معناه: لا تركن الى الدنيا، ولا تتخذها وطنا، ولا تحدث نفسك بطول البقاء فيها، ولا بالاعتناء بها، ولا تتعلق منها بما يتعلق به الغريب في غير وطنه، ولا تشتغل فيها بما لا يشتغل به الغريب الذي يريد الذهاب الى اهله، وبالله التوفيق.

---

184 Authentisch: Sahih Muslim 2858

185 Authentisch: Sahih Buchari 2389, Sahih Muslim 991

471. Ibn Umar ﷛ berichtete: Der Gesandte Allahs ﷺ fasste mich an der Schulter und sagte: **„Sei in der Dunya (im Diesseits) so als seiest du ein Fremder oder ein Durchreisender.“**[186]

Ibn Umar ﷛ sagte stets: Wenn du schläfst, erwarte den Morgen nicht, und wenn du morgens aufstehst, erwarte den Abend nicht, und nehme von deiner Gesundheit für deine Krankheit, und von deinem Leben für deinen Tod...

٤٧٢ - وعن ابي العباس سهل بن سعد الساعدي رضي الله عنه قال جاء رجل الى النبي صلى الله عليه وسلم فقال: يا رسول الله دلني على عمل اذا عملته احبني الله واحبني الناس. فقال: ((ازهد في الدنيا يحبك الله، وازهد فيما عند الناس يحبك الناس)) حديث حسن رواه ابن ماجه وغيره باسانيد حسنة.

472. Abul-Abbas Sahl Ibn Sa³d Al-Sa³idi ﷛ berichtete, **dass ein Mann zum Propheten ﷺ kam und sagte: „O Gesandter Allahs, zeige mir eine Tat, für die, wenn ich sie tue, mich Allah liebt und die Leute mich lieben.“ Er ﷺ sagte: „Enthalte dich von Dunya (Diesseits), so wird Allah dich lieben; und enthalte**

186 Authentisch: Sahih Buchari 6416

dich von dem, was bei den Menschen ist, so werden die Leute dich lieben."[187]

٤٧٣ - وعن النعمان بن بشير رضي الله عنهما قال:

ذكر عمر بن الخطاب رضي الله عنه ما اصاب الناس من الدنيا فقال: لقد رايت رسول الله صلى الله عليه وسلم يظل اليوم يلتوي، ما يجد من الدقل ما يملا به بطنه. رواه مسلم.

((الدقل)) بفتح الدال المهملة والقاف: رديء التمر.

473. An-Nu³man Ibn Baschir ﵁ berichtete: **Umar Ibn Al-Chattab ﵁ erinnerte die Menschen an die Menschen, die mit dem Diesseits beschäftigt sind und sagte: „Ich habe gesehen, wie der Gesandte Allahs ﷺ eines Tages an großem Hunger leidete und nicht mal schlechte Datteln fand, um seinen Bauch zu füllen."**[188]

٤٧٤ - وعن عائشة رضي الله عنها قالت:

توفي رسول الله صلى الله عليه وسلم وما في بيتي شيء ياكله ذو كبد الا شطر شعير في رف لي فاكلت منه حتى طال علي فكلته ففني. متفق عليه.

قولها ((شطر شعير)) : اي شيء من شعير. كذا فسره الترمذي.

---

187 Authentisch: Sahih Al-Dschami³ Nr. 922, Assilsila Assahiha 944 und Sahih Ibn Madscha von Albani 3310

188 Authentisch: Sahih Muslim 2978

474. Aischa ﷺ berichtete: **Als der Gesandte Allahs ﷺ verstorben war, gab es bei mir zu Hause für kein Lebewesen etwas zu Essen, außer einer geringen Menge Gerste, die auf dem Wandbrett lag. Davon musste ich mich lange Zeit ernähren, bis nichts mehr davon da war.**[189]

٤٧٨ - وعن ابي هريرة رضي الله عنه قال سمعت رسول الله صلى الله عليه وسلم يقول: ((الا ان الدنيا ملعونة، ملعون ما فيها، الا ذكر الله تعالى وما والاه، وعالما ومتعلما)) رواه الترمذي وقال حديث حسن.

478. Abu Huraira ﷺ sagte: Ich hörte den Gesandten Allahs ﷺ sagen: **„Verdammt ist die Dunya und alles was darin ist, außer dem Gedenken an Allah, dem Erhabenen, und wer Ihm beisteht und einem Gelehrten und der nach Wissen strebt."**[190]

٤٩٠ - وعن ابي هريرة رضي الله عنه عن النبي صلى الله عليه وسلم قال: ((اصدق كلمة قالها شاعر كلمة لبيد: الا كل شيء ما خلا الله باطل)) متفق عليه.

---

189 Authentisch: Sahih Buchari 3097, 6451, Sahih Muslim 2973

190 Authentisch: Sahih Al-Dschami[3] Nr. 3414, Sahih Al-Tirmidhi von Albani 1891 und als hassan eingestuft in Mischkatul Masabih 2176

490. Abu Huraira ﷺ berichtete: Der Prophet ﷺ sagte: **„Das ehrlichste Wort, was je ein Dichter gesagt hat, ist das, was Labid (großer Dichter Arabiens) sagte: ‚Wahrlich, ohne Allah ist alles nichtig.'"**[191]

٥١١ - وعن عبيد الله بن محصن الانصاري الخطمي رضي الله عنه قال، قال رسول الله صلى الله عليه وسلم: ((من اصبح منكم امنا في سربه، معافى في جسده، عنده قوت يومه فكانما حيزت له الدنيا بحذافيرها)) رواه الترمذي وقال حديث حسن.

((سربه)) بكسر السين المهملة: اي نفسه. وقيل: قومه.

511. Ubaidullah Ibn Mihsan Al-Ansari Al-Chatmi ﷺ berichtete: Der Gesandte Allahs ﷺ sagte: **„Wer von euch aufsteht, in seinem Leben sicher ist, körperlich gesund ist und den Lebensunterhalt für seinen Tag hat, für den ist es, als gehöre ihm die ganze Welt."**[192]

٥١٢ - وعن عبد الله بن عمرو بن العاص رضي الله عنهما ان رسول الله صلى الله عليه وسلم قال: ((قد افلح من اسلم، وكان رزقه كفافا، وقنعه الله بما اتاه)) رواه مسلم.

---

191 Authentisch: Sahih Buchari 3841, Sahih Muslim 2256

192 Authentisch: Sahih Al-Dschami[3] Nr. 6042, Assilsila Assahiha 2318, Sahih At-Tirmidhi 1913 und Sahih Ibn Madschah von Albani 3340

512. Abdullah Ibn Amro Ibn Al-^{3}As ؓ berichtete: Der Gesandte Allahs ﷺ sagte: **„Wahrlich hat derjenige gesiegt, der den Islam angenommen hat und dessen Lebensunterhalt ausreichend ist und der damit zufrieden ist, was Allah ihm gegeben hat.“**[193]

٥١٦ - وعن ابي كريمة المقداد بن معد يكرب رضي الله عنه قال سمعت رسول الله صلى الله عليه وسلم يقول: ((ما ملا ادمي وعاء شرا من بطن بحسب ابن ادم اكلات يقمن صلبه، فان كان لا محالة فثلث لطعامه، وثلث لشرابه وثلث لنفسه)) رواه الترمذي وقال حديث حسن.

((اكلات)) : اي لقم.

516. Abu Karima Al-Miqdam Ibn Ma^{3}d Yakarib ؓ berichtete, dass er den Propheten ﷺ sagen hörte: **„Der Mensch füllt keinen schlimmeren Behälter als seinen Bauch. Einige Bisse reichen dem Kind Adams, um sein Rückgrat grade zu halten. Wenn es aber unbedingt sein muss, dann: ein Drittel (des Platzes im Magen) für sein Essen, ein Drittel für sein Trinken und ein Drittel für sein Atmen.“**[194]

---

193 Authentisch: Sahih Muslim 1054

194 Authentisch: Sahih Al-Dschami^{3} 5674, Assilsila Assahiha 2265, Sahih At-Tirmidhi 1939, Sahih Ibn Madschah 2704 von Albani, laut At-Tirmidhi ist dies ein guter (hassan) Hadith.

٥٧ - القناعة والعفاف والاقتصاد في المعيشة والانفاق وذم السؤال من غير ضرورة

57. Zufriedenheit, Enthaltsamkeit und Sparsamkeit im Leben, Ausgeben (für Arme) und mißbilligen des Bettelns ohne in Not zu sein

Allah, der Erhabene, spricht:

﴿وما من دابة فى ٱلارض الا على ٱلله رزقها﴾

„Und es gibt kein Geschöpf auf der Erde, dessen Versorgung nicht Allah obläge.“

(Koran 11:6)

﴿للفقراء ٱلذين احصروا فى سبيل ٱلله لا يستطيعون ضربا فى ٱلارض يحسبهم ٱلجاهل اغنياء من ٱلتعفف تعرفهم بسيمهم لا يسلون ٱلناس الحافا ﴾

„(Dies ist) für die Armen, die auf dem Weg Allahs (daran) gehindert werden, sich frei im Land zu bewegen. Der Unwissende hält sie für reich wegen (ihrer) Zurückhaltung. Du aber erkennst sie an ihrem Auftreten.

Sie betteln die Menschen nicht aufdringlich an.“ (Koran 2:273)

﴿وٱلذين اذا انفقوا لم يسرفوا ولم يقتروا وكان بين ذ لك قواما﴾

„Und die, die, wenn sie spenden, weder verschwenderisch noch geizig sind; dazwischen gibt es einen Mittelweg.“

(Koran 25:67)

﴿وما خلقت ٱلجن وٱلانس الا ليعبدون (٥٦) ما اريد منهم من رزق وما اريد ان يطعمون﴾

„Und Ich habe die Dschinn und die Menschen nur darum erschaffen, damit sie mir dienen (sollen). 57. Ich will keine Versorgung von ihnen, noch will Ich, dass sie mir Speise geben.“ (Koran 51:56-57)

٥٢٢ - عن ابي هريرة رضي الله عنه عن النبي صلى الله عليه وسلم قال:

((ليس الغنى عن كثرة العرض، ولكن الغنى غنى النفس))

متفق عليه.

((العرض)) بفتح العين والراء هو: المال.

522. Abu Huraira ﵁ berichtete: Der Prophet ﷺ

sagte: „**Reich sein ist nicht, viel zu besitzen, viel mehr ist man im Herzen reich.**"[195]

٥٢٤ - وعن حكيم بن حزام رضي الله عنه قال: سالت رسول الله صلى الله عليه وسلم فاعطاني، ثم سالته فاعطاني، ثم سالته فاعطاني، ثم قال: ((يا حكيم ان هذا المال خضر حلو، فمن اخذه بسخاوة نفس بورك له فيه، ومن اخذه باشراف نفس لم يبارك له فيه، وكان كالذي ياكل ولا يشبع؛ واليد العليا خير من اليد السفلى)) قال حكيم فقلت: يا رسول الله والذي بعثك بالحق لا ارزا احدا بعدك شيئا حتى افارق الدنيا. فكان ابو بكر رضي الله عنه يدعو حكيما ليعطيه فابى ان يقبله، فقال: يا معشر المسلمين اشهدكم على حكيم اني اعرض عليه حقه الذي قسم الله له في الفيء فيابى ان ياخذه. فلم يرزا حكيم احدا من الناس بعد النبي صلى الله عليه وسلم حتى توفي. متفق عليه.

((يرزا)) براء ثم زاي ثم همزة : اي لم ياخذ من احد شيئا. واصل الرزء: النقصان: اي لم ينقص احدا شيئا بالاخذ منه. و ((اشراف النفس)) : تطلعها وطمعها بالشيء. و ((سخاوة النفس)) هي: عدم الاشراف الى الشيء والطمع فيه والمبالاة به الشره.

524. Hakim Ibn Hizam ﵁ berichtete: Ich hatte den Gesandten Allahs ﷺ um etwas gebeten, und er gab es mir; ich bat ihn erneut und er gab mir; ich bat noch einmal, und er gab mir

195 Authentisch: Sahih Buchari 6446, Sahih Muslim 1051

und sagte: „**O Hakim, dieser Besitz ist grün und süß. Wer ihn nimmt, ohne Verlangen danach, so wird für ihn Segen darin sein; wer das Verlangen danach hat, für den wird kein Segen darin sein und er wird wie der sein, der zwar isst aber nie satt wird. Und die obere (gebende) Hand ist besser als die untere (nehmende) Hand.**"

Hakim sagte: Ich habe dann zu ihm gesagt: „O Gesandter Allahs! Bei Dem, Der dich mit der Wahrheit geschickt hat, ich werde nach dir nie wieder jemanden um etwas bitten, so lange ich lebe."

Später (als Abu Bakr رضي الله عنه Kalif wurde) wollte er Hakim, etwas geben, er aber lehnte es ab, irgendetwas von ihm zu nehmen. Dann, als Umar رضي الله عنه Kalif wurde, lud er ihn ein, um ihm etwas zu geben, wobei er es auch von Umar ablehnte. Umar رضي الله عنه sagte: „O ihr Muslime, ich mache euch zu Zeugen, dass ich Hakim seinen Anteil, den Allah ihm vorgeschrieben hat, gebe, er ihn jedoch ablehnt." Nach dem Propheten ﷺ nahm Hakim رضي الله عنه von niemandem etwas an, bis er starb.[196]

196 Authentisch: Sahih Buchari 1472, Sahih Muslim 1035

٥٣٠ - وعن ابن عمر رضي الله عنهما ان النبي صلى الله عليه وسلم قال:
((لا تزال المسالة باحدكم حتى يلقى الله تعالى وليس في وجهه مزعة لحم)) متفق عليه.
((المزعة)) بضم الميم واسكان الزاي وبالعين المهملة: القطعة.

530. Ibn Umar ﷻ überliefert, dass der Prophet ﷺ sagte: **„Derjenige von euch, der ständig bettelt, wird Allah gegenüberstehen, ohne dass ein Stück Fleisch an seinem Gesicht geblieben ist."**[197]

٥٣١ - وعنه رضي الله عنه ان رسول الله صلى الله عليه وسلم قال وهو على المنبر وذكر الصدقة والتعفف عن المسالة: **((اليد العليا خير من اليد السفلى. واليد العليا هي المنفقة، والسفلى هي السائلة))**
متفق عليه.

531. Ibn Umar ﷻ berichtete: Der Gesandte Allahs ﷺ, der auf dem Mimbar die Sadaqa und das Vermeiden von Betteln erwähnte, sagte dazu: **„Die obere Hand ist besser als die untere Hand. Und die obere Hand ist die Gebende, und die untere Hand ist die, die bettelt."**[198]

197 Authentisch: Sahih Buchari 1474, Sahih Muslim 1040
198 Authentisch: Sahih Buchari 1429, Sahih Muslim 1033

٥٣٢ - وعن ابي هريرة رضي الله عنه قال، قال رسول الله صلى الله عليه وسلم: ((من سال الناس تكثرا فانما يسال جمرا فليستقل او ليستكثر)) رواه مسلم.

532. Abu Huraira ﷺ überlieferte: Der Gesandte Allahs ﷺ sagte: **„Wer bei den Leuten bettelt, um viel zu besitzen, dieser bittet eigentlich um eine (Feuer-) Glut. Er soll also selbst sehen, ob er wenig oder viel davon verlangt."**[199]

٥٣٥ - وعن ثوبان رضي الله عنه قال، قال رسول الله صلى الله عليه وسلم: ((من تكفل لي ان لا يسال الناس شيئا واتكفل له بالجنة؟)) فقلت: انا. فكان لا يسال احدا شيئا. رواه ابو داود باسناد صحيح.

535. Thauban ﷺ berichtete: Der Gesandte Allahs ﷺ sagte: **„Wer mir versichert, dass er niemanden anbettelt, dem versichere ich das Paradies." Ich sagte: „Ich!"** Er bettelte nie jemanden an.[200]

199 Authentisch: Sahih Muslim 1041
200 Authentisch: Sahih Al-Dschami[3] Nr. 6604, Sahih Abu Dawud von Albani 1446

٥٩ - باب الحث على الاكل من عمل يده والتعفف به عن السؤال والتعرض للاعطاء

59. Von der eigenen Arbeit leben...

Allah, der Erhabene, spricht:

﴿فاذا قضيت ٱلصلوة فٱنتشروا فى ٱلارض وٱبتغوا من فضل ٱلله﴾

„Und wenn das Gebet beendet ist, dann zerstreut euch im Land und trachtet nach Allahs Gnadenfülle." (Koran 62:10)

٥٣٩ - وعن ابي عبد الله الزبير بن العوام رضي الله عنه قال، قال رسول الله صلى الله عليه وسلم: **((لان ياخذ احدكم احبله ثم ياتي الجبل فياتي بحزمة من حطب على ظهره فيبيعها فيكف الله بها وجهه خير له من ان يسال الناس، اعطوه او منعوه))** رواه البخاري.

539. Abu Abdullah Az-Zubair Ibn Al-Auwam ﷺ berichtete: Der Prophet ﷺ sagte: **„Wenn einer von euch sein Seil nimmt, in die Berge geht und mit einem Bündel Holz auf seinem Rücken zurückkehrt und es verkauft,**

womit Allah (dann) sein Gesicht wahrt, ist besser als dass er die Leute anbettelt, (ganz gleich) ob sie ihm dann etwas geben oder nicht geben."[201]

٥٤٠ - وعن ابي هريرة رضي الله عنه قال، قال رسول الله صلى الله عليه وسلم: ((لان يحتطب احدكم حزمة على ظهره خير من ان يسال احدا فيعطيه او يمنعه)) متفق عليه.

540. Abu Huraira ﵁ berichtete: Der Prophet ﷺ sagte: **„Wenn jemand von euch Holz sammelt und ein Bündel davon auf seinem Rücken trägt, ist besser, als jemanden anzubetteln, ob der ihm dann etwas gibt oder nicht gibt."**[202]

٥٤١ - وعنه رضي الله عنه عن النبي صلى الله عليه وسلم قال: ((كان داود عليه السلام لا ياكل الا من عمل يده)) رواه البخاري.

541. Abu Huraira ﵁ berichtete: Der Prophet ﷺ sagte: **„David ﵇ hat von nichts gegessen, außer von der Arbeit seiner eigenen Hand."**[203]

---

201 Authentisch: Sahih Buchari 1471, 2373
202 Authentisch: Sahih Buchari 1470, 2374, Sahih Muslim 1042
203 Authentisch: Sahih Buchari 2073

٥٤٢ - وعنه رضي الله عنه ان رسول الله صلى الله عليه وسلم قال: ((كان زكريا عليه السلام نجارا)) رواه مسلم.

542. Abu Huraira ﵁ berichtete, dass der Gesandte Allahs ﷺ sagte: **„Zacharias ﵇ war (von Beruf) Zimmermann."**[204]

٥٤٣ - وعن المقداد بن معد يكرب رضي الله عنه عن النبي صلى الله عليه وسلم قال: ((ما اكل احد طعاما قط خيرا من ان ياكل من عمل يده ان نبي الله داود عليه السلام كان ياكل من عمل يده)) رواه البخاري.

543. Al-Miqdam Ibn Ma³d Yakarib ﵁ berichtete: Der Prophet ﷺ sagte: **„Niemals hat jemand ein besseres Essen gegessen, als durch die Arbeit seiner eigenen Hand. Der Prophet Allahs, David ﵇, aß von der Arbeit seiner eigenen Hand."**[205]

204 Authentisch: Sahih Muslim 2379
205 Authentisch: Sahih Buchari 2072

٦٠ - باب الكرم والجود والانفاق في وجوه الخير ثقة بالله تعالى

60. Großzügigkeit, Freigebigkeit und das Ausgeben für wohltätige Zwecke, vertrauend auf Allah

Allah, der Erhabene, spricht:

﴿وما انفقتم من شىء فهو يخلفه﴾

„...und was immer ihr spendet, Er wird es ersetzen; und Er ist der beste Versorger."
(Koran 34:39)

﴿وما تنفقون الا ٱبتغاء وجه ٱلله وما تنفقوا من خير يوف اليكم وانتم لا تظلمون﴾

„...was immer ihr an Gutem spendet, das ist für euch selbst, und ihr (sollt) nicht spenden, es sei denn aus Verlangen nach dem Angesicht Allahs. Und was immer ihr an Gutem spendet, das soll euch voll zurückerstattet werden, und es soll euch kein Unrecht zugefügt werden." (Kora 2:272)

﴿وما تنفقوا من خير فان ٱللّه به عليم﴾

„… und was immer ihr an Gutem spendet, wahrlich, Allah weiß es." (Koran 2:273)

٥٤٤ - وعن ابن مسعود رضي الله عنه عن النبي صلى الله عليه وسلم قال:
((لا حسد الا في اثنتين: رجل اتاه الله مالا فسلطه على هلكته في الحق، ورجل اتاه الله حكمة فهو يقضي بها ويعلمها))
متفق عليه.

ومعناه: ينبغي ان لا يغبط احد الا على احدى هاتين الخصلتين.

544. Ibn Mas³ud ﵁ überlieferte: Der Gesandte Allahs ﷺ sagte: **„Man sollte nicht neidisch sein, außer auf zwei Personen: Auf eine, der Allah Reichtum gegeben hat, den sie in gerechter Weise verteilt, und auf die Person, die von Allah Weisheit erhalten hat und danach urteilt und sie lehrt."**[206]

٥٤٧ - وعن جابر رضي الله عنه قال: **ما سئل رسول الله صلى الله عليه وسلم شيئا قط فقال لا**. متفق عليه.

547. Dschabir ﵁ berichtete: **Der Gesandte Allahs ﷺ hat nie nein gesagt, wenn er von jemandem gebeten wurde.**[207]

206 Authentisch: Sahih Buchari 73, Sahih Muslim 816
207 Authentisch: Sahih Buchari 6034, Sahih Muslim 2311

٥٤٩ - وعنه رضي الله عنه ان رسول الله صلى الله عليه وسلم قال:
((قال الله تعالى: انفق يا ابن ادم ينفق عليك)) متفق عليه.

549. Abu Huraira ﵁ berichtete: Der Gesandte Allahs ﷺ sagte: Allah, der Erhabene, sagt: **„Gib aus, o Sohn Adams, damit auch für dich ausgegeben wird.”**[208]

٥٥٦ - وعن ابي هريرة رضي الله عنه ان رسول الله صلى الله عليه وسلم قال:
((ما نقصت صدقة من مال، وما زاد الله عبدا بعفو الا عزا،
وما تواضع احد لله الا رفعه الله عز وجل)) رواه مسلم.

556. Abu Huraira ﵁ berichtete: Der Gesandte Allahs ﷺ sagte: **„Die Sadaqa hat noch keinen Besitz verringert. Wenn der Diener gibt, dessen Ansehen wird Allah mehren und wer um Allahs willen bescheiden ist, dem wird Allah, der Allmächtige, der Erhabene, erheben.”**[209]

٥٥٨ - وعن عائشة رضي الله عنها انهم ذبحوا شاة فقال النبي صلى
الله عليه وسلم: ((ما بقي منها؟)) قالت: ما بقي منها الا
كتفها. قال: ((بقي كلها غير كتفها)) رواه الترمذي وقال حديث صحيح.

ومعناه: تصدقوا بها الا كتفها فقال: بقيت لنا في الاخرة الا كتفها.

---

208 Authentisch: Sahih Buchari 4684, Sahih Muslim 993
209 Authentisch: Sahih Muslim 2588

558. Aischa رضي الله عنها berichtete, **dass sie ein Schaf geschlachtet hatten und der Prophet ﷺ fragte: „Was ist davon geblieben?" Sie sagte: „Nichts ist davon geblieben, außer seine Schultern." Er sagte: „Alles ist geblieben, außer seine Schultern."**
Das heißt: sie gaben das Schaf als Sadaqa, außer seine Schultern, und er (der Prophet ﷺ) sagte, dass das, was sie gegeben haben im Jenseits für sie geblieben ist, außer seine Schultern, die sie nicht gespendet haben.[210]

٥٥٩ - وعن اسماء بنت ابي بكر الصديق رضي الله عنها قالت: قال لي رسول الله صلى الله عليه وسلم: ((لا توكي فيوكى عليك))
وفي رواية (انفقي او انفحي او انضحي، ولا تحصي فيحصي الله عليك، ولا توعي فيوعي الله عليك)) متفق عليه.
و ((انفحي) بالحاء المهملة: وهو بمعنى (انفقي) وكذلك (انضحي)

559. Asma` Bint Abi Bakr رضي الله عنها, berichtete, dass der Gesandte Allahs ﷺ ihr sagte: **„Halte nichts zurück, sonst wird Allah vor dir zurückhalten."**[211]

---

210 Authentisch: Sahih At-Tirmithi von Albani 2009, laut At-Tirmithi: Ein sahih Hadith.
211 Authentisch: Sahih Buchari 1433, Sahih Muslim 1029

٥٦١ - وعنه رضي الله عنه قال، قال رسول الله صلى الله عليه وسلم:

((من تصدق بعدل تمرة من كسب طيب - ولا يقبل الله الا الطيب - فان الله يقبلها بيمينه ثم يربيها لصاحبها كما يربي احدكم فلوه حتى تكون مثل الجبل)) متفق عليه.

((الفلو)) بفتح الفاء وضم اللام وتشديد الواو. ويقال ايضا بكسر الفاء واسكان اللام وتخفيف الواو وهو: المهر.

561. Abu Huraira ﵁ berichtete: Der Gesandte Allahs ﷺ sagte: **„Wer nur den Wert einer Dattel, von dem was er rechtmäßig verdient hat, als Sadaqa ausgibt, und Allah nimmt nur von dem rechtmäßig Verdienten an, davon wird Allah mit Seiner rechten Hand annehmen, dann wird Er für denjenigen Betroffenen genauso vermehren, wie einer, der ein Fohlen aufzieht, bis es so groß wie ein Berg wird."**[212]

212 Authentisch: Sahih Buchari 1410, Sahih Muslim 1014

٦٨ - باب الورع وترك الشبهات

68. Die Frömmigkeit und das Unterlassen des Zweifelhaften

Allah, der Erhabene, spricht:

﴿وتحسبونه، هينا وهو عند ٱلله عظيم﴾

„...da hieltet ihr es für eine geringe Sache, während es vor Allah eine große war.“
(Koran 24:15)

٥٨٨ - وعن النعمان بن بشير رضي الله عنهما قال سمعت رسول الله صلى الله عليه وسلم يقول: ((ان الحلال بين، وان الحرام بين وبينهما مشتبهات لا يعلمهن كثير من الناس. فمن اتقى الشبهات استبرا لدينه وعرضه، ومن وقع في الشبهات وقع في الحرام، كالراعي يرعى حول الحمى يوشك ان يرتع فيه؛ الا وان لكل ملك حمى، الا وان حمى الله محارمه، الا وان في الجسد مضغة اذا صلحت صلح الجسد كله، واذا فسدت فسد الجسد كله؛ الا وهي القلب)) متفق عليه. ورروياه من طرق بالفاظ متقاربة.

588. An-Nu³man Ibn Baschir ﷺ berichtete, er hörte den Gesandten Allahs ﷺ sagen: **„Wahrlich ist Halal (das Erlaubte) klar,**

und Haram (das Verbotene) ist klar. Und dazwischen gibt es Zweifelhaftes, was viele Leute nicht wissen. Wer das, was zweifelhaft ist, meidet, dessen Glaube und Ruf ist ihm sicher. Wer aber Dingen verfällt, die zweifelhaft sind, der verfällt in Haram. Wie ein Schafhirte, der um einer umzaunten Weide grasen lässt, während er ständig in Furcht ist (dass seine Tiere) darein gelangen. Wahrlich hat jeder Besitzer sein Schutzgebiet und das Schutzgebiet Allahs sind Seine Verbote. Im menschlichen Körper ist ein Stück Fleisch, wenn es gesund ist, ist der ganze Körper gesund, und wenn es schlecht ist, ist der ganze Körper schlecht. Wahrlich ist dieses (Stück Fleisch) das Herz."[213]

٥٩٠ - وعن النواس بن سمعان رضي الله عنه عن النبي صلى الله عليه وسلم قال: ((البر حسن الخلق، والاثم ما حاك في نفسك، وكرهت ان يطلع عليه الناس)) رواه مسلم.

((حاك)) بالحاء المهملة والكاف اي: تردد فيه.

590. An-Nauwas Ibn Sam³an ﵁ berichtet: **„Frömmigkeit ist der vorzügliche Charakter, und Sünde ist das, was an deiner Seele**

213 Authentisch: Sahih Buchari 52, Sahih Muslim 1599

reibt und du nicht magst, dass die Leute davon erfahren."[214]

٥٩٣ - وعن الحسن بن علي رضي الله عنه قال: حفظت من رسول الله صلى الله عليه وسلم: ((دع ما يريبك الى ما لا يريبك))

رواه الترمذي وقال حديث حسن صحيح.

معناه: اترك ما تشك فيه وخذ ما لا تشك فيه.

593. Al-Hassan Ibn Ali ﵁ sagte: Ich habe von Allahs Gesandtem ﷺ dieses auswendig gelernt: **„Lass das, was dich zweifeln lässt und mache das, was dich nicht zweifeln lässt."**[215]

214 Authentisch: Sahih Muslim 2553

215 Authentisch: Sahih Al-Dschami[3] Nr. 3377, Ghayatul Maram 179, Irwaúl Ghalil von Albani 2074

Laut At-Tirmidhi: Ein guter und gesunder (**hassan sahih**) Hadith

٧١ - باب التواضع وخفض الجناح للمؤمنين

71. Bescheidenheit und Demut den Gläubigen gegenüber

Allah, der Erhabene, spricht:

﴿يايها ٱلناس انا خلقنكم من ذكر وانثى وجعلنكم شعوبا وقبائل لتعارفوا ان اكرمكم عند ٱلله اتقكم﴾

„O ihr Menschen, Wir haben euch aus Mann und Frau erschaffen und euch zu Völkern und Stämmen gemacht, auf dass ihr einander erkennen möget. Wahrlich, vor Allah ist von euch der Angesehenste, welcher der Gottesfürchtigste ist.“ (Koran 49:13)

﴿فلا تزكوا انفسكم هو اعلم بمن ٱتقى﴾

„...darum erklärt euch nicht selber als rein. Er kennt diejenigen am besten, die (Ihn) fürchten.“ (Koran 53:32)

٦٠٢ - وعن عياض بن حمار رضي الله عنه قال، قال رسول الله صلى الله عليه وسلم: ((ان الله اوحى الي ان تواضعوا حتى لا يفخر احد على احد ولا يبغي احد على احد)) رواه مسلم.

602. Iyad Ibn Himar ﵁ berichtete: Der Gesandte Allahs ﷺ sagte: **„Wahrlich offenbarte mir Allah: ‚Seid bescheiden, damit niemand gegenüber dem Anderen stolz wird und niemand dem anderen Unrecht tut."**[216]

٦٠٤ - وعن انس رضي الله عنه انه مر على صبيان فسلم عليهم وقال: كان النبي صلى الله عليه وسلم يفعله. متفق عليه.

604. Anas ﵁ lief einmal an Kindern vorbei und er grüßte sie und sagte: **„Der Prophet ﷺ hat es auch immer so gemacht."**[217]

٦٠٥ - وعنه رضي الله عنه قال: ان كانت الامة من اماء المدينة لتاخذ بيد النبي صلى الله عليه وسلم فتنطلق به حيث شاءت.

رواه البخاري.

605. Anas ﵁ berichtete: **Sogar ein Sklavenkind aus Medina nahm die Hand des Propheten ﷺ und er ging mit ihm, wohin es wollte.**[218]

٦٠٦ - وعن الاسود بن يزيد قال سالت عائشة رضي الله عنها:

ما كان النبي صلى الله عليه وسلم يصنع في بيته؟ قالت: كان

216 Authentisch: Sahih Buchari 2865
217 Authentisch: Sahih Buchari 6247, Sahih Muslim 2168
218 Authentisch: Sahih Buchari 6072

يكون في مهنة اهله (تعني خدمة اهله) فاذا حضرت الصلاة خرج الى الصلاة. رواه البخاري.

606. Aswad Ibn Jazid ﷺ berichtete, dass man Aischa ﷺ fragte: **„Was hat der Prophet ﷺ in seinem Zuhause eigentlich gemacht?" Sie sagte. „Er war immer dabei, seiner Familie zu helfen und wenn die Zeit zum Gebet kam, ging er hinaus."**[219]

219 Authentisch: Sahih Buchari 676

٧٣ - باب حسن الخلق

73. Gutes Benehmen

Allah, der Erhabene, spricht:

﴿وانك لعلى خلق عظيم﴾

„Und du verfügst wahrlich über großartige Tugendeigenschaften.“ (Koran 68:4)

﴿ٱلذين ينفقون فى ٱلسراء وٱلضراء وٱلكـٰظمين ٱلغيظ وٱلعافين عن ٱلناس﴾

„Die da spenden in Freud und Leid und den Groll unterdrücken und den Menschen vergeben.“ (Koran 3:134)

٦٢١ - وعن انس رضي الله عنه قال: كان رسول الله صلى الله عليه وسلم احسن الناس خلقا. متفق عليه.

621. Anas ﵁ sagte: **Der Gesandte Allahs ﷺ war von den Menschen mit bestem Charakter.**[220]

220 Authentisch: Sahih Buchari 6203, Sahih Muslim 2150

٦٢٢ - وعنه رضي الله عنه قال: ما مسست ديباجا ولا حريرا الين من كف رسول الله صلى الله عليه وسلم، ولا شممت رائحة قط اطيب من رائحة رسول الله صلى الله عليه وسلم، ولقد خدمت رسول الله صلى الله عليه وسلم عشر سنين فما قال لي قط اف، ولا قال لشيء فعلته: لم فعلته؟ ولا لشيء لم افعله: الا فعلت كذا؟ متفق عليه.

622. Und derselbe Anas ﵁ sagte: **Ich habe keine Seide und kein Samt berührt, was weicher war als die Hand des Gesandten Allahs ﷺ. Und ich habe noch nie einen Duft gerochen, der angenehmer war als der Geruch des Gesandten Allahs ﷺ. Zehn Jahre diente ich dem Gesandten Allahs ﷺ, und er hat nie „Uff" gesagt. Wenn ich etwas gemacht habe, sagte er niemals: „Warum hast du dies gemacht?" Und wenn ich etwas nicht gemacht habe, hat er niemals gesagt: „Hättest du doch das gemacht!"**[221]

٦٢٥ - وعن عبد الله بن عمرو بن العاص رضي الله عنه قال: لم يكن رسول الله صلى الله عليه وسلم فاحشا ولا متفحشا، وكان يقول: ((ان من خياركم احسنكم اخلاقا)) متفق عليه.

221 Authentisch: Sahih Buchari 3561, Sahih Muslim 2330

625. Abdullah Ibn ^{3}Amro Ibn Al-^{3}As ؓ sagte: **Der Gesandte Allahs ﷺ war nie unanständig und nie unverschämt. Und er ﷺ sagte stets: „Wahrlich sind die Besten von euch die mit bestem Benehmen."**[222]

٦٢٦ - وعن ابي الدرداء رضي الله عنه ان النبي صلى الله عليه وسلم قال:

((ما من شيء اثقل في ميزان المؤمن يوم القيامة من حسن الخلق، وان الله يبغض الفاحش البذي))

رواه الترمذي وقال حديث صحيح.

((البذي)) هو: الذي يتكلم بالفحش ورديء الكلام.

626. Abu Darda` ؓ berichtete: Der Prophet ﷺ sagte: **„Am Tage der Auferstehung wiegt nichts schwerer in der Waagschale des Gläubigen als gutes Benehmen. Und Allah verabscheut den Unverschämten und Schamlosen."**[223]

٦٢٧ - وعن ابي هريرة رضي الله عنه قال: سئل رسول الله صلى الله عليه وسلم عن اكثر ما يدخل الناس الجنة. قال: ((تقوى الله، وحسن الخلق)) وسئل عن اكثر ما يدخل الناس النار. فقال: ((الفم، والفرج)) رواه الترمذي وقال حديث صحيح.

---

222 Authentisch: Sahih Buchari 3559, 6035, Sahih Muslim 2321

223 Authentisch: Sahih Al-Dschami^3 Nr. 5721, Assilsila Assahiha 876 und Sahih At-Tirmidhi von Albani 1628
Lt. At-Tirmidhi: Ein hassan sahih (guter und gesunder) Hadith.

627. Abu Huraira ﵁ berichtete: **Der Gesandte Allahs ﷺ wurde gefragt, was die Menschen am ehesten ins Paradies bringt. Er ﷺ sagte: „Gottesfurcht und gutes Benehmen." Und er wurde ﷺ gefragt, was die Menschen am ehesten ins Feuer bringt. Er ﷺ antwortete: „Der Mund und die Geschlechtsteile."**[224]

٦٢٨ - وعنه رضي الله عنه قال، قال رسول الله صلى الله عليه وسلم:

((اكمل المؤمنين ايمانا احسنهم خلقا، وخياركم خياركم لنسائهم)) رواه الترمذي وقال حديث حسن صحيح.

628. Und er (Abu Huraira ﵁) berichtete: Der Gesandte Allahs ﷺ sagte: **„Der vollkommenste Gläubige im Glauben ist derjenige mit dem besten Benehmen, und die Besten unter euch sind die, die am besten zu ihren Frauen sind."**[225]

224 Authentisch: Assilsila Assahiha 977, Sahih Ibn Madschah 3424 von Albani. Lt. At-Tirmidhi: Ein hassan sahih (guter und gesunder) Hadith.

225 Authentisch: Sahihul Dschami³il Saghir 1232, Sahih At-Tirmidhi 928 von Albani und als hassan eingestuft in Mischkatul Masabih 3264. Lt. At-Tirmidhi: Ein hassan sahih (guter und gesunder) Hadith.

٧٤ - باب الحلم والاناة والرفق

74. Sanftmut, Gelassenheit und Freundlichkeit (und Güte)

Allah, der Erhabene, spricht:

﴿خذ ٱلعفو وامر بٱلعرف واعرض عن ٱلجاهلين﴾

„Übe Nachsicht, gebiete das Rechte und wende dich von den Unwissenden ab."
(Koran 7:199)

﴿ولا تستوى ٱلحسنة ولا ٱلسيئة ٱدفع بٱلتى هى احسن فاذا ٱلذى بينك وبينه، عداوة كانه، ولى حميم (٣٤) وما يلقها الا ٱلذين صبروا وما يلقها الا ذو حظ عظيم﴾

„Und nimmer sind das Gute und das Böse gleich. Wehre (das Böse) in bester Art ab, und siehe da, der, zwischen dem und dir Feindschaft herrschte, wird wie ein treuer Freund sein. 35. Aber dies wird nur denen gewährt, die geduldig sind; und dies wird nur denen gewährt, die großes Glück haben." (Koran 41:34-35)

﴿ولمن صبر وغفر ان ذ لك لمن عزم ٱلامور﴾

„Und wahrlich, wer geduldig ist und

vergibt - das ist gewiß eine Tugend der Entschlossenheit in allen Dingen.“ (Koran 42:43)

٦٣٢ - وعن ابن عباس رضي الله عنهما قال، قال رسول الله صلى الله عليه وسلم لاشج عبد القيس: ((ان فيك خصلتين يحبهما الله: الحلم والاناة)) رواه مسلم.

632. Ibn Abbas ﵁ berichtete: Der Gesandte Allahs ﷺ sagte zu Aschadsch Abdul-Qais ﵁: **„In dir sind zwei Eigenschaften, die Allah liebt: Sanftmut und Gelassenheit.”**[226]

٦٣٣ - وعن عائشة رضي الله عنها قالت قال رسول الله صلى الله عليه وسلم: ((ان الله رفيق يحب الرفق في الامر كله)) متفق عليه.

633. Aischa ﵂ berichtete: Der Gesandte Allahs ﷺ sagte: **„Wahrlich ist Allah gütig und liebt die Güte in allen Dingen.”**[227]

٦٣٦ - وعن ابي هريرة رضي الله عنه قال: بال اعرابي في المسجد فقام الناس اليه ليقعوا فيه. فقال النبي صلى الله عليه وسلم: ((دعوه واريقوا على بوله سجلا من ماء او ذنوبا من ماء، فانما بعثتم ميسرين ولم تبعثوا معسرين)) رواه البخاري.

((السجل)) بفتح السين المهملة واسكان الجيم: وهي الدلو الممتلئة ماء، وكذلك الذنوب.

226 Authentisch: Sahih Muslim 17
227 Authentisch: Sahih Buchari 6927, Sahih Muslim 2165

636. Abu Huraira ﷺ berichtete, dass ein Beduine in der Moschee urinierte. Die Leute ärgerten sich über ihn. Der Prophet ﷺ sagte: **„Lasst ihn, und gießt über seinen Urin einen Eimer Wasser; denn ihr seid geschickt als Erleichterer und nicht als Erschwerer!"**[228]

٦٣٧ - وعن انس رضي الله عنه عن النبي صلى الله عليه وسلم قال: ((يسروا ولا تعسروا، وبشروا ولا تنفروا)) متفق عليه.

637. Anas ﷺ berichtete: Der Prophet ﷺ sagte: **„Macht alles leicht und erschwert es nicht. Verbreitet gute Botschaften und erschrecket die Leute nicht."**[229]

٦٤١ - وعن عائشة رضي الله عنها قالت: ما خير رسول الله صلى الله عليه وسلم بين امرين قط الا اخذ ايسرهما ما لم يكن اثما، فان كان اثما كان ابعد الناس منه، وما انتقم رسول الله صلى الله عليه وسلم لنفسه في شيء قط الا ان تنتهك حرمة الله فينتقم لله تعالى. متفق عليه.

641. Aischa ﷺ berichtete: **Jedesmal wenn der Gesandte Allahs ﷺ zwischen zwei Dingen**

---

228 Authentisch: Sahih Buchari 220
229 Authentisch: Sahih Buchari 69, Sahih Muslim 1734

wählen konnte, nahm er das Leichtere, solange es keine Sünde war. Wenn es sich aber um eine Sünde handelte, dann war er am weitesten davon entfernt. Der Gesandte Allahs ﷺ rächte sich nie für sich selbst, außer wenn ein Verbot Allahs verletzt wurde und er um Allahs willen handelte.[230]

230 Authentisch: Sahih Buchari 3560, Sahih Muslim 2327

٧٥ - باب العفو والاعراض عن الجاهلين

75. Verzeihung...

Allah, der Erhabene, spricht:

﴿فَٱصفح ٱلصفح ٱلجميل﴾

„Übe Vergebung in schöner Weise."
(Koran 15:85)

﴿وليعفوا وليصفحوا الا تحبون ان يغفر ٱلله لكم﴾

„Vielmehr sollen sie vergeben und verzeihen. Wünscht ihr nicht, dass Allah euch vergebe? ..." (Koran 24:22)

﴿وٱلعافين عن ٱلناس وٱلله يحب ٱلمحسنين﴾

„...die, den Menschen vergeben. Und Allah liebt die Rechtschaffenen." (Koran 3:134)

﴿ولمن صبر وغفر ان ذ لك لمن عزم ٱلامور﴾

„...und wahrlich, wer geduldig ist und vergibt - das ist Gewiß eine Tugend der Entschlossenheit in allen Dingen." (Koran 42:43)

Die Verse über Vergebung sind viel.

٦٤٣ - وعن عائشة رضي الله عنها انها قالت للنبي صلى الله عليه وسلم: هل اتى عليك يوم كان اشد من يوم احد؟ قال:

((لقد لقيت من قومك! وكان اشد ما لقيته منهم يوم العقبة اذ عرضت نفسي على ابن عبد ياليل بن عبد كلال فلم يجبني الى ما اردت، فانطلقت وانا مهموم على وجهي فلم استفق الا وانا بقرن الثعالب، فرفعت راسي واذا انا بسحابة قد اظلتني، فنظرت فاذا فيها جبريل عليه السلام فناداني فقال: ان الله تعالى قد سمع قول قومك لك وما ردوا عليك، وقد بعث اليك ملك الجبال لتامره بما شئت فيهم. فناداني ملك الجبال فسلم علي ثم قال: يا محمد ان الله قد سمع قول قومك لك وانا ملك الجبال وقد بعثني ربي اليك لتامرني بامرك، فما شئت ان شئت اطبقت عليهم الاخشبين. فقال النبي صلى الله عليه وسلم: ((بل ارجو ان يخرج الله من اصلابهم من يعبد الله وحده لا يشرك به شيئا)) متفق عليه.

((الاخشبان)) : الجبلان المحيطان بمكة. و ((الاخشب)) هو: الجبل الغليظ.

643. Aischa ﵂ berichtete, dass sie den Propheten ﷺ einmal fragte: **„Hast du einen Tag erlebt, der schlimmer war als der Tag von Uhud?“ Er sagte: „Von deinem Volk habe ich (einiges) erlebt, und das Schlimmste, was ich von ihnen erlebte, war am Aqaba-Tag, während ich mich**

(bzw. den Islam) Ibn Abd Yalail Ibn Abd Kullal vorstellte. Er lehnte ab, was ich ihm vorstellte. Dann ging ich traurig davon, ohne etwas zu merken, bis ich die Spitze (des Berges) Tha³alib erreichte. Als ich meinen Kopf erhob, sah ich plötzlich eine Wolke, die mich überschattete. Ich schaute, was es war und sah Gabriel عليه السلام. Er rief mir zu: „Wahrlich hat Allah, der Erhabene, gehört, was dein Volk zu dir sagte und wie sie dir geantwortet haben. Und Er (Allah) hat den Engel der Berge zu dir gesandt, damit du ihm befiehlst, was du mit ihnen machen möchtest." Der Engel der Berge rief mich, begrüßte mich und sagte: „O Muhammad! Allah hat gehört, was dein Volk zu dir gesagt hat. Ich bin der Engel der Berge, von meinem Herrn zu dir geschickt, damit du mir befiehlst. Was möchtest du? Wenn du willst, werde ich die beiden Berge auf sie niederwerfen." Da sagte der Prophet ﷺ: „Im Gegenteil, ich hoffe, dass Allah von ihnen Nachkommen hervorbringt, die Allah allein dienen ohne Ihm etwas beizugesellen."[231]

231 Authentisch: Sahih Buchari 3231, Sahih Muslim 1795

٦٤٤ - وعنها رضي الله عنها قالت: ما ضرب رسول الله صلى الله عليه وسلم شيئا قط بيده، ولا امراة، ولا خادما، الا ان يجاهد في سبيل الله، وما نيل منه شيء قط فينتقم من صاحبه الا ان ينتهك شيء من محارم الله تعالى فينتقم لله تعالى. رواه مسلم.

644. Aischa ﵂ berichtete: **Der Gesandte Allahs ﷺ hat nie eine Frau oder einen Sklaven mit der Hand geschlagen, außer wenn er auf dem Wege Allahs kämpfte. Er rächte sich nie, wenn man ihm Schaden zufügte, außer wenn die Gebote Allahs, des Erhabenen, verletzt wurden und er dann um Allahs willen, des Erhabenen, handelte."**[232]

٦٤٥ - وعن انس رضي الله عنه قال: كنت امشي مع رسول الله صلى الله عليه وسلم وعليه برد نجراني غليظ الحاشية، فادركه اعرابي فجبذه بردائه جبذة شديدة، فنظرت الى صفحة عاتق النبي صلى الله عليه وسلم وقد اثرت بها حاشية الرداء من شدة جبذته. ثم قال: يا محمد مر لي من مال الله الذي عندك. فالتفت اليه فضحك ثم امر له بعطاء. متفق عليه.

645. Anas ﵁ berichtete, dass er einst neben dem Gesandten Allahs ﷺ ging, während er ﷺ ein Gewand aus Nadschran trug, mit einem

232 Authentisch: Sahih Buchari 3231, Sahih Muslim 1795

harten Saum. Ein Beduine näherte sich ihm und zog heftig an seinem Gewand. Ich sah eine der Schultern des Propheten ﷺ und konnte die Spuren des Saumes sehen. Dann sagte er: „O Muhammad! Lass mir etwas von dem Besitz Allahs geben, das bei dir ist!" Der Prophet ﷺ drehte sich zu ihm und lächelte. Dann ließ er ihm etwas geben.[233]

٦٤٦ - وعن ابن مسعود رضي الله عنه قال: كاني انظر الى رسول الله صلى الله عليه وسلم يحكي نبيا من الانبياء صلوات الله وسلامه عليهم ضربه قومه فادموه وهو يمسح الدم عن وجهه ويقول: ((اللهم اغفر لقومي فانهم لا يعلمون)) متفق عليه.

646. Ibn Mas³ud ﷺ berichtete: **Als sähe ich den Gesandten Allahs ﷺ vor mir, während er von einem der Propheten ﷺ sprach, der von seinem Volk geschlagen wurde und dieser blutete und sich dabei das Blut aus dem Gesicht wischte und sagte: „O Allah, vergib meinem Volk, weil sie unwissend sind."**[234]

233 Authentisch: Sahih Buchari 3149, Sahih Muslim 1057
234 Authentisch: Sahih Buchari 3477, Sahih Muslim 1792

٦٤٧ - وعن ابي هريرة رضي الله عنه ان رسول الله صلى الله عليه وسلم قال: ((ليس الشديد بالصرعة، انما الشديد الذي يملك نفسه عند الغضب)) متفق عليه.

647. Abu Huraira ﵁ berichtete: Der Gesandte Allahs ﷺ sagte: **„Kräftig ist nicht der, der ringt, viel mehr ist derjenige kräftig, der sich zügeln kann, wenn er geärgert wird.“**[235]

235 Authentisch: Sahih Buchari Nr. 6114, Sahih Muslim Nr. 2609

٨٤ - باب الحياء وفضله والحث على التخلق به

84. Die Scham und ihre Vorzüge...

٦٨١ - عن ابن عمر رضي الله عنهما ان رسول الله صلى الله عليه وسلم مر على رجل من الانصار وهو يعظ اخاه في الحياء. فقال رسول الله صلى الله عليه وسلم: ((دعه فان الحياء من الايمان)) متفق عليه.

681. Ibn Umar ﵁ berichtete: Der Gesandte Allahs ﷺ ging an einem Mann der Ansar vorbei, während er seinen Bruder über Schamhaftigkeit unterrichtete. Der Gesandte Allahs ﷺ sagte: **„Lass ihn, denn Schamhaftigkeit ist vom Glauben."**[236]

٦٨٢ - وعن عمران بن حصين رضي الله عنهما قال، قال رسول الله صلى الله عليه وسلم: ((الحياء لا ياتي الا بخير)) متفق عليه.
وفي رواية لمسلم: (الحياء خير كله) او قال: الحياء كله خير

682. Imran Ibn Husain ﵁ berichtete: Der Gesandte Allahs ﷺ sagte: **„Schamhaftigkeit bringt nur Gutes."**[237]

236 Authentisch: Sahih Buchari 24, Sahih Muslim 36
237 Authentisch: Sahih Buchari 6117, Sahih Muslim 37

٦٨٣ - وعن ابي هريرة رضي الله عنه ان رسول الله صلى الله عليه وسلم قال: ((الايمان بضع وسبعون او بضع وستون شعبة. فافضلها قول لا اله الا الله، وادناها اماطة الاذى عن الطريق. والحياء شعبة من الايمان)) متفق عليه.

((البضع)) بكسر الباء، ويجوز فتحها وهو: من الثلاثة الى العشرة. و ((الشعبة)) : القطعة والخصلة. و ((الاماطة)) : الازالة. و ((الاذى)) : ما يؤذي كحجر وشوك وطين ورماد وقذر ونحو ذلك.

683. Abu Huraira ﵁ berichtete: Der Gesandte Allahs ﷺ sagte: **„Der Glaube ist mehr als siebzig oder etwa mehr als sechzig Teile. Der Beste davon ist, zu sprechen: La ilaha ilallah und der Geringste davon ist, einen Schaden oder ein Hindernis aus dem Weg zu räumen. Und Schamhaftigkeit ist ein Teil des Glaubens.“**[238]

٦٨٤ - وعن ابي سعيد الخدري رضي الله عنه قال: كان رسول الله صلى الله عليه وسلم اشد حياء من العذراء في خدرها، فاذا راى شيئا يكرهه عرفناه في وجهه. متفق عليه.

قال العلماء: حقيقة الحياء: خلق يبعث على ترك القبيح ويمنع من التقصير في حق ذي الحق. وروينا عن ابي القاسم الجنيد رحمه الله قال: الحياء رؤية الالاء: اي النعم، ورؤية التقصير فيتولد بينهما حالة تسمى حياء، والله اعلم.

238 Authentisch: Sahih Buchari 9, Sahih Muslim 35

684. Abu Sa³id Al-Chudri ﷺ berichtete: **Der Gesandte Allahs ﷺ war schamhafter als eine Jungfrau in ihrem Gemach. Man konnte von seinem Gesicht ablesen, wenn ihm etwas nicht gefiel.**[239]

239 Authentisch: Sahih Buchari 3562, Sahih Muslim 6102

٨٥ - باب حفظ السر

85. Das Bewahren der Geheimnisse

Allah, der Erhabene, spricht:

﴿واوفوا بٱلعهد ان ٱلعهد كان مسئولا﴾

„...und haltet die Verpflichtung ein; denn über die Verpflichtung muß Rechenschaft abgelegt werden.“ (Koran 17:34)

٦٨٥ - وعن ابي سعيد الخدري رضي الله عنه قال، قال رسول الله صلى الله عليه وسلم: ((ان من اشر الناس عند الله منزلة يوم القيامة الرجل يفضي الى المراة وتفضي اليه ثم ينشر سرها)) رواه مسلم.

685. Abu Said Al-Chudri ﷺ berichtete: Der Gesandte Allahs ﷺ sagte: **„Wahrlich bekommt derjenige den schlechtesten Rang bei Allah am Tage der Auferstehung, der mit seiner Frau schläft und dann ihre Geheimnisse verbreitet.“**[240]

240 Authentisch: Sahih Muslim 1437

٦٨٧ - وعن عائشة رضي الله عنها قالت: كن ازواج النبي صلى الله عليه وسلم عنده فاقبلت فاطمة رضي الله عنها تمشي ما تخطئ مشيتها من مشية رسول الله صلى الله عليه وسلم شيئا، فلما راها رحب بها وقال: ((مرحبا بابنتي)) ثم اجلسها عن يمينه او عن شماله، ثم سارها فبكت بكاء شديدا، فلما راى جزعها سارها الثانية فضحكت. فقلت لها: خصك رسول الله صلى الله عليه وسلم من بين نسائه بالسرار ثم انت تبكين؟ فلما قام رسول الله صلى الله عليه وسلم سالتها: ما قال لك رسول الله صلى الله عليه وسلم؟ قالت: ما كنت لافشي على رسول الله صلى الله عليه وسلم سره. فلما توفي رسول الله صلى الله عليه وسلم قلت: عزمت عليك بما لي عليك من الحق لما حدثتني ما قال لك رسول الله صلى الله عليه وسلم؟ فقالت: اما الان فنعم: اما حين سارني في المرة الاولى فاخبرني ان جبريل كان يعارضه القران في كل سنة مرة او مرتين وانه عارضه الان مرتين ((واني لا ارى الاجل الا قد اقترب فاتقي الله واصبري فانه نعم السلف انا لك)) فبكيت بكائي الذي رايت، فلما راى جزعي سارني الثانية فقال: ((يا فاطمة اما ترضين ان تكوني سيدة نساء المؤمنين او سيدة نساء هذه الامة؟)) فضحكت ضحكي الذي رايت.

متفق عليه. وهذا لفظ مسلم.

687. Aischa رضي الله عنها berichtete: Als die Frauen des Propheten ﷺ bei ihm waren, kam auch seine Tochter Fatima رضي الله عنها, die ganz genauso ging, wie der Prophet ﷺ ging. Als er sie sah, freute er sich und sagte: **„Willkommen, meine Tochter." Dann ließ er sie an seiner rechten oder linken Seite sitzen. Dann flüsterte er ihr etwas zu, woraufhin sie sehr weinte. Als der Prophet ﷺ ihre Traurigkeit sah, flüsterte er ihr wieder etwas zu, wonach sie lachte. Ich habe dann zu ihr gesagt: „Vor seinen Frauen bevorzugte der Gesandte Allahs ﷺ dir seine Geheimnisse anzuvertrauen. Weshalb aber hast du geweint?" Als der Prophet ﷺ wegging, fragte ich sie: „Was sagte dir der Gesandte Allahs ﷺ?" Sie antwortete: „Ich würde nie das Geheimnis des Gesandten Allahs ﷺ verbreiten." Als der Prophet ﷺ starb, fragte ich sie: „Ich bitte dich wegen des Anrechts, das ich auf dich habe, mir zu sagen, was dir der Gesandte Allahs ﷺ damals sagte." Sie sagte: „Nun kann ich es dir sagen: Das erste Mal, als er mir etwas zuflüsterte, sagte er mir, dass der Engel Gabriel ihm eigentlich jedes Jahr ein oder zweimal den Koran vorlas und jetzt habe er ihn zweimal vorgetragen.**

‚Ich sehe darin nichts anderes, als dass die Zeit (des Todes) gekommen ist. Also fürchte Allah und sei geduldig, denn ich bin wahrlich ein guter Vorgänger für dich.' Deshalb weinte ich so sehr. Als er meine Trauer sah, flüsterte er mir nochmal etwas zu und sagte: „O Fatima, freust du dich nicht, die Herrin der Frauen aller Gläubigen oder die Herrin aller Frauen dieser Umma zu sein?" Deswegen lachte ich, das Lachen, das du gesehen hast."[241]

241 Authentisch: Sahih Buchari 3624, 6285, 6286 Sahih Muslim 2450

١٠٠ - باب التسمية في اوله والحمد في اخره

100. Tasmiya und Alhamd (Der Dank an Allah vor und nach dem Essen)

٧٢٩ - وعن عائشة رضي الله عنها قالت قال رسول الله صلى الله عليه وسلم: ((اذا اكل احدكم فليذكر اسم الله تعالى، فان نسي ان يذكر اسم الله تعالى في اوله فليقل بسم الله اوله واخره))

رواه ابو داود والترمذي وقال حديث حسن صحيح.

729. Aischa ﵁ berichtete: Der Gesandte Allahs ﷺ sagte: **„Wenn jemand von euch isst, soll er den Namen Allahs, des Erhabenen erwähnen. Wenn er es am Anfang vergessen hat, sollte er dann sagen: ‚Bismillahi auwalahu wa achiruh.- Im Namen Allahs zu Beginn und am Ende.'"**[242]

٧٣٠ - وعن جابر رضي الله عنه قال سمعت رسول الله صلى الله عليه وسلم يقول: ((اذا دخل الرجل بيته فذكر الله تعالى عند دخوله وعند طعامه قال الشيطان لاصحابه: لا مبيت لكم ولا عشاء، واذا دخل فلم يذكر الله تعالى عند دخوله قال الشيطان ادركتم

242 Authentisch: Sahihul Dschami³ Nr. 380, Irwa´ul Ghalil 1965, Sahih Abu Dawud von Albani 3202. Lt. Abu Dawud und At-Tirmidhi: Ein hassan sahih Hadith.

المبيت، واذا لم يذكر الله تعالى عند طعامه قال ادركتم المبيت والعشاء)) رواه مسلم.

730. Dschabir ﵁ berichtete, er hörte den Gesandten Allahs ﷺ sagen: **„Wenn jemand sein Haus betritt und den Namen Allahs, des Erhabenen, erwähnt, und auch wenn er isst, wird Schaitan seinen Gefährten sagen: „Ihr findet hier keinen Unterschlupf und auch kein Abendessen." Wenn er aber sein Haus betritt und Allah, den Erhabenen, nicht erwähnt, sagt Schaitan: „Ihr habt Unterschlupf bekommen." Wenn er beim Essen ebenfalls den Namen Allahs nicht erwähnt, sagt er (Schaitan): „Ihr habt sowohl Unterschlupf als auch Abendessen bekommen."**[243]

٧٣٥ - وعن معاذ بن انس رضي الله عنه قال، قال رسول الله صلى الله عليه وسلم: ((من اكل طعاما فقال: الحمد لله الذي اطعمني هذا ورزقنيه من غير حول مني ولا قوة، غفر له ما تقدم من ذنبه))

رواه ابو داود والترمذي وقال حديث حسن.

735. Mu³adh Ibn Anas ﵁ berichtete: Der Gesandte Allahs ﷺ sagte: **„Wer beim Essen**

243 Authentisch: Sahih Muslim 2018

sagt: ‚Alhamdulillahi alladhi at³amani hadha wa razaqanihi min ghayri haulin minni wala quwwa - Gelobt sei Allah, Der mir dies zu essen gegeben und mich versorgt hat, ohne mein Tun und meine Kraft', dem werden seine vergangenen Sünden vergeben."[244]

٧٣٦ - عن ابي هريرة رضي الله عنه قال: ما عاب رسول الله صلى الله عليه وسلم طعاما قط: ان اشتهاه اكله وان كرهه تركه. متفق عليه.

736. Abu Huraira ﷺ berichtete: Der Gesandte Allahs ﷺ hat nie an einem Essen etwas bemängelt. Wenn es ihm schmeckte, aß er. Wenn er es nicht mochte, ließ er es stehen.[245]

٧٣٩ - عن ابي مسعود البدري رضي الله عنه قال: دعا رجل النبي صلى الله عليه وسلم لطعام صنعه له خامس خمسة فتبعهم رجل، فلما بلغ الباب قال النبي صلى الله عليه وسلم: ((ان هذا تبعنا فان شئت ان تاذن وان شئت رجع)) قال: بل اذن له يا رسول الله. متفق عليه.

739. Abu Mas³ud Al-Badri ﷺ berichtete, dass der Prophet ﷺ und vier Männer von jemandem zum Essen eingeladen wurden. Das Essen

244 Authentisch: Sahihul Dschami³ Nr. 6086, Irwa'ul Ghalil 1989, Sahih Abu Dawud von Albani 1514. Lt. Abu Dawud und At-Tirmidhi: Ein hassan (guter) Hadith
245 Authentisch: Sahih Buchari 5409, Sahih Muslim 2064

war eigentlich für fünf Leute vorbereitet, ein anderer, der nicht eingeladen war, begleitete sie. Als sie vor der Tür ankamen, sagte der Prophet ﷺ: **„Dieser hat uns begleitet und wenn du es ihm erlauben möchtest (kommt er), ansonsten geht er zurück." Er sagte: „Ich erlaube ihm doch, o Gesandter Allahs!"**[246]

٧٦٣ - وعن ابي هريرة رضي الله عنه قال: نهى رسول الله صلى الله عليه وسلم ان يشرب من في السقاء او القربة. متفق عليه.

763. Abu Huraira ﷺ überlieferte, dass der Prophet ﷺ verbot, Wasser (direkt) aus dem Mund des Wassersacks oder des Krugs zu trinken.[247]

246 Authentisch: Sahih Buchari 2081, Sahih Muslim 2036
247 Authentisch: Sahih Buchari 5628, Sahih Muslim

١١٧ - باب استحباب الثوب الابيض وجواز الاحمر والاخضر والاصفر والاسود وجوازه من قطن وكتان وشعر وصوف وغيرها الا الحرير

117. Die Kleidung und der Vorzug der weißen Kleidung

Das Vorziehen des Tragens der weißen Kleidung und erlaubt ist, rot, grün, gelb oder schwarz zu tragen, sei es aus Baumwolle, Tierwolle und anderer Wolle außer Seide.

Allah, der Erhabene, spricht:

﴿يبنى ءادم قد انزلنا عليكم لباسا يو رى سوء تكم وريشا
ولباس ٱلتقوى ذ لك خير ذ لك من ءايت ٱلله لعلهم يذكرون﴾

„O Kinder Adams, wir gaben euch Kleidung, um eure Scham zu bedecken und zum Schmuck; doch das Kleid der Frömmigkeit - das ist das beste. Dies ist eins der Zeichen Allahs, auf dass sie (dessen) eingedenk sein mögen..." (Koran 7:26)

٧٧٩ - وعن ابن عباس رضي الله عنهما ان رسول الله صلى الله عليه وسلم قال: ((البسوا من ثيابكم البياض فانها من خير ثيابكم، وكفنوا فيها موتاكم)) رواه ابو داود والترمذي وقال حديث حسن صحيح.

779. Ibn Abbas ﷺ berichtete: Der Gesandte Allahs ﷺ sagte: **„Kleidet euch mit weißer Kleidung, das ist die beste Kleidung für euch, und nehmt sie auch als Totentuch für eure Toten."**[248]

٧٨٢ - وعن ابي جحيفة وهب بن عبد الله رضي الله عنه قال: رايت النبي صلى الله عليه وسلم بمكة وهو بالابطح في قبة له حمراء من ادم، فخرج بلال بوضوئه فمن ناضح ونائل، فخرج النبي صلى الله عليه وسلم وعليه حلة حمراء كاني انظر الى بياض ساقيه، فتوضا واذن بلال، فجعلت اتتبع فاه ههنا وههنا يقول يمينا وشمالا: حي على الصلاة حي على الفلاح، ثم ركزت له عنزة فتقدم فصلى يمر بين يديه الكلب والحمار لا يمنع. متفق عليه.

782. Abu Dschuhaifa Wahb Ibn Abdullah ﷺ berichtete: In Mekka habe ich den Propheten ﷺ bei Abtah gesehen, als er in einem Zelt aus rotem Leder war. Bilal kam mit Wasser für die Gebetswaschung des Propheten ﷺ ... Da kam der Prophet ﷺ in einen roten Mantel gekleidet nach draußen. Ich erinnere mich sehr gut

248 Authentisch: Sahihul Dschami[3] Nr. 1236, Sahih Abu Dawud von Albani 3426. Lt. Abu Dawud und At-Tirmidhi: Ein **hassan sahih** (guter, gesunder) Hadith

daran, wie weiß seine Beine waren. Er führte die rituelle Waschung durch. Dann machte Bilal ﷺ den Adhan (Gebetsruf). Ich beobachtete seinen Mund, den er nach da und da richtete - (er meinte rechts und links) und rief: „**Hajja ^{3}alas-salah, hajja ^{3}alal-falah.**“ Dann wurde ein Stock in den Boden gestochen. Anschliessend kam er nach vorne und leitete das Gebet. In dieser Zeit gingen an ihm Hunde und Esel vorbei, ohne dass jemand diese hinderte.[249]

249 Authentisch: Sahih Buchari 187, Sahih Muslim 633

١٢٠ - باب استحباب ترك الترفع في اللباس تواضعا

120. Aus Bescheidenheit keine gute oder teure Kleidung tragen

٨٠٢ - وعن معاذ بن انس رضي الله عنه ان رسول الله صلى الله عليه وسلم قال: ((من ترك اللباس تواضعا لله وهو يقدر عليه دعاه الله يوم القيامة على رؤوس الخلائق حتى يخيره من اي حلل الايمان شاء يلبسها)) رواه الترمذي وقال حديث حسن.

802. Mu³adh Ibn Anas ﵁ berichtete: Der Prophet ﷺ sagte: **„Wer (gute oder teure) Kleidung aus Bescheidenheit Allah gegenüber meidet, obwohl er sie sich leisten kann, der wird von Allah am Tage der Auferstehung vor allen Geschöpfen gerufen, um von den schönsten Gewändern des Glaubens, die er wünscht, auszuwählen."**[250]

---

250 Authentisch: Sahihul Dschami³ Nr. 6145, Assilsila Assahiha 718, von Albani 2017. Lt. At-Tirmidhi: Ein hassan (guter) Hadith

١٢٢ - باب تحريم لباس الحرير على الرجال وتحريم جلوسهم عليه واستنادهم اليه وجواز لبسه للنساء

122. Verbot des Tragens von Seide für Männer oder darauf zu sitzen, doch für Frauen erlaubt

٨٠٤ - عن عمر بن الخطاب رضي الله عنه قال، قال رسول الله صلى الله عليه وسلم: ((لا تلبسوا الحرير فان من لبسه في الدنيا لم يلبسه في الاخرة)) متفق عليه.

804. Umar Ibn Al-Chattab ﵁ berichtete: Der Gesandte Allahs ﷺ sagte: **„Kleidet euch nicht mit Seide, denn wer sie in Dunya (in diesem Leben) trägt, der wird sie im Jenseits nicht tragen."**[251]

٨٠٨ - وعن ابي موسى الاشعري رضي الله عنه ان رسول الله صلى الله عليه وسلم قال: حرم لباس الحرير والذهب على ذكور امتي واحل لاناثهم. رواه الترمذي وقال حديث حسن صحيح.

808. Abu Musa Al-Asch³ari ﵁ berichtete: Der Gesandte Allahs ﷺ sagte: **„Verboten ist dem**

251 Authentisch: Sahih Buchari 5834, Sahih Muslim 2069

Männlichen meiner Umma das Tragen der Seide und des Goldes, Weiblichen aber ist es erlaubt."[252]

٨٠٩ - وعن حذيفة رضي الله عنه قال: نهانا النبي صلى الله عليه وسلم ان نشرب في انية الذهب والفضة وان ناكل فيها، وعن لبس الحرير والديباج وان نجلس عليه. رواه البخاري.

809. Hudhaifa ﵁ berichtete, dass der Prophet ﷺ uns verbot, das Geschirr zu verwenden, das aus Gold und Silber ist, und verbot uns die Kleidung aus Seide und Seidenbrokat zu tragen oder darauf zu sitzen.[253]

---

252 Authentisch: Sahihul Dschami³ Nr. 3137, Assilsila Assahiha Ghayatul Maram 77, Adabuz Zafaf 150 und Sahih At-Tirmidhi von von Albani 1404. Lt. At-Tirmidhi: Ein **hassan sahih** (guter gesunder) Hadith

253 Authentisch: Sahih Buchari 5837

١٢٣ - باب جواز لبس الحرير لمن به حكة

123. Wer unter Allergie (von den Männern) leidet darf Seide tragen

٨١٠ - عن انس رضي الله عنه قال: رخص رسول الله صلى الله عليه وسلم للزبير وعبد الرحمن بن عوف في لبس الحرير لحكة بهما. متفق عليه.

810. Anas ﷺ berichtete: Der Gesandte Allahs ﷺ erlaubte Az-Zubair ﷺ und Abdur-Rahman Ibn Awf ﷺ, Seide zu tragen, da sie an Allergie litten.[254]

٨١٣ - وعن عائشة رضي الله عنها قالت: كان النبي صلى الله عليه وسلم يصلي من الليل احدى عشرة ركعة، فاذا طلع الفجر صلى ركعتين خفيفتين ثم اضطجع على شقه الايمن حتى يجيء المؤذن فيؤذنه. متفق عليه.

816. Aischa ﷺ berichtete: **Der Prophet ﷺ betete nachts elf Rak³a (Nafila - freiwillige Gebete). Wenn die Morgendämmerung anbrach, betete er zwei kurze Rak³a (Nafila - freiwillige Gebete). Danach hat er sich auf die rechte Seite gelegt, bis der Gebetsrufer ihn zum Gebetsruf rief.**[255]

254 Authentisch: Sahih Buchari 5839, Sahih Muslim 2076
255 Authentisch: Sahih Buchari 6310, Sahih Muslim 736

١٣٠ - باب الرؤيا وما يتعلق بها

130. Die Träume

Allah, der Erhabene, spricht:

﴿ومن ءايته منامكم بٱليل وٱلنهار﴾

„...und zu seinen Zeichen zählt euer Schlafen bei Nacht und euer Trachten nach Seiner Gnadenfülle bei Tage." (Koran 30:23)

٨٣٨ - وعن ابي هريرة رضي الله عنه قال سمعت رسول الله صلى الله عليه وسلم يقول: ((لم يبق من النبوة الا المبشرات)) قالوا: وما المبشرات؟ قال: ((الرؤيا الصالحة)) رواه البخاري.

838. Abu Huraira ﵁ berichtete: Er hörte den Gesandten Allahs ﷺ sagen: **„Nichts wird vom Prophetentum übrigbleiben, außer frohen Botschaften." Einer fragte: „Was sind frohe Botschaften?" Er sagte: „Fromme Träume."**[256]

٨٣٩ - وعنه رضي الله عنه ان النبي صلى الله عليه وسلم قال: ((اذا اقترب الزمان لم تكد رؤيا المؤمن تكذب، ورؤيا المؤمن جزء من ستة واربعين جزءا من النبوة)) متفق عليه.

256 Authentisch: Sahih Buchari 6990

وفي رواية: ((واصدقكم رؤيا اصدقكم حديثا))

839. Und er (Abu Huraira ﵁) berichtete: Der Prophet ﷺ sagte: **„Wenn die Zeit (der Tag der Auferstehung) näher rückt, wird der Traum des Gläubigen nicht lügen, und der Traum des Gläubigen ist ein Teil von sechsundvierzig Teilen des Prophetentums.”**
In einer anderen Überlieferung: **„Die wahrsten Träume werden von den ehrlichsten von euch geträumt.”**[257]

٨٤٠ - وعنه رضي الله عنه قال، قال رسول الله صلى الله عليه وسلم:
((من راني في المنام فسيراني في اليقظة، او كانما راني في اليقظة؛ لا يتمثل الشيطان بي)) متفق عليه.

840. Und er (Abu Huraira ﵁) berichtete: Der Gesandte Allahs ﷺ sagte: **„Wer mich im Traum gesehen hat, wird mich wach sehen, oder als ob er mich im Wachzustand gesehen hätte, denn Schaitan kann nicht meine Gestalt annehmen.”**[258]

---

257 Authentisch: Sahih Buchari 7017, Sahih Muslim 2263
258 Authentisch: Sahih Buchari 6993, Sahih Muslim 2266, 2267

٨٤١ - وعن ابي سعيد الخدري رضي الله عنه انه سمع النبي صلى الله عليه وسلم يقول: ((اذا راى احدكم رؤيا يحبها فانما هي من الله تعالى فليحمد الله عليها وليحدث بها، وفي رواية: فلا يحدث بها الا من يحب، واذا راى غير ذلك مما يكره فانما هي من الشيطان فليستعذ من شرها ولا يذكرها لاحد فانها لا تضره)) متفق عليه.

841. Abu Sa3id Al-Chudri ﵁ berichtete, dass er den Propheten ﷺ sagen hörte: **„Wenn einer von euch einen Traum hatte, den er gerne hat, ist dieser von Allah, dem Erhabenen, und er soll Ihn dafür lobpreisen und davon erzählen."**

In einer anderen Überlieferung: **„Er soll nur denen erzählen, die er liebt. Und wenn er etwas sieht, was er verabscheut, ist dies vom Schaitan, so soll er vor dem Bösen (des Traums) bei Allah Zuflucht suchen und niemandem davon erzählen, dann wird er ihm nicht schaden."**[259]

٨٤٣ - وعن جابر رضي الله عنه عن رسول الله صلى الله عليه وسلم قال: ((اذا راى احدكم الرؤيا يكرهها فليبصق عن يساره ثلاثا، وليستعذ بالله من الشيطان ثلاثا، وليتحول عن جنبه الذي كان عليه)) رواه مسلم.

---

259 Authentisch: Sahih Buchari 6985, Sahih Muslim 2069

843. Dschabir رضي الله عنه berichtete: Der Gesandte Allahs ﷺ sagte: „**Wenn einer von euch etwas im Traum sah, das er verabscheut, soll er dreimal auf seine linke Seite (symbolisch, ohne Speichel) spucken und dreimal bei Allah Zuflucht vor dem Schaitan suchen, und sich auf die andere Seite legen.**"[260]

260 Authentisch: Sahih Muslim 2262

١٣١ - باب فضل السلام والامر بافشائه

131. Grüßen und seine Verbreitung

Allah, der Erhabene, spricht:

﴿يـايها ٱلذين ءامنوا لا تدخلوا بيوتا غير بيوتكم حتى تستانسوا وتسلموا على اهلها﴾

„O ihr, die ihr glaubt, betretet keine anderen Wohnungen als die euren, bevor ihr nicht um Erlaubnis Gebeten und ihre Bewohner gegrüßt habt..."

(Koran 24:27)

﴿فاذا دخلتم بيوتا فسلموا على انفسكم تحية من عند ٱلله مبـركة طيبة﴾

„...doch wenn ihr in Häuser eintretet, so begrüßt einander mit einem gesegneten, lauteren Gruß von Allah..." (Koran 24:61)

﴿واذا حييتم بتحية فحيوا باحسن منها او ردوها﴾

„...und wenn ihr mit einem Gruß gegrüßt werdet, so grüßt mit einem schöneren

wieder oder erwidert ihn (zumindest).“

(Koran 4:86)

٨٤٦ - وعن ابي هريرة رضي الله عنه عن النبي صلى الله عليه وسلم قال:

((لما خلق الله تعالى ادم قال: اذهب فسلم على اولئك: نفر من الملائكة جلوس، فاسمع ما يحيونك فانها تحيتك وتحية ذريتك. فقال: السلام عليكم. فقالوا: السلام عليك ورحمة الله. فزادوه ورحمة الله)) متفق عليه.

846. Abu Huraira ﵁ berichtete: Der Prophet ﷺ sagte: **„Als Allah Adam** ﵇ **erschaffen hatte, sagte Er zu ihm: „Geh und grüße die Engel, die dort Sitzenden, und höre wie sie den Gruß erwidern, das wird dann dein Gruß und der deiner Nachkommen sein.“ Er sagte:** As-salamu [3]alaykum!”, **und sie antworteten:** Assalamu alaiyka wa rahmatu-llah. **Sie haben** wa rahmatullah **hinzugefügt.”**[261]

261 Authentisch: Sahih Buchari 3326, 6227, Sahih Muslim 2841

١٣٣ - باب اداب السلام

133. Die Weise des Grüßens

٨٥٧ - عن ابي هريرة رضي الله عنه ان رسول الله صلى الله عليه وسلم قال: ((يسلم الراكب على الماشي، والماشي على القاعد، والقليل على الكثير)) متفق عليه.

وفي رواية للبخاري: والصغير على الكبير.

857. Abu Huraira ﵁ berichtete: Der Gesandte Allahs ﷺ sagte: **„Der Reiter grüßt den Fußgänger, der Fußgänger den Sitzenden, und die Wenigen den vielen."**
In Bucharis Überlieferung: **„...und die Jungen (grüßen) die Alten.“**[262]

262 Authentisch: Sahih Buchari 6231, Sahih Muslim 2160

١٤٠ - باب الاستئذان وادابه

140. Die Weise in ein Haus einzutreten

Allah, der Erhabene, spricht:

﴿وإذا بلغ ٱلاطفال منكم ٱلحلم فليستـذنوا كما ٱستئذن ٱلذين من قبلهم﴾

„Und wenn die Kinder unter euch den Zustand der Pubertät erreicht haben, dann sollen (auch) sie um Erlaubnis bitten, gerade so wie die, die vor ihnen um Erlaubnis Gebeten haben..." (Koran 24:59)

٨٧٠ - وعن ابي موسى رضي الله عنه قال، قال رسول الله صلى الله عليه وسلم: ((الاستئذان ثلاث، فان اذن لك والا فارجع)) متفق عليه.

870. Abu Musa Al-Asch³ari ﷺ berichtete: Der Gesandte Allahs ﷺ sagte: **„Die Bitte um die Erlaubnis eintreten zu dürfen ist drei (d. h. dreimal sollte man klopfen, klingeln o.Ä.) Wenn Erlaubnis gegeben wird (darf man eintreten), ansonsten musst du zurückkehren."**[263]

263 Authentisch: Sahih Buchari 6245, Sahih Muslim 2153

٨٧١ - وعن سهل بن سعد رضي الله عنه قال، قال رسول الله صلى الله عليه وسلم: ((انما جعل الاستئذان من اجل البصر)) متفق عليه.

871. Sahl Ibn Sa³d ﷺ berichtete: Der Gesandte Allahs ﷺ sagte: **„Um Erlaubnis zu bitten ist wegen des Blickes."**[264]

264 Authentisch: Sahih Buchari 6242, 6901, Sahih Muslim 2156

١٤٤ - باب عيادة المريض

144. Besuch des Kranken

٨٩٤ - عن البراء بن عازب رضي الله عنهما قال: امرنا رسول الله صلى الله عليه وسلم بعيادة المريض، واتباع الجنازة، وتشميت العاطس، وابرار المقسم، ونصر المظلوم، واجابة الداعي، وافشاء السلام. متفق عليه.

894. Albara´ ibn Azib ﵁ berichtet: **Der Gesandte Allahs ﷺ trug uns auf, den Kranken zu besuchen, sich an der Beisetzung des Toten zu beteiligen, dem Niesenden Allahs Erbarmen zu wünschen, dem Schwörer bei der Realisierung seines Eides zu helfen, dem Unterdrückten zum Sieg zu verhelfen, der Einladung des Einladenden zu folgen und den Friedensgruß (**Assalamu ³alaikum**) zu verbreiten.**[265]

٨٩٥ - وعن ابي هريرة رضي الله عنه ان رسول الله صلى الله عليه وسلم قال: ((حق المسلم على المسلم خمس: رد السلام، وعيادة المريض، واتباع الجنائز، واجابة الدعوة، وتشميت العاطس)) متفق عليه.

---

265 Authentisch: Sahih Buchari Nr. 1239; 5635, Sahih Muslim Nr. 2066

895. Abu Huraira ﵁ berichtet: Der Gesandte Allahs ﷺ sagte: **„Es gibt fünf Rechte eines Muslims dem anderen Muslim gegenüber: den Gruß zu erwidern, den Kranken zu besuchen, sich an der Beisetzung des Toten zu beteiligen, der Einladung des Einladenden zu folgen und dem Niesenden Allahs Erbarmen zu wünschen.“**[266]

٨٩٦ - وعنه رضي الله عنه قال، قال رسول الله صلى الله عليه وسلم:

((ان الله عز وجل يقول يوم القيامة: يا ابن ادم مرضت فلم تعدني! قال: يا رب كيف اعودك وانت رب العالمين؟ قال: اما علمت ان عبدي فلانا مرض فلم تعده؟ اما علمت انك لو عدته لوجدتني عنده؟ يا ابن ادم استطعمتك فلم تطعمني! قال: يا رب كيف اطعمك وانت رب العالمين؟ قال: اما علمت انه استطعمك عبدي فلان فلم تطعمه؟ اما علمت انك لو اطعمته لوجدت ذلك عندي؟ يا ابن ادم استسقيتك فلم تسقني! قال: يا رب كيف اسقيك وانت رب العالمين؟ قال: استسقاك عبدي فلان فلم تسقه! اما انك لو سقيته لوجدت ذلك عندي!))

رواه مسلم.

896. Abu Huraira ﵁ berichtet: Der Gesandte Allahs ﷺ sagte: **„Am Tag der Auferstehung**

266 Authentisch: Sahih Buchari Nr. 1240; Sahih Muslim Nr. 2162

sagt Allah der Erhabene: „O Kind Adams (o Mensch)! Ich wurde krank und du besuchtest mich nicht.“ (Der Mensch) wird sagen: „O Herr, wie kann ich Dich besuchen, denn Du bist der Herr der Welten?“ Er sagt: „Wusstest du denn nicht, dass Mein Diener Soundso krank wurde, während du ihn nicht besuchtest?“ Wusstest du nicht, wenn du ihn besucht hättest, hättest du Mich bei ihm gefunden? O Kind Adams! Ich habe dich um Essen gebeten und du gabst Mir nichts zum Essen?” Er wird sagen: „O Herr, wie speise ich Dich, wo Du der Herr der Welten bist?“ Allah sagt: „Wusstest du nicht, dass Mein Diener Soundso dich um Essen bat und du gabst ihm nichts zu Essen. Wenn du ihm etwas zu Essen gegeben hättest, hättest du es bei Mir (als Belohnung) gefunden! O Kind Adams, Ich bat dich um etwas (Wasser) zu trinken und du gabst Mir nichts zu trinken!“
Er wird sagen: „O Herr, wie gebe ich Dir zu trinken, wo Du der Herr der Welten bist?“ Allah sagt: „Mein Diener Soundso bat dich um etwas zu Trinken und du gabst ihm nichts zum Trinken. Wusstest

du nicht, wenn du ihm etwas zu Trinken gegeben hättest, hättest du es bei Mir (als Belohnung) gefunden!“[267]

٨٩٧ - وعن ابي موسى رضي الله عنه قال، قال رسول الله صلى الله عليه وسلم: ((عودوا المريض، واطعموا الجائع، وفكوا العاني))

رواه البخاري.

العاني: الاسير.

897. Abu Musa ﵁ berichtet: Der Gesandte Allahs ﷺ sagte: **„Besucht den Kranken, speist den Hungrigen und befreit den Gefangenen.“**[268]

٨٩٨ - وعن ثوبان رضي الله عنه عن النبي صلى الله عليه وسلم قال: ((ان المسلم اذا عاد اخاه المسلم لم يزل في خرفة الجنة حتى يرجع)) قيل: يا رسول الله وما خرفة الجنة؟ قال: ((جناها))

رواه مسلم.

898. Thauban ﵁ berichtete, der Prophet ﷺ habe gesagt: **„Solange der Muslim sich bei seinem kranken muslimischen Bruder aufhält, befindet er sich in Churfa des Paradieses, bis er zurückkehrt.“ Man fragte: O Gesandter Allahs, was ist Churfa des**

267 Sahih Muslim Nr. 2569
268 Authentisch: Sahih Buchari Nr. 3046 und Nr. 5649

Paradieses?“
Er antwortete: „Seine reifen Früchte.“[269]

٨٩٩ - وعن علي رضي الله عنه قال سمعت رسول الله صلى الله عليه وسلم يقول: ((ما من مسلم يعود مسلما غدوة الا صلى عليه سبعون الف ملك حتى يمسي، وان عاده عشية الا صلى عليه سبعون الف ملك حتى يصبح وكان له خريف في الجنة))

رواه الترمذي وقال حديث حسن.
((الخريف)) : الثمر المخروف: اي المجتنى.

899. Ali ﵁ berichtet: Ich habe den Gesandten Allahs ﷺ sagen hören: **„Es gibt keinen Muslim, der morgens einen Muslim besucht, ohne dass siebzigtausend Engel für ihn bis zum Abend um Segenswünsche bitten. Wenn er ihn abends besucht, dann beten siebzigtausend Engel bis zum Morgen für ihn (zu Allah) um Segenswünsche. Für ihn sind Charif (zu erntende Früchte) im Paradies.”**[270]

---

269 Authentisch: Sahih Muslim Nr. 2568
270 Authentisch: Tirmidhi berichtet als Hadith hassan und Albani hat diesen Hadith in seinem Sahi Al-Dschami[3] als Sahih eingestuft.

١٤٥ - باب ما يدعى به المريض

145. Das Gebet für den Kranken

٩٠٢ - وعنها رضي الله عنها ان النبي صلى الله عليه وسلم كان يعود بعض اهله يمسح بيده اليمنى ويقول: ((اللهم رب الناس، اذهب الباس، اشف انت الشافي، لا شفاء الا شفاؤك، شفاء لا يغادر سقما)) متفق عليه.

902. Aischa ﵂ berichtete, wenn der Prophet ﷺ seine kranken Angehörige besuchte, streichelte er sie mit seiner rechten Hand und sagte: **„O Allah, Herr der Menschen! Lass die Schmerzen weggehen. Heile, denn Du (alleine) bist der Heiler. Es gibt keine Heilung außer Deine. Eine Heilung, die keine Krankheit zurücklässt.“**[271]

٩٢٧ - وعن انس رضي الله عنه ان رسول الله صلى الله عليه وسلم دخل على ابنه ابراهيم رضي الله عنه وهو يجود بنفسه فجعلت عينا رسول الله صلى الله عليه وسلم تذرفان، فقال له عبد الرحمن بن عوف: وانت يا رسول الله؟ فقال: ((يا ابن عوف انها رحمة)) ثم اتبعها باخرى فقال: ((ان العين تدمع، والقلب يحزن، ولا نقول الا ما يرضي ربنا، وانا لفراقك

271 Authentisch: Sahih Buchari Nr. 5743, Sahih Muslim Nr. 1291

يا ابراهيم لمحزونون)) رواه البخاري. وروى مسلم بعضه.

927. Anas ﵁ berichtet, dass der Gesandte Allahs ﷺ zu seinem Sohn Ibrahim kam, als dieser seine letzten Atemzüge tat. Aus den Augen des Gesandten Allahs ﷺ flossen Tränen. Da sagte Abdurrahman ibn Awf: O Gesandter Allahs, auch du? Er ﷺ sagte: **„O ibn Awf, das ist die Barmherzigkeit." Dann sagte er ﷺ weiter: „Das Auge weint, das Herz trauert. Wir sagen aber nichts, außer das, womit unser Herr zufrieden ist und wir sind, o Ibrahim, wegen deines Verscheidens traurig."**[272]

٩٤٢ - وعن ابي سعيد الخدري رضي الله عنه قال كان النبي صلى الله عليه وسلم يقول: ((اذا وضعت الجنازة فاحتملها الرجال على اعناقهم، فان كانت صالحة قالت قدموني، وان كانت غير صالحة قالت لاهلها يا ويلها اين تذهبون بها! يسمع صوتها كل شيء الا الانسان ولو سمع الانسان لصعق)) رواه البخاري.

942. Abu Sa³d Al-Chudri ﵁ berichtet: Der Prophet ﷺ hat stets gesagt: **„Wenn das Totengeleit vorbereitet ist und die Männer den Sarg auf ihren Schultern getragen**

272 Authentisch: Sahih Buchari Nr. 1303, Sahih Muslim Nr. 2315.

haben, dann sagt er (der/die Verstorbene), wenn er gut ist: Bringt es voran! Und wenn er nicht gut ist, dann sagt er ihnen: „Wehe mir, wohin geht ihr mit mir." Jeder (alle Geschöpfe) hört es außer die Menschen. Wenn die Menschen es hörten, würden sie tot umfallen.“[273]

٩٤٩ - وعن ابي هريرة رضي الله عنه ان رسول الله صلى الله عليه وسلم قال:

((اذا مات الانسان انقطع عمله الا من ثلاث: صدقة جارية، او علم ينتفع له او ولد صالح يدعو له)) رواه مسلم.

949. Abu Huraira ﷺ berichtet: Der Gesandte Allahs ﷺ sagte: **„Wenn der Mensch gestorben ist, hören seine Werke auf, außer drei: andauernde Wohltätigkeit, das Wissen, das anderen Nutzen bringt und rechtschaffene Nachkommen, die Bittgebete für ihn sprechen.“**[274]

٩٦٦ - وعن سهل بن عمرو. وقيل: سهل بن الربيع بن عمرو، الانصاري المعروف بابن الحنظلية، وهو من اهل بيعة الرضوان رضي الله عنهم قال: مر رسول الله صلى الله عليه وسلم ببعير قد لحق ظهره ببطنه فقال:

((اتقوا الله في هذه البهائم المعجمة، فاركبوها صالحة وكلوها صالحة)) رواه ابو داود باسناد صحيح.

273 Authentisch: Sahih Buchari Nr. 1314
274 Authentisch: Sahih Muslim Nr. 1631

966. Sahl ibn Amro ﵁ oder Sahl ibn Rabi´ ibn Amro Al-Ansari, der als ibn Handaliya bekannt war, und zu denen gehörte, die Ridwan-Huldigung den Treueid schwören, berichtete: Der Gesandte Allahs ﷺ ging an einem Kamel vorbei, dessen Rücken mit dem Bauch verbunden war (also abgemagert). Er sagte: **„Fürchtet Allah und (achtet auf oder kümmert euch um die Rechte) dieser wehrlosen Tiere, damit ihr auf ihnen reiten und sie essen könnt.“**[275]

٩٦٩ - وعن ابي سعيد الخدري رضي الله عنه قال: بينما نحن في سفر اذ جاء رجل على راحلة له فجعل يصرف بصره يمينا وشمالا. فقال رسول الله صلى الله عليه وسلم: ((من كان معه فضل ظهر فليعد به على من لا ظهر له، ومن كان له فضل زاد فليعد به على من لا زاد له)) فذكر من اصناف المال ما ذكر حتى راينا انه لا حق لاحد منا في فضل. رواه مسلم.

969. Abu Said Al-Chudri ﵁ berichtet: Als wir auf einer Reise waren, begegneten wir einem Mann auf seinem Reittier, der nach links und rechts schaute. Da sagte der Gesandte Allahs

275 Authentisch: Sahih Dschami[3] Nr. 104, Assilsila Assahiha von Albani Nr. 33, Abu Dawud überlieferte mit einer guten Überlieferungskette Nr. 2548

ﷺ: „Wenn jemand einen Rücken (d.h., ein Reittier, heute ein Auto o.Ä.) übrig hat, soll ihn dem geben, der keinen hat und wer von euch Essen übrig hat, soll es dem geben, der keins hat." Abu Said Al-Chudri sagte weiter: Der Prophet ﷺ erwähnte noch weitere verschiedene Vermögenssorten, bis wir sahen, dass niemand von uns das Recht auf Überfluss besitzt."[276]

276 Authentisch: Sahih Muslim Nr. 1728

١٨٠ - باب فضل قراءة القران

180. Vorzüge des Koranlesens

٩٩١ - عن ابي امامة رضي الله عنه قال سمعت رسول الله صلى الله عليه وسلم يقول: ((اقرؤوا القران فانه ياتي يوم القيامة شفيعا لاصحابه))

رواه مسلم.

991. Abu Umama ﵁ berichtet: Ich hörte den Gesandten Allahs ﷺ sagen: **„Lest den Koran, denn er tritt am Tage der Auferstehung als Fürsprecher für seinen Inhaber ein.“**[277]

٩٩٣ - وعن عثمان بن عفان رضي الله عنه قال، قال رسول الله صلى الله عليه وسلم: ((خيركم من تعلم القران وعلمه)) رواه البخاري.

993. Uthman ibn Affan ﵁ berichtet: Der Gesandte Allahs ﷺ sagte: **„Der Beste unter euch ist der oder die den Koran gelernt und weitergelehrt hat.”**[278]

٩٩٦ - وعن عمر بن الخطاب رضي الله عنه ان النبي صلى الله عليه وسلم قال:

((ان الله يرفع بهذا الكتاب اقواما ويضع به اخرين)) رواه مسلم.

277 Authentisch: Sahih Muslim Nr. 804
278 Authentisch: Sahih Buchari Nr. 5027

996. Umar ibn Al-Chattab ﷺ berichtet: Der Gesandte Allahs ﷺ sagte: **„Wahrlich wird Allah mit diesem Buch Völker erhöhen und andere erniedrigen.“**[279]

٩٩٩ - وعن ابن مسعود رضي الله عنه قال، قال رسول الله صلى الله عليه وسلم: ((من قرا حرفا من كتاب الله فله حسنة، والحسنة بعشر امثالها، لا اقول الم حرف ولكن الف حرف ولام حرف وميم حرف)) رواه الترمذي وقال حديث حسن صحيح.

999. Ibn Mas³ud ﷺ berichtet: Der Gesandte Allahs ﷺ sagte: **„Wer einen Buchstaben aus dem Buch Allahs liest, so bekommt er eine gute Tat (Hassana) und aus einer guten Tat wird das Zehnfache (belohnt). Ich sage nicht, Alif-Lam-Mim ist ein Buchstabe, sondern Alif ist ein Buchstabe, Lam ist ein Buchstabe, Mim ist ein Buchstabe.“**[280]

١٠٠٦ - وعن البراء رضي الله عنه قال سمعت النبي صلى الله عليه وسلم قرا في العشاء بالتين والزيتون فما سمعت احدا احسن صوتا منه. متفق عليه.

---

279 Authentisch: Sahih Muslim Nr. 817

280 Authentisch: Überliefert von At-Tirmidhi als ein guter, starker Hadith; Sahih Dschami³ 6469 und Albani hat ihn in Mischkatul Masabih mit der Hadith-Nr. 2135 als Sahih eingestuft.

1006. Bara´ ibn ´Azib ﷺ berichtet: **Ich habe den Prophet ﷺ im ³Ischa´-Gebet die Sure** Attini waz Zaitun **rezitieren hören. Ich habe nie jemanden gehört, der eine schönere Stimme hatte als seine.**[281]

١٠١٢ - وعن ابي هريرة رضي الله عنه ان رسول الله صلى الله عليه وسلم قال في قل هو الله احد: ((انها تعدل ثلث القران)) رواه مسلم.

1012. Abu Huraira ﷺ berichtet, dass der Gesandte Allahs ﷺ über Sure Al-Ikhlas Folgendes gesagt hat: „Qul huwa Allahu ahad **kommt einem Drittel des Korans gleich.**"[282]

١٠٣١ - وعن ابي مالك الاشعري رضي الله عنه قال، قال رسول الله صلى الله عليه وسلم: ((الطهور شطر الايمان)) رواه مسلم.

1031. Abu Malik Al-Asch³ari ﷺ berichtet, dass der Gesandte Allahs ﷺ gesagt habe: **„Reinheit ist die Hälfte des Imans (des Glaubens)."**[283]

١٠٣٧ - وعن عبد الله بن عمرو بن العاص رضي الله عنهما انه سمع رسول الله صلى الله عليه وسلم يقول: ((اذا سمعتم النداء فقولوا مثل ما يقول ثم صلوا علي؛ فانه من صلى علي صلاة صلى الله عليه

281 Authentisch: Sahih Buchari Nr. 7547, Sahih Muslim Nr. 464
282 Authentisch: Sahih Muslim Nr. 812
283 Authentisch: Sahih Muslim Nr. 223

بها عشرا، ثم سلوا الله لي الوسيلة فانها منزلة في الجنة لا تنبغي الا لعبد من عباد الله وارجو ان اكون انا هو، فمن سال لي الوسيلة حلت له الشفاعة)) رواه مسلم.

1037. Abdullah ibn 3Amro ibn 3As ﵁ berichtet, dass er den Gesandten Allahs ﷺ sagen hörte: **„Wenn ihr den Ruf (Gebetsruf) hört, dann sprecht das, was er (der Gebetsrufer) sagt, dann sprecht die Segnung über mich aus, denn wer die Segnung über mich spricht, den wird Allah zehnfach segnen. Danach bittet Allah mir die Wasila zu gewähren, denn dies ist ein Rang im Paradies, der niemandem außer einem Diener von den Dienern Allahs zukommen wird. Ich hoffe, dieser (Diener) zu sein. Wer (Allah) für mich um diesen Rang bittet, der hat meine Fürbitte verdient.”**[284]

١٠٤١ - وعن انس رضي الله عنه قال، قال رسول الله صلى الله عليه وسلم: ((الدعاء لا يرد بين الاذان والاقامة))

284 Authentisch: Sahih Muslim Nr. 384. Erläuterungen des Ibn Uthaimin S. 302: Al-Wassila ist die höchste Stufe im Paradies. Wir hoffen, das diese Stufe für den Propheten ﷺ ist, weil wir wissen, dass das beste Geschöpf bei Allah Muhammad ﷺ ist und weil die Umma Muhammads ﷺ dafür nach jedem Gebetsruf bittet und die Bittgebete zwischen Adhan und Iqama nicht abgewiesen werden (siehe Hadith-Nr. 1041).

رواه ابو داود والترمذي وقال حديث حسن.

1041. Anas ﵁ berichtet, dass der Gesandte Allahs ﷺ gesagt hat: **„Das Bittgebet zwischen Adhan und Iqama (Gebetsruf und Gebetsbeginn) wird nicht abgewiesen."**[285]

١٠٦٤ - عن ابن عمر رضي الله عنه ان رسول الله صلى الله عليه وسلم قال:
((صلاة الجماعة افضل من صلاة الفذ بسبع وعشرين درجة))
متفق عليه.

1064. Ibn Umar ﵁ berichtet: Der Gesandte Allahs ﷺ hat gesagt: **„Das Verrichten des Gebetes in der Gemeinschaft ist siebenundzwanzigfach besser als das Gebet allein."**[286]

١٠٧٧ - وعن معاذ رضي الله عنه قال: بعثني رسول الله صلى الله عليه وسلم
الى اليمن فقال: ((انك تاتي قوما اهل الكتاب فادعهم الى شهادة
ان لا اله الا الله واني رسول الله، فان هم اطاعوا لذلك فاعلمهم
ان الله افترض عليهم خمس صلوات في كل يوم وليلة، فان هم
اطاعوا لذلك فاعلمهم ان الله افترض عليهم صدقة تؤخذ من
اغنيائهم فترد على فقرائهم، فان هم اطاعوا لذلك فاياك وكرائم

---

285 Authentisch: Sahih Al-Dschami³ Nr. 3408, Irwa´Alghalil von Albani Nr. 224
286 Authentisch: Sahih Buchari Nr. 645, Sahih Muslim Nr. 650

اموالهم، واتق دعوة المظلوم فانه ليس بينها وبين الله حجاب))

متفق عليه.

1077. Mu³adh ﷺ berichtet: Als der Gesandte Allahs ﷺ mich nach Jemen sandte, sagte er ﷺ: **„Du gelangst zu einem Volk der Schrift (Juden und Christen, die Gott auch Allah nennen. In der Muttersprache Jesus', in Aramäisch, wird Gott Allaha genannt), also rufe sie auf, zu bezeugen, dass es keinen Anbetungswürdigen gibt außer Allah und dass ich der Gesandte Allahs bin. Wenn sie (dem) folgen, dann lehre sie, dass Allah ihnen als Pflicht fünf Gebete am Tag auferlegt hat. Wenn sie dem folgen, dann lehre sie, dass Allah ihnen eine Abgabe vorschreibt, die von den Reichen genommen und unter ihren Armen verteilt wird. Wenn sie dem folgen, hüte dich vor dem Wertvollen ihres Vermögens. (Erläuterungen von Ibn Utaimin: hier heißt** Karaimu amwalihim, **dass er ein Mittelmaß finden solle, indem er nicht das Wertvollste von dem Vermögen ihrer Reichen nimmt, aber auch nicht das Schlechteste, um dies unter ihren Bedürftigen zu verteilen) und fürchte die Bittgebete des ungerecht**

Behandelten. Denn zwischen dem und Allah gibt es keinen Vorhang."[287]

١٠٧٨ - وعن جابر رضي الله عنه قال سمعت رسول الله صلى الله عليه وسلم يقول: ((ان بين الرجل وبين الشرك والكفر ترك الصلاة))

رواه مسلم.

1078. Dschabir ﷺ berichtet: Ich hörte den Gesandten Allahs ﷺ sagen: **„Zwischen dem Menschen und der Götzendienerei (Beigesellung) und dem Unglauben ist das Unterlassen des Gebetes."**[288]

١٠٨٤ - وعنه رضي الله عنه قال، قال رسول الله صلى الله عليه وسلم: ((خير صفوف الرجال اولها وشرها اخرها. وخير صفوف النساء اخرها وشرها اولها)) رواه مسلم.

1084. Abu Huraira ﷺ berichtet: Der Gesandte Allahs ﷺ hat gesagt: **„Die besten (Gebets-) Reihen der Männer sind die ersten und die schlechtesten die letzten. Die besten (Gebets-) Reihen der Frauen sind die letzten und die schlechtesten die ersten."**[289]

---

287 Authentisch: Sahih Buchari Nr. 1496, Sahih Muslim Nr. 19
288 Authentisch: Sahih Muslim Nr. 82
289 Authentisch: Sahih Muslim Nr. 440

١٠٩٧ - عن ام المؤمنين ام حبيبة رملة بنت ابي سفيان رضي الله عنها قالت سمعت رسول الله صلى الله عليه وسلم يقول: ((ما من عبد مسلم يصلي لله تعالى كل يوم ثنتي [اثنتي] عشرة ركعة تطوعا غير فريضة الا بنى الله له بيتا في الجنة، او الا بني له بيت في الجنة))

رواه مسلم.

1097. Die Mutter der Gläubigen Umm Habiba Ramla Bint Abi Sufjan ﵂ berichtet: Ich hörte den Gesandten Allahs ﷺ sagen: **„Es gibt keinen muslimischen Diener, der für Allah, den Erhabenen, täglich zwölf Raka´a freiwillig macht, außer die vorgeschriebenen (Pflicht-) Gebete betet, dem Allah nicht ein Haus im Paradies baut“ oder: „…dem nicht ein Haus im Paradies gebaut wird.”**[290]

١٠٩٨ - وعن ابن عمر رضي الله عنهما قال: صليت مع رسول الله صلى الله عليه وسلم ركعتين قبل الظهر، وركعتين بعدها، وركعتين بعد الجمعة، وركعتين بعد المغرب، وركعتين بعد العشاء. متفق عليه.

1098. Ibn Umar ﵄ berichtet: **„Ich betete mit dem Gesandten Allahs ﷺ zwei** Raka³a **vor und zwei nach dem Mittagsgebet,**

290 Authentisch: Sahih Muslim Nr. 728

zwei Raka³a nach dem Freitagsgebet, zwei Raka³a nach dem Maghrib-Gebet und zwei Raka³a nach dem ³Ischa´-Gebet.”[291]

١١٠٢ - وعنها رضي الله عنها عن النبي صلى الله عليه وسلم قال: (ركعتا الفجر خير من الدنيا وما فيها) رواه مسلم.
(وفي رواية: (لهما احب الي من الدنيا جميعا

1102. Aischa ﵂ berichtete: Der Gesandte Allahs ﷺ sagte: **„Die zwei** Fadschr-Raka´a **(vor dem Morgen-Gebet) sind besser als die Welt und was darin ist.“**
In einer anderen Überlieferung: **„…sie sind mir lieber als die ganze Welt.“**[292]

١١٢٥ - وعنه رضي الله عنه قال: كنا بالمدينة اذا اذن المؤذن لصلاة المغرب ابتدروا السواري فركعوا ركعتين، حتى ان الرجل الغريب ليدخل المسجد فيحسب ان الصلاة قد صليت من كثرة من يصليهما . رواه مسلم.

1125. Anas ﵁ berichtete: **„Als wir in Medina waren und der Gebetsrufer zum Maghribgebet rief, eilten sie (die Betenden) zu den Säulen und beteten zwei Raka³a.**

291 Authentisch: Sahih Buchari Nr. 937, Sahih Muslim Nr. 729
292 Authentisch: Sahih Muslim Nr. 725

Wäre ein Fremder reingekommen, hätte er gedacht, dass das (Maghrib-) Gebet schon gebetet wurde, wegen der vielen Betenden.“[293]

١١٣٩ - عن ابي هريرة رضي الله عنه قال: اوصاني خليلي صلى الله عليه وسلم بصيام ثلاثة ايام من كل شهر، وركعتي الضحى، وان اوتر قبل ان ارقد. متفق عليه.

والايتار قبل النوم انما يستحب لمن لا يثق بالاستيقاظ اخر الليل، فان وثق فاخر الليل افضل.

1139. Abu Huraira ﵁ berichtete: **„Mein Freund ﷺ hat mir empfohlen, drei Tage in jedem Monat zu fasten, die zwei Rak³a von Ad-Duha** (ca. eine Viertelstunde nach dem Sonnenaufgang bis ca. eine Viertelstunde vor der Zeit des Mittagsgebets; siehe Erläuterung von Ibn Uthaimin Seite 3/369) **und das Witr(-Gebet) vor dem Schlafengehen zu verrichten.“**[294]

١١٤٢ - وعن ام هانئ فاختة بنت ابي طالب رضي الله عنها قالت: ذهبت الى رسول الله صلى الله عليه وسلم عام الفتح فوجدته يغتسل، فلما فرغ من غسله صلى ثماني ركعات، وذلك ضحى. متفق عليه. وهذا مختصر لفظ احدى روايات مسلم.

1142. Umm Hani Fachita ﵂, Tochter Abu

293 Authentisch: Sahih Muslim Nr. 837
294 Authentisch: Sahih Buchari Nr. 1981, Sahih Muslim Nr. 721

Talibs berichtete: **„Als ich im Jahr des Sieges zum Propheten ging, nahm er gerade ein Bad. Als er mit seinem Bad fertig war, verrichtete er acht Raka´a. Das war Duha (am Vormittag).“**[295]

١١٤٤ - عن ابي قتادة رضي الله عنه قال، قال رسول الله صلى الله عليه وسلم:

((اذا دخل احدكم المسجد فلا يجلس حتى يصلي ركعتين))

متفق عليه.

1144. Abu Qatada ﵁ berichtete: Der Gesandte Allahs ﷺ hat gesagt: **„Wenn jemand von euch die Moschee betritt, soll er sich nicht setzen, bevor er zwei Raka³a gebetet hat.“**[296]

١١٤٧ - وعن ابي هريرة رضي الله عنه قال، قال رسول الله صلى الله عليه

وسلم: **((خير يوم طلعت عليه الشمس يوم الجمعة: فيه خلق ادم،**

وفيه ادخل الجنة، وفيه اخرج منها)) رواه مسلم.

1147. Abu Huraira ﵁ berichtete: Der Gesandte Allahs ﷺ hat gesagt: **„Der beste Tag, an dem die Sonne aufgegangen ist, ist der Freitag: An dem (Tag) wurde Adam erschaffen, an dem (selben Tag) trat er in das Paradies**

---

295 Dies ist die Zusammenfassung einer der Versionen von Imam Muslim. Authentisch: Sahih Buchari Nr. 357, Sahih Muslim Nr. 336

296 Authentisch: Sahih Buchari Nr. 444, Sahih Muslim Nr. 714

ein und an dem (Tag) wurde er aus dem Paradies vertrieben.“[297]

١١٤٨ - وعنه رضي الله عنه قال، قال رسول الله صلى الله عليه وسلم:
((من توضا فاحسن الوضوء، ثم اتى الجمعة فاستمع وانصت، غفر له ما بينه وبين الجمعة وزيادة ثلاثة ايام، ومن مس الحصى فقد لغا)) رواه مسلم.

1148. Abu Huraira ﵁ berichtete: Der Gesandte Allahs ﷺ hat gesagt: **„Wer die Gebetswaschung ordentlich macht und zum Freitags-Gebet kommt, (der Freitagspredigt) aufmerksam zuhört, dem wird zwischen ihm und dem Freitag und noch dazu weitere drei Tage, vergeben. Wenn jemand Kieselsteine (Steinchen) berührt (und damit spielt oder sich ablenkt), ist das wie das unsinnige Gerede (und verringert so seinen Lohn).“**[298]

١٢٠٣ - وعن ابي هريرة رضي الله عنه عن النبي صلى الله عليه وسلم قال:
((الفطرة خمس، او خمس من الفطرة: الختان، والاستحداد، وتقليم الاظفار، ونتف الابط، وقص الشارب)) متفق عليه.
((الاستحداد)) : حلق العانة، وهو حلق الشعر الذي حول الفرج.

297 Authentisch: Sahih Muslim Nr. 854
298 Authentisch: Sahih Muslim Nr. 857

1203. Abu Huraira ﷺ berichtete: Der Gesandte Allahs ﷺ hat gesagt: **„Zu der Fitra (natürliche Veranlagung des Menschen) gehören fünf: Die Beschneidung, das Rasieren des Schambereichs, das Schneiden der Nägel, das Zupfen der Achselhöhlen(haare) und das Schneiden des Schnurrbartes.“**[299]

١٢٠٤ - وعن عائشة رضي الله عنها قالت قال رسول الله صلى الله عليه وسلم: ((عشر من الفطرة: قص الشارب، واعفاء اللحية، والسواك، واستنشاق الماء، وقص الاظفار، وغسل البراجم، ونتف الابط، وحلق العانة، وانتقاص الماء)) قال الراوي: ونسيت العاشرة الا ان تكون المضمضة، قال وكيع وهو احد رواته: انتقاص الماء: يعني الاستنجاء. رواه مسلم.

((البراجم)) بالباء الموحدة والجيم وهي: عقد الاصابع. و ((اعفاء اللحية)): معناه: لا يقص منها شيئا.

1204. Aischa ﷺ berichtete: Der Gesandte Allahs ﷺ hat gesagt: **„Zehn (Dinge) gehören zu der Fitra (natürliche Veranlagung des Menschen): Das Schneiden des Schnurrbartes, das Wachsen lassen des Bartes,** Siwak **(Zähneputzen), die Nase mit Wasser zuspülen, das Schneiden der Nägel, das Waschen der Fingerknöchel,**

---

299 Authentisch: Sahih Buchari Nr. 5889, Sahih Muslim Nr.257

das Auszupfen der Achselhöhlen(haare) das Rasieren des Intimbereichs und das Verwenden von Wasser (für die Reinigung nach der Notdurft).“ Der Überlieferer sagte: **„Ich habe das Zehnte vergessen, wenn es nicht das Ausspülen des Mundes ist.“**[300]

١٢٤٩ - عن ابن عباس رضي الله عنهما قال، قال رسول الله صلى الله عليه وسلم: ((ما من ايام العمل الصالح فيها احب الى الله من هذه الايام)) يعني ايام العشر. قالوا: يا رسول الله ولا الجهاد في سبيل الله؟ قال: ((ولا الجهاد في سبيل الله الا رجل خرج بنفسه وماله فلم يرجع من ذلك بشيء)) رواه البخاري.

1249. Ibn Abbas ﵁ berichtete: Der Gesandte Allahs ﷺ sagte: **„Es gibt keine Tage, in denen gute Taten Allah lieber sind als diese.“ D. h. die** Ayyam Al-³Aschr **(10 Tage vom Anfang des Monates Muharram). Man fragte: „O Gesandter Allahs, nicht einmal der Einsatz auf dem Wege Allahs?“ Er ﷺ: „Nicht einmal der Einsatz auf dem Wege Allahs, außer ein Mann, der mit seinem Leben und seinem Vermögen (in den Kampf) zieht und mit keinem von beidem zurückkehrt.“**[301]

300 Authentisch: Sahih Muslim Nr. 261
301 Authentisch: Sahih Buchari Nr. 969

١٢٥٠ - عن ابي قتادة رضي الله عنه قال: سئل رسول الله صلى الله عليه وسلم عن صوم يوم عرفة؟ قال: ((يكفر السنة الماضية والباقية))

رواه مسلم.

1250. Abu Qatada ﵁ berichtete: Man befragte den Gesandten Allahs ﷺ zum Fasten am Arafa-Tag. Er ﷺ sagte: **„Es sühnt das vergangene und das laufende Jahr.“**[302]

١٢٥٢ - وعن ابي قتادة رضي الله عنه ان رسول الله صلى الله عليه وسلم سئل عن صيام يوم عاشوراء فقال: ((يكفر السنة الماضية)) رواه مسلم.

1252. Abu Qatada ﵁ berichtete, dass der Gesandte Allahs ﷺ zum Fasten am ´Aschura-Tag begefragt wurde. Er ﷺ sagte: **„Es sühnt das vergangene Jahr.“**[303]

١٢٧٣ - وعنه رضي الله عنه قال: سئل النبي صلى الله عليه وسلم اي العمل افضل؟ قال: ((ايمان بالله ورسوله)) قيل: ثم ماذا؟ قال: ((الجهاد في سبيل الله)) قيل: ثم ماذا؟ قال: ((حج مبرور))

متفق عليه.

((المبرور)) هو: الذي لا يرتكب صاحبه فيه معصية.

1273. Abu Huraira ﵁ berichtete, man fragte

302 Authentisch: Sahih Muslim Nr. 1162
303 Authentisch: Sahih Muslim Nr. 1162

den Gesandten Allahs ﷺ: Welche Tat ist die Beste? Er ﷺ sagte: **„Der Glaube an Allah und Seinen Gesandten.” Man fragte: Was noch? Er ﷺ sagte: „Der Einsatz auf dem Wege Allahs.“ Man fragte: Was noch? Er ﷺ sagte: „Die pflichtgemäß verrichtete Hadsch.“**[304]

١٣٥٢ - وعنه وعن جابر رضي الله عنهما ان النبي صلى الله عليه وسلم قال: ((الحرب خدعة)) متفق عليه.

1352. Abu Huraira ﷺ und Abu Dschabir ﷺ berichteten, dass der Prophet ﷺ gesagt hat: **„Der Krieg ist eine Täuschung.“**[305]

١٣٥٨ - وعن ابي هريرة رضي الله عنه قال، قال رسول الله صلى الله عليه وسلم: ((من اعتق رقبة مسلمة اعتق الله بكل عضو منه عضوا منه من النار حتى فرجه بفرجه)) متفق عليه.

1358. Abu Huraira ﷺ berichtete: Der Gesandte Allahs ﷺ sagte: **„Wer einen muslimischen Sklaven befreit, dem befreit Allah für jedes (Körper-)Glied (des Befreiten) eines seiner Glieder aus dem Höllenfeuer, mit den Geschlechtsteilen.“**[306]

---

304 Authentisch: Sahih Buchari Nr. 26, Sahih Muslim Nr. 83
305 Authentisch: Sahih Buchari Nr. 3030, Sahih Muslim Nr. 1739
306 Authentisch: Sahih Buchari Nr. 6715, Sahih Muslim Nr. 1509

١٣٦٧ - وعن ابي هريرة رضي الله عنه ان رجلا اتى النبي صلى الله عليه وسلم يتقاضاه فاغلظ له فهم به اصحابه، فقال رسول الله صلى الله عليه وسلم: ((دعوه فان لصاحب الحق مقالا)) ثم قال: ((اعطوه سنا مثل سنه)) قالوا: يا رسول الله لا نجد الا امثل من سنه. قال: ((اعطوه فان خيركم احسنكم قضاء)) متفق عليه.

1367. Abu Huraira ﵁ berichtete: Ein Mann kam zum Propheten ﷺ und verlangte auf eine grobe Weise, eine Schuld. Die Gefährten (des Propheten) näherten sich dem Mann: Der Gesandte Allahs ﷺ sagte: **„Lasst ihn, wer Anspruch auf etwas hat, der hat das Recht sich zu äußern.“ Dann sagte er: „Gebt ihm ein Kamel wie sein Kamel!“ Sie sagten: „O Gesandter Allahs, wir finden keines wie seins, sondern ein wertvolleres als sein Kamel. Er ﷺ sagte: „Dann gebt es ihm, denn die Vorzüglichsten unter euch sind die, die am besten (ihre Schuld) begleichen.“**[307]

307 Authentisch: Sahih Buchari Nr. 6715, Sahih Muslim Nr. 1509
Erläuterungen von Ibn Uthaimin 3/530: Ein Beduine hatte dem Propheten ein kleines Kamel gegeben und er wollte sein Recht einfordern. Da die Beduinen etwas grob sind, fragte dieser grob, weshalb die Gefährten ihn hindern wollten. Er ﷺ sagte zu ihnen: **„Lasst ihn, wer Anspruch auf etwas hat, der hat das Recht sich zu äußern.“ Er befahl seinen Gefährten, dem Mann ein besseres Kamel zu geben und sagte: „Die Vorzüglichsten unter euch sind die, die am besten (ihre Schuld) begleichen.“** Ferner sollte ein Mensch den Propheten ﷺ als Vorbild nehmen und denjenigen, der Anspruch auf etwas hat, gut behandeln und seine Schuld auf beste Art und Weise begleichen und mehr geben, als die Schuld.

١٣٦٨ - وعن جابر رضي الله عنه ان رسول الله صلى الله عليه وسلم قال:
((رحم الله رجلا سمحا اذا باع واذا اشترى واذا اقتضى))
رواه البخاري.

1368. Dschabir ﵁ berichtete: Der Gesandte Allahs ﷺ sagte: **„Möge Allah barmherzig sein mit dem Menschen, der großmütig ist, wenn er verkauft oder kauft oder wenn er nach seinem Recht fragt.“**[308]

١٣٦٩ - وعن ابي قتادة رضي الله عنه قال سمعت رسول الله صلى الله عليه
وسلم يقول: ((من سره ان ينجيه الله من كرب يوم القيامة فلينفس
عن معسر او يضع عنه)) رواه مسلم.

1369. Abu Qatada ﵁ berichtete: Ich hörte den Gesandten Allahs ﷺ sagen: **„Wer sich freuen möchte, dass Allah ihn vor den Trauern des Tages der Auferstehung rettet, der soll mit dem Bedürftigen (der seine Schuld nicht bezahlen kann) Nachsicht haben oder es (die Schuld) erlassen.“**[309]

١٣٧٠ - وعن ابي هريرة رضي الله عنه ان رسول الله صلى الله عليه وسلم
قال: ((كان رجل يداين الناس، وكان يقول لفتاه: اذا اتيت معسرا

308 Authentisch: Sahih Buchari Nr. 2076
309 Authentisch: Sahih Muslim Nr. 1563

فتجاوز عنه لعل الله ان يتجاوز عنا، فلقي الله فتجاوز عنه))

متفق عليه.

1370. Abu Huraira ﵁ berichtete: Der Gesandte Allahs ﷺ sagte: **„Ein Mann gab den Menschen Kredite und pflegte seinen Angestellten zu sagen: „Wenn ein Bedürftiger (der seine Schuld nicht bezahlen kann) kommt, habe Nachsicht mit ihm, vielleicht wird Allah auch Nachsicht mit uns haben. So hat Allah Nachsicht mit ihm gehabt, als er starb.“**[310]

١٣٧١ - وعن ابي مسعود البدري رضي الله عنه قال، قال رسول الله صلى الله عليه وسلم: ((حوسب رجل ممن كان قبلكم فلم يوجد له من الخير شيء الا انه كان يخالط الناس وكان موسرا، وكان يامر غلمانه ان يتجاوزوا عن المعسر، قال الله عز وجل: نحن احق بذلك منه تجاوزوا عنه)) رواه مسلم.

1371. Abu Mas³ud Albadri ﵁ berichtete: Der Gesandte Allahs ﷺ hat gesagt: **„Als ein Mann von einem Volk vor euch (nachdem er gestorben war) zur Rechenschaft gezogen wurde, hatte er keine guten Taten, außer dass er mit Menschen verkehrte, während**

310 Authentisch: Sahih Buchari Nr. 3480, Sahih Muslim Nr. 1562

er reich war und seinen Angestellten befahl, Nachsicht mit den Bedürftigen zu haben (die ihre Schulden nicht bezahlen konnten oder deren Schulden zu erlassen). Da sagte Allah, der Erhabene: „Wir sind dafür würdiger als er! Habt Nachsicht mit ihm!"“[311]

١٣٧٦ - وعن معاوية رضي الله عنه قال، قال رسول الله صلى الله عليه وسلم: ((من يرد الله به خيرا يفقهه في الدين)) متفق عليه.

1376. Mu³awija ﵁ berichtete: Der Gesandte Allahs ﷺ sagte: **„Wem Allah das Gute will, den lässt er in der Religion Fiqh gewinnen.“**[312]

١٣٧٩ - وعن سهل بن سعد رضي الله عنه ان النبي صلى الله عليه وسلم قال لعلي رضي الله عنه: ((فوالله لان يهدي الله بك رجلا واحدا خير لك من حمر النعم)) متفق عليه.

1379. Sahl ibn Sa³d ﵁ berichtete: Der Prophet ﷺ sagte zu Ali: **„Bei Allah, wenn Allah durch**

311 Authentisch: Sahih Muslim Nr. 1561

312 Fiqh in der Religion ist hier laut Erläuterung von Ibn Uthaimin (3/540) nicht nur das Wissen alleine, sondern das Wissen und dieses zu praktizieren, deshalb warnten die Nachfolger vor vielen Lesern und wenigen Fuqaha´ (die sich Wissen aneignen und danach handeln). Authentisch: Sahih Buchari Nr. 3116, Sahih Muslim Nr. 1037

dich einen einzigen Mensch rechtleitet, ist das besser für dich als rote Kamele.“[313]

١٣٨٠ - وعن عبد الله بن عمرو بن العاص رضي الله عنه ان النبي صلى الله عليه وسلم قال: ((بلغوا عني ولو اية، وحدثوا عن بني اسرائيل ولا حرج، ومن كذب علي متعمدا فليتبوا مقعده من النار))

رواه البخاري.

1380. Abdullah ibn Amr ibn Al³as ﵁ berichtete, dass der Prophet ﷺ gesagt hat: **„Verbreitet von mir sei es nur ein einziger Vers!“**[314]

١٣٨٢ – وعن ابي هريرة رضي الله عنه ان رسول الله صلى الله عليه وسلم قال: ((من دعا الى هدى كان له من الاجر مثل اجور من تبعه لا ينقص ذلك من اجورهم شيئا)) رواه مسلم.

1382. Abu Huraira ﵁ berichtete: Der Gesandte Allahs ﷺ sagte: **„Wer zur Rechtleitung aufruft, erhält den gleichen Lohn von jedem, der ihr gefolgt ist, ohne dass ihr Lohn vermindert wird.“**[315]

---

313 Rote Kamele waren die Luxusklasse, was bei den Arabern zum wertvollsten und teuersten Vermögen seinerzeit gehörte. Authentisch: Sahih Buchari Nr. 79, Sahih Muslim Nr. 2282

314 Authentisch: Sahih Buchari Nr. 3461

315 Authentisch: Sahih Muslim Nr. 2674

١٣٨٨ - وعن ابي الدرداء رضي الله عنه قال سمعت رسول الله صلى الله عليه وسلم يقول: ((من سلك طريقا يبتغي فيه علما سهل الله له طريقا الى الجنة، وان الملائكة لتضع اجنحتها لطالب العلم رضا بما يصنع، وان العالم ليستغفر له من في السماوات ومن في الارض حتى الحيتان في الماء، وفضل العالم على العابد كفضل القمر على سائر الكواكب، وان العلماء ورثة الانبياء، وان الانبياء لم يورثوا دينارا ولا درهما انما ورثوا العلم، فمن اخذه اخذ بحظ وافر)) رواه ابو داود والترمذي.

1388. Abud Darda´ ﷺ berichtete: Ich hörte den Gesandten Allahs ﷺ sagen: „**Wer einen Weg beschreitet, um sich Wissen anzueignen, dem wird Allah einen Weg zum Paradies erleichtern. Aus Zufriedenheit senken die Engel ihre Flüge über dem, der nach Wissen strebt. Die Bewohner des Himmels und der Erde, ja sogar die Fische im Wasser bitten (Allah) für den ³Alim (den Wissenden, den Gelehrten) um Vergebung. Das Vorziehen eines Gelehrten (seine Stufe, sein Rang) einem Betenden gegenüber ist wie der Rang des Mondes allen anderen Sternen gegenüber. Die Gelehrten sind wahrlich die Erben der Propheten und die Propheten haben weder**

Dinar noch Dirham hinterlassen. Sie haben aber das Wissen hinterlassen. Wer es (das Wissen) annimmt, der hat sehr viel Glück gehabt."[316]

١٣٨٩ - وعن ابن مسعود رضي الله عنه قال سمعت رسول الله صلى الله عليه وسلم يقول: ((نضر الله امرا سمع منا شيئا فبلغه كما سمعه فرب مبلغ اوعى من سامع)) رواه الترمذي وقال حديث حسن صحيح.

1389. Ibn Mas³ud ﷺ berichtete: Ich hörte den Gesandten Allahs ﷺ sagen: **„Möge Allah das Aussehen eines Menschen blühen lassen, der etwas von mir hört und davon berichtet, wie er es gehört hat. Denn es kommt vor, dass jemand, dem etwas berichtet wurde, bewusster ist als der Berichterstatter.“**[317]

١٣٩٠ - وعن ابي هريرة رضي الله عنه قال، قال رسول الله صلى الله عليه وسلم: ((من سئل عن علم فكتمه الجم يوم القيامة بلجام من نار)) رواه ابو داود والترمذي وقال حديث حسن.

---

316 Authentisch: Abu Dawud Nr. 3641, 3642, At-Tirmidhi Nr. 2684; Sahih Al-Dschami³ Nr. 6298, Sahih Abu Dawud von Albani 3096

317 At-Tirmidhi: ein guter gesunder Hadith. Ein Sahih-Hadith von Tirmidhi überliefert Nr. 2657, Ibn Madscha 232, 3506, Abu Dawud überliefert von Zaid ibn Thabit Nr. 3660; Authentisch: Sahih Al-Dschami³ Nr. 6764 und in Mischkatul Masabih hat ihn Albani als sahih eingestuft mit der Nr. 230

1390. Abu Huraira ﷺ berichtete: Der Gesandte Allahs ﷺ hat gesagt: „**Wer nach Wissen gefragt wird und es verschweigt, so wird ihm (seinem Mund) wird am Tag der Auferstehung ein Zügel aus Feuer angelegt.**“[318]

١٣٩١ - وعنه رضي الله عنه قال، قال رسول الله صلى الله عليه وسلم:
((من تعلم علما مما يبتغى به وجه الله عز وجل لا يتعلمه الا
ليصيب به عرضا من الدنيا لم يجد عرف الجنة يوم القيامة))
يعني ريحها. رواه ابو داود باسناد صحيح.

1391. Abu Huraira ﷺ berichtete: Der Gesandte Allahs ﷺ hat gesagt: „**Wer sich ein Wissen aneignet, von dem Wissen, womit man (normalerweise) um Allahs Willen – dem Mächtigen und Erhabenen- lernt, nur um dadurch zu Interessen des diesseitigen Lebens zu gelangen, der wird am Tage der Auferstehung nicht einmal den Wohlgeruch des Paradieses riechen.**“[319]

Erläuterungen zu Riyadus Salihin von Ibn Uthaimin 3/555: D. h., an dem Wissen für

318 Abu Dawud und At-Tirmidhi: ein guter Hadith. Ein guter Sahih-Hadith laut Abu Dawud Nr. 3658 und At-Tirmidhi Nr. 2649
Sahih Al-Dschami[3] Nr. 6284, Sahih Abu Dawud von Albani 3106

319 Authentisch: Sahih Dschami[3] Nr. 6159, Sahih-Hadith von Abu Dawud mit der Nr. 3664, der von Albani ebenfalls in Mischkatul Masabih als sahih eingestuft wurde. Ibn Madscha Nr. 252.

das diesseitige Leben, wie z.B. Ingenieurwesen, Bauwesen, Mechanik usw. auch wenn die Absicht ist, ein erfolgreicher Ingenieur zu werden und ein gutes Gehalt zu bekommen, so ist nichts daran auszusetzen. Wenn man aber beabsichtigt, den Muslimen Nutzen zu bringen, so ist das besser und man wird dafür belohnt und profitiert sowohl im Dies- als auch im Jenseits davon. Wenn man es aber nur für das Diesseits tut, ist nichts dagegen auszusetzen. Aber derjenige, der sich das religiöse Wissen und alles was damit zu tun hat, aneignet, so darf dieses Wissen kein anderes Ziel haben, außer das es für Allah ist. Wer dies also für das diesseitige Leben erlangen möchte, der wird nicht einmal den Wohlgeruch des Paradieses riechen. Das ist eine harte Bedrohung, die zeigt, wenn sich jemand das religiöse Wissen aneignet, um etwas vom Diesseits zu erlangen, der hat eine der großen Sünden begangen und sein Wissen wird nicht gesegnet.

١٣٩٢ - وعن ابن عمرو بن العاص رضي الله عنه قال سمعت رسول الله صلى الله عليه وسلم يقول: ((ان الله لا يقبض العلم انتزاعا ينتزعه من الناس، ولكن يقبض العلم بقبض العلماء، حتى اذا لم يبق عالما اتخذ الناس رؤوسا جهالا فسئلوا فافتوا بغير علم فضلوا واضلوا)) متفق عليه.

1392. Abdullah Ibn Amro Ibn Al³as ﵁ berichtete: Ich hörte den Gesandten Allahs ﷺ sagen: **„Allah wird den Menschen das Wissen nicht nehmen, indem Er es ihnen entreißt, viel mehr wird Er ihnen das Wissen nehmen, indem Er die Gelehrten nimmt, bis es keinen Gelehrten mehr gibt. Dann werden die Menschen Unwissende zu ihren Führern nehmen, die befragt werden und ohne zu wissen werden sie antworten. Diese irren und führen auch die anderen in die Irre!“**[320]

١٣٩٣ - وعن ابي هريرة رضي الله عنه ان النبي صلى الله عليه وسلم اتي ليلة اسري به بقدحين من خمر ولبن فنظر اليهما فاخذ اللبن، فقال جبريل: ((الحمد لله الذي هداك للفطرة، لو اخذت الخمر غوت امتك)) رواه مسلم.

1393. Abu Huraira ﵁ berichtete: **Als dem Prophet ﷺ in der Nacht seiner Himmelfahrt zwei Becher, einer mit Wein und der andere mit Milch, angeboten wurden, sah er sie sich an und nahm die Milch. Daraufhin sagte Gabriel** ﵇: **„Gepriesen sei Allah, Der dich zur Fitra (natürlichen Veranlagung) rechtgeleitet hat! Wenn du**

320 Authentisch: Sahih Buchari Nr. 100, Sahih Muslim Nr. 2673

den Wein genommen hättest, wäre deine Gemeinde irre gegangen.“[321]

١٣٩٦ - وعن انس رضي الله عنه قال، قال رسول الله صلى الله عليه وسلم: ((ان الله ليرضى عن العبد ياكل الاكلة فيحمده عليها، ويشرب الشربة فيحمده عليها)) رواه مسلم.

1396. Anas ﷿ berichtete: Der Gesandte Allahs ﷺ sagte: **„Wahrlich, Allah ist mit dem Diener zufrieden, der einen Bissen isst und (Allah) dafür lobpreist und einen Schluck trinkt und (Ihn) dafür lobpreist.“**[322]

١٣٩٧ - وعن عبد الله بن عمرو بن العاص رضي الله عنهما انه سمع رسول الله صلى الله عليه وسلم يقول: ((من صلي علي صلاة صلى الله عليه بها عشرا)) رواه مسلم.

1397. Abdullah Ibn Amro Ibn Al3as ﷿ berichtete: Ich hörte den Gesandten Allahs ﷺ sagen: **„Wer über mich den Segenswunsch spricht, über diesen spricht Allah zehnmal (soviel Segen).“**[323]

١٤٠١ - وعنه رضي الله عنه قال، قال رسول الله صلى الله عليه وسلم:

321 Authentisch: Sahih Buchari Nr. 4709, Sahih Muslim Nr. 168
322 Authentisch: Sahih Muslim Nr. 2734
323 Authentisch: Sahih Muslim Nr. 384, 408

((لا تجعلوا قبري عيدا، وصلوا علي فان صلاتكم تبلغني حيث كنتم)) رواه ابو داود باسناد صحيح.

1401. Abu Huraira ﵁ berichtete: Der Gesandte Allahs ﷺ sagte: **„Macht aus meinem Grab kein Fest (zum Feiern), sondern sprecht den Segenswunsch über mich, denn wahrlich euer Segenswunsch wird mir übermittelt, wo immer ihr seid.“**[324]

١٤٠٣ - وعن علي رضي الله عنه قال، قال رسول الله صلى الله عليه وسلم: ((البخيل من ذكرت عنده فلم يصل علي)) رواه الترمذي وقال حديث حسن صحيح.

1403. ³Ali ﵁ berichtete: Der Gesandte Allahs ﷺ sagte: **„Der Geizige ist jener, der –in dessen Beisein ich erwähnt werde – keinen Segenswunsch über mich spricht.“**[325]

١٤٠٨ - وعن ابي هريرة رضي الله عنه قال، قال رسول الله صلى الله عليه وسلم: ((كلمتان خفيفتان على اللسان ثقيلتان في الميزان حبيبتان الى الرحمن: سبحان الله وبحمده، سبحان الله العظيم)) متفق عليه.

---

324 Authentisch: Sahih Dschami³ Nr. 7226 und Sahih Abu Dawud Nr. 2042, von Albani (als Sahih eingestuft) Nr. 1796 und in Mischkatul Masabih (als hassan eingestuft) Nr. 926

325 Authentisch: Sahih Dschami³ Nr. 2878 und Sahih Al-Tirmidhi Nr. 3546, von Albani (als sahih eingestuft) mit der Hadith-Nr. 2811

1408. Abu Huraira ﵁ berichtete: Der Gesandte Allahs ﷺ sagte: **„Zwei Worte, die auf der Zunge leicht (auszusprechen) sind, die auf der Waage aber schwer und beim Allerbarmer beliebt sind:** Subhana Allah wa bihamdih **(Preis sei Allah und Lob sei Ihm),** Subhana Allahil ³adhim **(Preis sei Allah, dem Gewaltigen.)"**[326]

١٤١٠ - وعنه رضي الله عنه ان رسول الله صلى الله عليه وسلم قال:
((من قال لا اله الا الله وحده لا شريك له، له الملك وله الحمد وهو على كل شيء قدير، في يوم مائة مرة كانت له عدل عشر رقاب، وكتبت له مائة حسنة، ومحيت عنه مائة سيئة، وكانت له حرزا من الشيطان يومه ذلك حتى يمسي، ولم يات احد بافضل مما جاء به الا رجل عمل اكثر منه)) وقال: ((من قال سبحان الله وبحمده في يوم مائة مرة حطت خطاياه وان كانت مثل زبد البحر)) متفق عليه.

1410. Abu Huraira ﵁ berichtete: Der Gesandte Allahs ﷺ sagte: **„Wer an einem Tag einhundertmal sagt:** La ilaha illaAllah wahdahu lascharika lah, lahul mulku, wa lahaul hamdu, wa huwa ³ala kulli schai´in qadir" **- Es gibt keinen Anbetungswürdigen**

326 Authentisch: Sahih Buchari Nr. 6406, Sahih Muslim 2694

außer Allah, Dem Einzigen, Der keinen Teilhaber hat. Sein ist die Herrschaft und Sein ist aller Lob, und Er ist über alle Dinge mächtig - dem ist (als Belohnung von Allah), als hätte er zehn Sklaven befreit, ihm werden einhundert gute Taten gutgeschrieben und einhundert von seinen Missetaten vergeben werden. Das wird ihn vor dem Schaitan bis zum Abend schützen, und keiner kommt mit etwas Besserem, außer jemand, der mehr davon vollbracht hat.“

Lt. einer anderen Überlieferung sagte er ﷺ: **„Wer am Tag einhundertmal sagt:** Subhana Allah wa bihamdih – **Gepriesen sei Allah und Ihm gebührt der Lobpreis, dem werden seine Fehltritte, selbst wenn sie wie der Schaum des Meeres sind, vergeben.”**[327]

١٤١٢ - وعن ابي ذر رضي الله عنه قال، قال لي رسول الله صلى الله عليه وسلم: ((الا اخبرك باحب الكلام الى الله؟ ان احب الكلام الى الله: سبحان الله وبحمده)) رواه مسلم.

1412. Abu Dharr ﷺ berichtete: Der Gesandte Allahs ﷺ sagte zu mir: **„Soll ich erzählen, welche Worte Allah am liebsten sind?**

327 Authentisch: Sahih Buchari Nr. 3293, 6403; Sahih Muslim 2691

Wahrlich, für Allah sind die beliebtesten Worte: Subhana Allah wa bihamdihi - **Gepriesen sei Allah und Ihm gebührt der Lobpreis.“**[328]

١٤١٣ - وعن ابي مالك الاشعري قال، قال رسول الله صلى الله عليه وسلم:
((الطهور شطر الايمان، والحمد لله تملا الميزان، وسبحان الله والحمد لله تملان او تملا ما بين السماوات والارض))
رواه مسلم.

1413. Abu Malik Al´Asch³ari ﵁ berichtete: Der Gesandte Allahs ﷺ sagte: **„Die Reinheit ist die Hälfte des Imans (des Glaubens), Alhamdulillah – Preis gebührt Allah – füllt die Waagschale (am Tag der Auferstehung) und** Subhana-Allah wal hamdulillah - **Gepriesen sei Allah und Preis gebührt Allah – füllen, was zwischen Himmeln und Erde ist.“**[329]

١٤١٥ - وعن ثوبان رضي الله عنه قال: كان رسول الله صلى الله عليه وسلم
اذا انصرف من صلاته استغفر ثلاثا، وقال: ((اللهم انت السلام، ومنك
السلام، تباركت يا ذا الجلال والاكرام)) قيل للاوزاعي (وهو

328 Authentisch: Sahih Muslim 2731
329 Authentisch: Sahih Muslim 223

احد رواة الحديث) كيف الاستغفار؟ قال يقول: استغفر الله، استغفر الله. رواه مسلم.

1415. Thauban ﵁ berichtete: Wenn der Gesandte Allahs ﷺ sein Gebet beendet hatte, bat er Allah dreimal um Vergebung (istighfar) und dann sagte er ﷺ: **„Allahumma antas Salam, wa minkas Salam, tabarakta ya dhal Dschalali wal ikram – O Allah ! Du bist der Friede und von Dir kommt der Friede, Segensreich bis Du, o Herr der Majestät und der Ehre!“** Al-Auza³i, ein Hadith-Überlieferer, wurde gefragt, wie man um Vergebung bittet. Dieser sagte: **„Indem du sagst**: Astaghfiru-Allah! Astaghfiru-Allah! **– Ich bitte Allah um Vergebeung! Ich bitte Allah um Vergebung!“**[330]

١٤١٦ - وعن المغيرة بن شعبة رضي الله عنه ان رسول الله صلى الله عليه وسلم كان اذا فرغ من الصلاة وسلم قال: ((لا اله الا الله وحده لا شريك له، له الملك وله الحمد وهو على كل شيء قدير، اللهم لا مانع لما اعطيت، ولا معطي لما منعت، ولا ينفع ذا الجد منك الجد)) متفق عليه.

330 Authentisch: Sahih Muslim 591

1416. Almughira Ibn Schu^{3}ba ؓ berichtete: **Wenn der Gesandte Allahs ﷺ sein Gebet mit dem Tasliem (Friedensgruß nach rechts und links) abschloss, sagte er ﷺ:** „La ilaha illaAllah wahdahu lascharika lah, lahul mulku, wa lahaul hamdu, wa huwa ^{3}ala kulli schai´in qadir. Allahumma la mani^{3}a lama a^{3}tayt, wa la mu^{3}tiya lama mana^{3}t, wala yanfa^{3}u dhal dschadi minkal dschad - **Es gibt keinen Anbetungswürdigen außer Allah, Dem Einzigen, Der keinen Teilhaber hat. Sein ist die Herrschaft und Sein ist alles Lob, und Er ist über alle Dinge mächtig. O Allah! Niemand kann vorenthalten, was Du gegeben hast und niemand kann geben, was Du vorenthalten hast und es nutzt dem Wohlhabenden sein Wohlhaben nicht. Von Dir kommt das Wohlhaben!“**[331]

Die Erläuterungen von Scheich Ibn ´Uthaimin 4/10: ‚Al-Dschad‘: Glück und Wohlhaben, der glückliche Mensch, der Glück hat und Reichtum besitzt, Kinder hat, eine Frau hat und alles, wonach er sich in Dunya sehnt. Allah gegenüber kann dies nutzen, wenn es darum geht, sich Seinem Willen zu unterwerfen. Das heißt sich dem Willen Allah zu übergeben. Wir sollten

331 Authentisch: Sahih Buchari Nr. 7292, Sahih Muslim 593

also nach dem Beenden des Gebets nach dem Tasliem Friedensgruß rechts und links sagen: **Allahumma antas Salam, wa minkas Salam, tabarakta ya dhal Dschalali wal ikram – O Allah ! Du bist der Friede und von Dir kommt der Friede, Segensreich bist Du, o Herr der Majestät und der Ehre!**

Ferner sagt Scheich Ibn ´Uthamin:

Die Reihenfolge zwischen den Adhkar ist keine Pflicht. Es ist aber besser mit „Allahumma antas Salam, wa minkas Salam, tabarakta ya dhal Dschalali wal ikram“ zu beginnen und danach mit den authentischen Adhkar fortzufahren.

١٤٢٨ - وعن ابي هريرة رضي الله عنه ان رسول الله صلى الله عليه وسلم قال: ((اقرب ما يكون العبد من ربه وهو ساجد فاكثروا الدعاء))

رواه مسلم.

1428. Abu Huraira ﵁ berichtete: Der Gesandte Allahs ﷺ sagte: **„Am nahesten ist der Diener seinem Herrn in der Niederwerfung. Verrichtet dann viel Du´a (Bittgebete)!“**[332]

332 Authentisch: Sahih Muslim 482

١٤٣٠ - وعن عائشة رضي الله عنها قالت: افتقدت النبي صلى الله عليه وسلم ذات ليلة فتحسست فاذا هو راكع او ساجد يقول: ((**سبحانك وبحمدك لا اله الا انت**))

وفي رواية: **فوقعت يدي على بطن قدميه وهو في المسجد وهما منصوبتان**

وهو يقول: ((**اللهم اني اعوذ برضاك من سخطك، وبمعافاتك من عقوبتك، واعوذ بك منك؛ لا احصي ثناء عليك، انت كما اثنيت على نفسك**)) رواه مسلم.

1430. Aischa ﵂ berichtete: Ich vermisste in einer Nacht den Gesandten Allahs ﷺ. Während ich (suchend mit der Hand) nach ihm tastete, sagte er ﷺ vorbeugend oder niederwerfend: **„Subhanaka wa bihamdika, la ilaha illa ant! - Gepriesen bist Du und Preis sei Dir. Es gibt keinen Gott außer Dir!“**
In einer anderen Überlieferung: Meine Hand berührte seine Fußsohle, während seine Füße in aufrechter Stellung waren und er an seiner Gebetsstelle sagte:
„Allahumma inni a³udhu bi ridaka min sachatika, wa bi mu³afatika min ³uqubatika, wa a³udhu bika minka, la uhsi thanaan ³alaika anta kama adhnaita ³ala nafsik! - O Allah! Ich suche Zuflucht bei Deinem

Wohlgefallen vor Deinem Zorn, Bei Deiner Befreiung vor Deiner Bestrafung und ich suche Zuflucht bei Dir vor Dir. Deine Herrlichkeit kann ich nicht genug aufzählen, wie Du Deine Herrlichkeit gepriesen hast!“[333]

١٤٣٤ - وعن ابي موسى الاشعري رضي الله عنه عن النبي صلى الله عليه وسلم قال: ((مثل الذي يذكر ربه والذي لا يذكره مثل الحي والميت)) رواه البخاري.

ورواه مسلم فقال: ((مثل البيت الذي يذكر الله فيه والبيت الذي لا يذكر الله فيه مثل الحي والميت))

1434. Abu Musa Al-´Asch[3]arî ﵁ berichtete: Der Prophet ﷺ sagte: **„Das Gleichnis dessen, der Seines Herrn gedenkt und der Seiner nicht gedenkt, ist das Gleichnis eines Lebendigen und eines Toten!“**[334]

Muslim überliefert: **„Das Gleichnis des Hauses, in dem Allah gedacht wird und des Hauses, in dem Allah nicht gedacht wird, ist das Gleichnis eines Lebendigen und eines Toten!“**[335]

---

333 Authentisch: Sahih Muslim 486
334 Authentisch: Sahih Buchari 6407
335 Authentisch: Sahih Muslim 779

١٤٣٥ - وعن ابي هريرة رضي الله عنه ان رسول الله صلى الله عليه وسلم
قال: ((يقول الله تعالى: انا عند ظن عبدي بي، وانا معه اذا
ذكرني؛ فان ذكرني في نفسه ذكرته في نفسي، وان ذكرني في
ملا ذكرته في ملا خير منهم)) متفق عليه.

1435. Abu Huraira رضي الله عنه berichtete: Der Gesandte Allahs ﷺ sagte: **„Allah, Der Erhabene, sagt: Ich bin so wie Mein Diener von Mir vermutet und Ich bin bei ihm, wenn er an Mich denkt. Wenn er Meiner in sich gedenkt, gedenke Ich seiner in Mir. Wenn er Meiner in einer Gesellschaft gedenkt, so gedenke Ich seiner in einer Gesellschaft, die besser ist als seine.“**[336]

١٤٣٧ - وعن جابر رضي الله عنه قال سمعت رسول الله صلى الله عليه وسلم
يقول: ((افضل الذكر لا اله الا الله)) رواه الترمذي وقال حديث حسن.

1437. Dschabir رضي الله عنه berichtete: Ich hörte den Gesandten Allahs ﷺ sagen: **„Der beste Dhikr (Gedenken Allahs) ist:** La ilaha ilallah – **Es gibt keinen Anbetungswürdigen außer Allah.“**[337]

336 Authentisch: Sahih Buchari 7405, Sahih Muslim 2675
337 Authentisch: At-Tirmidhi hat diesen als „guten” Hadith eingestuft. Sahih Dsch - mi[3] Nr. 1104 und Albani stufte ihn in seinem Al-Silssila Assahiha als hassan ein, Nr. 1497.

١٤٤٣ - وعن ابي موسى رضي الله عنه قال، قال لي رسول الله صلى الله عليه وسلم: ((الا ادلك على كنز من كنوز الجنة؟)) فقلت: بلى يا رسول الله. قال: ((لا حول ولا قوة الا بالله)) متفق عليه.

1443. Abu Musa ﷺ berichtete: Der Gesandte Allahs ﷺ sagte zu mir: **„Soll ich dir nicht einen Schatz von den Schätzen des Paradieses zeigen?“**
Ich sagte: „Doch, o Gesandter Allahs!“ Er sagte: **„La haula, wala quwata illa billah! – Es gibt keine Macht und keine Kraft, außer durch Allah!”**[338]

Allah, erhaben ist Er, sagt:

﴿ان فى خلق ٱلسمـو ت وٱلارض وٱختلف ٱليل وٱلنهار لايت لاولى ٱلالبب (١٩٠) ٱلذين يذكرون ٱلله قيما وقعودا وعلى جنوبهم ويتفكرون فى خلق ٱلسموأت وٱلارض ربنا ما خلقت هذا بطلا سبحنك فقنا عذاب ٱلنار﴾

„In der Schöpfung der Himmel und der Erde und in dem Unterschied von Nacht und Tag liegen wahrlich Zeichen für diejenigen, die Verstand besitzen, 191. die Allahs stehend, sitzend und auf der Seite (liegend) gedenken und über die

---

338 Authentisch: Sahih Buchari 4205, 6409, Sahih Muslim 2704

Schöpfung der Himmel und der Erde nachdenken: ‚Unser Herr, Du hast (all) dies nicht umsonst erschaffen. Preis sei Dir! Bewahre uns vor der Strafe des (Höllen)-feuers.'" (Koran 3:190, 191)

١٤٤٤ - وعن عائشة رضي الله عنها قالت: كان رسول الله صلى الله عليه وسلم يذكر الله على كل احيانه. رواه مسلم.

1444. ³Aischa ﵂ berichtete: **„Der Gesandte Allahs ﷺ gedachte Allahs zu jeder Gelegenheit."**[339]

١٤٤٥ - وعن ابن عباس رضي الله عنهما عن النبي صلى الله عليه وسلم قال: ((لو ان احدكم اذا اتى اهله قال: بسم الله، اللهم جنبنا الشيطان وجنب الشيطان ما رزقتنا. فقضي بينهما ولد لم يضره)) متفق عليه.

1445. Ibn Abbas ﵁ berichtete: Der Gesandte Allahs ﷺ sagte: **„Wenn jemand von euch mit seinem Ehepartner verkehrt (d.h. Beischlaf hat) und sagt:** ‚Bismillah! Allahumma Dschanibna-sch Schaitana, wa dschanibi-sch Schaitana ma razaqtana – **Im Namen Allahs! O Allah halte den** Satan **von uns**

339 Authentisch: Sahih Muslim 373

fern und halte das von Satan fern, was Du für uns (an Nachkommen) bestimmt hast!, und wenn diese ein Kind bekommen, dann kann er (Satan) ihm nicht schaden.'"[340]

١٤٤٧ - وعن ابي هريرة رضي الله عنه قال، قال رسول الله صلى الله عليه وسلم: ((ان لله تعالى ملائكة يطوفون في الطرق يلتمسون اهل الذكر، فاذا وجدوا قوما يذكرون الله عز وجل تنادوا: هلموا الى حاجتكم، فيحفونهم باجنحتهم الى السماء الدنيا، فيسالهم ربهم وهو اعلم: ما يقول عبادي؟ قال: يقولون يسبحونك، ويكبرونك، ويحمدونك ويمجدونك، فيقول: هل راوني؟ فيقولون: لا والله ما راوك، فيقول: كيف لو راوني؟ قال: يقولون لو راوك كانوا اشد لك عبادة واشد لك تمجيدا واكثر لك تسبيحا، فيقول: فماذا يسالون؟ قال يقولون: يسالونك الجنة، قال: يقول: وهل راوها؟ قال: يقولون: لا والله يا رب ما راوها. قال: يقول: فكيف لو راوها؟ قال: يقولون: لو انهم راوها كانوا اشد عليها حرصا واشد لها طلبا واعظم فيها رغبة. قال: فمم يتعوذون؟ قال: يتعوذون من النار؟، قال: فيقول: وهل راوها؟ قال: يقولون: لا والله ما راوها، فيقول: فكيف لو راوها؟ قال: يقولون: لو راوها كانوا اشد منها فرارا واشد لها مخافة، قال: فيقول: فاشهدكم اني قد غفرت لهم. قال: يقول ملك من الملائكة: فيهم فلان ليس منهم

340 Authentisch: Sahih Buchari 141, 5165, Sahih Muslim 1434

انما جاء لحاجة، قال: هم الجلساء لا يشقى بهم جليسهم))

متفق عليه.

وفي رواية لمسلم عن ابي هريرة رضي الله عنه عن النبي صلى الله عليه وسلم قال: ((ان لله ملائكة سيارة فضلا يتبعون مجالس الذكر فاذا وجدوا مجلسا فيه ذكر قعدوا معهم وحف بعضهم بعضا باجنحتهم حتى يملؤوا ما بينهم وبين السماء الدنيا، فاذا تفرقوا عرجوا وصعدوا الى السماء الدنيا، فيسالهم الله عز وجل وهو اعلم: من اين جئتم؟ فيقولون: جئنا من عند عباد لك في الارض يسبحونك ويكبرونك ويهللونك ويحمدونك ويسالونك. قال: وماذا يسالوني؟ قالوا: يسالونك جنتك. قال: وهل راوا جنتي؟ قالوا: لا اي رب، قال: فكيف لو راوا جنتي؟ قالوا: ويستجيرونك، قال: ومم يستجيروني؟ قالوا: من نارك يا رب. قال: وهل راوا ناري؟ قالوا: لا. قال: فكيف لو راوا ناري؟ قالوا: ويستغفرونك؟ فيقول: قد غفرت لهم فاعطيتهم ما سالوا واجرتهم مما استجاروا. قال: فيقولون: رب فيهم فلان عبد خطاء انما مر فجلس معهم. فيقول: وله غفرت هم القوم لا يشقى بهم جليسهم))

1447. Abu Huraira ﵁ berichtete: Der Gesandte Allahs ﷺ sagte: **„Wahrlich hat Allah Engel (entsandt), die auf den Wegen umhergehen und die Leute suchen, die**

Allahs gedenken. Wenn sie Leute finden, die Allahs, erhaben ist Er, gedenken, rufen sie (einander) zu: ‚Kommt her zu eurem Anliegen!'" Er ﷺ sagte: „Dann überschatten sie sie mit ihren Flügeln bis zum Dunya-Himmel (den diesseitigen, untersten Himmel). Ihr Herr wird sie fragen und Er weiß es am besten: ‚Was sagen Meine Diener?'" Er ﷺ sagte (weiter): „Sie sagen: ‚Sie preisen Dich, rühmen Deine Größe, loben Dich und verherrlichen Dich.' Er fragt dann: ‚Haben sie Mich gesehen?' Sie antworten: ‚Nein! Bei Allah, sie haben Dich nicht gesehen!' Er sagt: ‚Wie wäre es, wenn sie mich gesehen hätten?' Sie sagen: ‚Wenn sie Dich gesehen hätten, würden sie Dir viel intensiver dienen, Dich noch stärker verherrlichen und Dich noch mehr lobpreisen.' Er fragt: ‚Und um was bitten sie Mich?' Sie sagen: ‚Sie bitten Dich um das Paradies.' Er fragt dann: ‚Und haben sie es gesehen?' Sie sagen: ‚Nein! Bei Allah, o Herr, sie haben es nicht gesehen.' Er fragt: ‚Wie wäre es, wenn sie es gesehen hätten?' Sie sagen: ‚Wenn sie es gesehen hätten, würden sie noch stärker danach streben, ihr Verlangen und ihr Wunsch

danach wäre viel größer.‘ Er fragt: ‚Und wovor suchen sie Zuflucht (bei Allah)?‘ Sie antworten: ‚Sie suchen Zuflucht (bei Dir) vor dem Höllenfeuer.‘ Er fragt dann: ‚Und haben sie es gesehen?‘ Sie sagen: ‚Nein! Bei Allah, sie haben es nicht gesehen.‘ Er fragt: ‚Wie wäre es, wenn sie es gesehen hätten?‘ Sie sagen: ‚Wenn sie es gesehen hätten, würden sie es noch stärker vermeiden und noch größere Angst davor haben.‘ Er sagt: ‚So mache Ich euch zu Zeugen, dass Ich ihre Sünden vergeben habe.‘ Da sagt einer der Engel: ‚Unter ihnen aber ist Soundso, der nicht zu ihnen gehört, der (nur) wegen einer (anderen) Sache gekommen war.‘ Er (Allah) sagt: ‚Sie sind die Sitzungsgenossen und wer mit ihnen zusammensitzt, dem soll kein Unglück geschehen!‘“[341]

١٤٦٥ - وعن النعمان بن بشير رضي الله عنه عن النبي صلى الله عليه وسلم قال: ((الدعاء هو العبادة)) رواه ابو داود والترمذي وقال حديث حسن صحيح.

1465. An-Nu³man Ibn Baschir ﵁ sagte, dass der Prophet ﷺ gesagt hat: **„Das Bittgebet ist der Gottesdienst.“**[342]

341 Authentisch: Sahih Buchari 6408, Sahih Muslim 2689

342 Abu Dawud und At-Tirmidhi: Ein guter starker Hadith. Sahih Aldschami³ 3407,

١٤٦٧ - وعن انس رضي الله عنه قال: كان اكثر دعاء النبي صلى الله عليه وسلم: ((اللهم اتنا في الدنيا حسنة وفي الاخرة حسنة، وقنا عذاب النار)) متفق عليه.

زاد مسلم في روايته قال: ((وكان انس اذا اراد ان يدعو بدعوة دعا بها، فاذا اراد ان يدعو بدعاء دعا بها فيه))

1467. Anas رضي الله عنه berichtete: Das meiste Bittgebet des Gesandten Allahs ﷺ war Folgendes: **„Allahumma atina fid-dunya hassanatan wa fil achirati hassanatan, wa qina 3adhaban-nar – O Allah, gib uns im Diesseits Gutes und im Jenseits Gutes und beschütze uns vor der Strafe des Feuers!“** (Koran 2:201)[343]

١٤٧٢ - وعنه رضي الله عنه قال كان رسول الله صلى الله عليه وسلم يقول: ((اللهم اصلح لي ديني الذي هو عصمة امري، واصلح لي دنياي التي فيها معاشي واصلح لي اخرتي التي فيها معادي، واجعل الحياة زيادة لي في كل خير، واجعل الموت راحة لي من كل شر)) رواه مسلم.

Sahih Abu Dawud 1479, At-Tirmidhi Nr. 2969 und Scheich Albani hat ihn in seinem Al-Adab Almufrad mit der Nr. 550 als sahih eingestuft. Scheich Ibn Uthaimin sagt, dass ebenfalls Aya 60 in Sure Alghafir beweist, dass das Bittgebet der Gottesdienst ist. Seite 57

343 Authentisch: Sahih Buchari 6389, Sahih Muslim 2690

1472. Abu Huraira ؓ berichtete: Der Gesandte Allahs ﷺ pflegte zu sagen: „Allahumma aslih li dinil ladhi huwa ^{3}ismatu amri, waslih li dunyayal lati fiha ma^{3}aschi, waslih li achiratil lati fiha ma^{3}adi, wadsch^{3}alil ayata ziyadatan li fi kulli chayr, wadsch^{3}alil mauta rahatan li min kulli scharr – **O Allah! Stärke meinen Glauben, der die Bewahrung meiner Angelegenheit ist, verbessere mir mein Diesseits, in dem mein Lebensunterhalt ist, verbessere mir mein Jenseits, in das meine Rückkehr ist! Mache mir das Leben zu einer Vermehrung aller guten Taten und mache mir den Tod zu einer Ruhe vor allem Unheil!**“[344]

١٤٩٤ - وعن ابي الدرداء رضي الله عنه انه سمع رسول الله صلى الله عليه وسلم يقول: ((**ما من عبد مسلم يدعو لاخيه بظهر الغيب الا قال الملك: ولك بمثل**)) رواه مسلم.

1494. Abud Darda´ ؓ berichtete: Der Gesandte Allahs ﷺ pflegte zu sagen: „**Das Bittgebet eines Muslims für seinen (muslimischen) Bruder oder Schwester in seiner Abwesenheit, wird angenommen. Jedes mal, wenn er für seinen Bruder oder**

344 Authentisch: Sahih Muslim 2720

Schwester um etwas Gutes bittet, erwidert der bei seinem Kopf stehende Engel: ‚Und für dich sei (das) Gleiche!'"[345]

١٤٩٦ - عن اسامة بن زيد رضي الله عنه قال، قال رسول الله صلى الله عليه وسلم: ((من صنع اليه معروف فقال لفاعله: جزاك الله خيرا، فقد ابلغ في الثناء)) رواه الترمذي وقال حديث حسن صحيح.

1496. Usama Ibn Zaid ﵁ berichtete: Der Gesandte Allahs ﷺ sagte: **„Wem eine Gefälligkeit erwiesen wurde und dieser zu dem, der diese gute Tat erbrachte, sagt: ‚Dschazakallahu chayra – Möge Allah dich aufs Beste belohnen!', den hat er wahrlich gelobt."**[346]

١٤٩٨ - وعن ابي هريرة رضي الله عنه ان رسول الله صلى الله عليه وسلم قال: ((اقرب ما يكون العبد من ربه وهو ساجد فاكثروا الدعاء)) رواه مسلم.

1498. Abu Huraira ﵁ berichtete: Der Gesandte Allahs ﷺ sagte: **„Am nahesten ist der Diener seinem Herrn während der Niederwerfung (in seinem Gebet), deshalb bittet dann viel!"**[347]

345 Authentisch: Sahih Muslim 2733
346 Authentisch: Sahih Aldschami[3] 6368, Sahih At-Tirmidhi von Albani 1657
347 Authentisch: Sahih Muslim 482

١٥٠٢ - وعن ابن عباس رضي الله عنهما ان رسول الله صلى الله عليه وسلم كان يقول عند الكرب: ((لا اله الا الله العظيم الحليم، لا اله الا الله رب العرش العظيم، لا اله الا الله رب السماوات ورب الارض رب العرش الكريم)) متفق عليه.

1502. Ibn Abbas ﵁ berichtete: Der Gesandte Allahs ﷺ hat bei **Karb** (Kummer, Bedrängnis) gesagt: **„Es gibt keinen Anbetungswürdigen außer Allah, dem Allmächtigen, dem Sanftmütigen! Es gibt keinen Anbetunsgwürdigen außer Allah, dem Herrn des mächtigen Throns! Es gibt keinen Anbetungswürdigen außer Allah, dem Herrn der Himmel, dem Herrn der Erde und dem Herrn des erhabenen Thrones.“**[348]

348 Authentisch: Sahih Buchari 6346, Sahih Muslim 2730

٢٥٤ - باب تحريم الغيبة والامر بحفظ اللسان

254. Verbot der üblen Nachrede und das Gebot die Zunge zu hüten

Allah der Erhabene sagt:

﴿ولا تجسسوا ولا يغتب بعضكم بعضا ايحب احدكم ان ياكل لحم اخيه ميتا فكرهتموه وٱتقوا ٱلله ان ٱلله تواب رحيم﴾

„...und führt keine üble Nachrede übereinander. Würde wohl einer von euch gerne das Fleisch seines Toten Bruders essen? Sicher würdet ihr es verabscheuen. So fürchtet Allah. Wahrlich, Allah ist Gnädig, Barmherzig.“ (Koran 49:12)

﴿ولا تقف ما ليس لك به علم ان ٱلسمع وٱلبصر وٱلفؤاد كل اولـئك كان عنه مسئولا﴾

„Und verfolge nicht das, wovon du keine Kenntnis hast. Wahrlich, das Ohr und das Auge und das Herz - sie alle sollen zur Rechenschaft gezogen werden.“ (Koran17:36)

Wisse (dies sagt Imam An-Nawawi), dass jeder Erwachsene verpflichtet ist, seine Zunge vor allem Geschwätz zu hüten, außer dem Guten.

١٥١٩ - وعن ابي هريرة رضي الله عنه قال، قال رسول الله صلى الله عليه وسلم: ((**من وقاه الله شر ما بين لحييه وشر ما بين رجليه دخل الجنة**)) رواه الترمذي وقال حديث حسن.

1519. Abu Huraira ﵁ berichtete: Der Prophet ﷺ sagte: **„Wer an Allah und den letzten Tag glaubt, der soll Gutes sagen oder schweigen!“**[349]

١٥٢٠ - وعن عقبة بن عامر رضي الله عنه قال قلت: يا رسول الله ما النجاة؟ قال: ((**امسك عليك لسانك، وليسعك بيتك، وابك على خطيئتك**)) رواه الترمذي وقال حديث حسن.

1520. Abu Musa ﵁ berichtete: Ich fragte: **„O Gesandter Allahs, wer von den Muslimen ist am besten? Er ﷺ antwortete: „Der, vor dessen Zunge und Hand die Muslime sicher sind!“**[350]

349 Authentisch: Sahih Buchari 6018, Sahih Muslim 47
350 Authentisch: Sahih Buchari 11, Sahih Muslim 42

١٥٢٣ - وعن ابي هريرة رضي الله عنه ان رسول الله صلى الله عليه وسلم قال: ((اتدرون ما الغيبة؟)) قالوا: الله ورسوله اعلم. قال: ((ذكرك اخاك بما يكره)) قيل: افرايت ان كان في اخي ما اقول؟ قال: ((ان كان فيه ما تقول فقد اغتبته، وان لم يكن فيه ما تقول فقد بهته)) رواه مسلم.

1523. Abu Huraira رضي الله عنه berichtete: Der Gesandter Allahs ﷺ fragte: **„Kennt ihr die üble Nachrede** (Ghieba)?**“ Es wurde geantwortet: „Allah und Sein Gesandter wissen es am besten.“ Er ﷺ sagte: „(Die üble Nachrede) ist, deinen Bruder bei Dingen zu erwähnen, die ihm nicht recht sind .” Man fragte: „Wie ist es, wenn es stimmt, was ich über meinen Bruder sage?“ Er ﷺ sagte: „Wenn es wahr ist, was du über ihn sagst, hast du üble Nachrede begangen und wenn es nicht wahr ist, was du über ihn sagst, dann hast du ihn verleumdet!“**[351]

١٥٢٤ - وعن ابي بكرة رضي الله عنه ان رسول الله صلى الله عليه وسلم قال في خطبته يوم النحر بمنى في حجة الوداع: ((ان دماءكم واموالكم واعراضكم حرام عليكم كحرمة يومكم هذا في شهركم هذا في بلدكم هذا، الا هل بلغت؟)) متفق عليه.

---

351 Authentisch: Sahih Muslim 2589

524. Abu Bakra ﵁ berichtete: Der Gesandte Allahs ﷺ hat am Tag der Opferung in Mina bei der Abschiedspilgerfahrt in seiner Predigt gesagt: **„Wahrlich, euer Blut, euer Besitz, eure Ehre sind euch unantastbar (unverletzlich, heilig), wie die Unantastbarkeit dieses eures Tages in diesem euren Monat in dieser euren Stadt. Habe ich (die Botschaft) verkündet?“**[352]

١٥٣٥ - وعن عائشة رضي الله عنها قالت، قالت هند امراة ابي سفيان للنبي صلى الله عليه وسلم: ان ابا سفيان رجل شحيح وليس يعطيني ما يكفيني وولدي الا ما اخذت منه وهو لا يعلم، قال: ((خذي ما يكفيك وولدك بالمعروف)) متفق عليه.

1535. Aischa ﵂ berichtete: Hind, die Frau Abu Sufjans sagte zum Propheten ﷺ: **„Abu Sufjan ist ein geiziger Mann, der mir nicht gibt (an Lebensunterhalt), was mir und meinen Kindern reicht, es sei denn ich nehme es, ohne dass er davon weiß.“ Er ﷺ sagte: „Nimm dir, was dir und euren Kindern reicht, aber in Güte!“**[353]

352 Authentisch: Sahih Buchari 67, 4662, 8078, Sahih Muslim 1679
353 Authentisch: Sahih Buchari 2211, 5364, Sahih Muslim 1714

١٥٣٦ - وعن حذيفة رضي الله عنه قال، قال رسول الله صلى الله عليه وسلم: ((لا يدخل الجنة نمام)) متفق عليه.

1536. Hudhaifa ﵁ berichtete: Der Gesandte Allahs ﷺ sagte: **„Ins Paradies wird nicht eintreten, wer Namam ist (wer üble Nachrede verbreitet)!“**[354]

١٥٥١ - عن ابي زيد ثابت بن الضحاك الانصاري رضي الله عنه وهو من اهل بيعة الرضوان قال، قال رسول الله صلى الله عليه وسلم: ((من حلف على يمين بملة غير الاسلام كاذبا متعمدا فهو كما قال، ومن قتل نفسه بشيء عذب به يوم القيامة، وليس على رجل نذر فيما لا يملكه، ولعن المؤمن كقتله)) متفق عليه.

1551. Abu Ziad Thabit Ibn Ad-Dahak Al-Ansari ﵁, der an der Ar-Ridwan Huldigung teilgenommen hatte, berichtete: Der Gesandte Allahs ﷺ sagte: **„Wer bei einem anderen Volk (bzw. Glauben) als dem (Volk des) Islam einen falschen Eid schwört, ist gleich dem, was er gesagt hat (nämlich ein Lügner). Wer sich mit einem Gegenstand umbringt, wird mit dem (gleichen Gegenstand) am Tage der Auferstehung bestraft. Ein Mensch darf nicht etwas**

354 Authentisch: Sahih Buchari 6056, Sahih Muslim 105

opfern, was ihm nicht gehört. Das Verfluchen eines Gläubigen ist so wie seine Ermordung.“[355]

١٥٥٢ - وعن ابي هريرة رضي الله عنه ان رسول الله صلى الله عليه وسلم قال: ((لا ينبغي لصديق ان يكون لعانا)) رواه مسلم.

1552. Abu Huraira ﷺ berichtete: Der Gesandte Allahs ﷺ sagte: **„Ein Rechtschaffener soll nicht ein Verflucher sein.“**[356]

١٥٦٧ - وعن انس رضي الله عنه ان النبي صلى الله عليه وسلم قال: ((لا تباغضوا ولا تحاسدوا ولا تدابروا ولا تقاطعوا، وكونوا عباد الله اخوانا. ولا يحل لمسلم ان يهجر اخاه فوق ثلاث)) متفق عليه.

1567. Anas ﷺ berichtete: Der Gesandte Allahs ﷺ sagte: **„Ihr dürft euch gegenseitig nicht hassen, nicht beneiden, einander nicht den Rücken kehren, den Kontakt zu einander nicht abbrechen, und seid Diener Allahs, die einander Brüder sind! Einem Muslim ist es nicht erlaubt, seinen (Glaubens) bruder länger als drei Tage den Kontakt abzubrechen.“**[357]

355 Authentisch: Sahih Buchari 6047, Sahih Muslim 110
356 Authentisch: Sahih Muslim 2597
357 Authentisch: Sahih Buchari 6065, 6076, Sahih Muslim 2559

٢٧١ - باب النهي عن التجسس والتسمع لكلام من يكره استماعه

271. Das Verbot zu Spionieren und die Gespräche anderer gegen ihren Willen abzuhören

﴿يايها ٱلذين ءامنوا ٱجتنبوا كثيرا من ٱلظن ان بعض ٱلظن اثم ولا تجسسوا ولا يغتب بعضكم بعضا ايحب احدكم ان ياكل لحم اخيه ميتا فكرهتموه وٱتقوا ٱلله ان ٱلله تواب رحيم﴾

„O ihr, die ihr glaubt! Vermeidet häufigen Argwohn; denn mancher Argwohn ist Sünde. Und spioniert nicht und führt keine üble Nachrede übereinander. Würde wohl einer von euch gerne das Fleisch seines Toten Bruders essen? Sicher würdet ihr es verabscheuen, so fürchtet Allah. Wahrlich, Allah ist Gnädig, Barmherzig." (Koran 49:12)

١٥٧٠ - وعن ابي هريرة رضي الله عنه ان رسول الله صلى الله عليه وسلم قال: ((اياكم والظن فان الظن اكذب الحديث، ولا تحسسوا ولا تجسسوا ولا تنافسوا ولا تحاسدوا ولا تباغضوا ولا تدابروا؛ وكونوا عباد الله اخوانا كما امركم. المسلم اخو المسلم لا يظلمه

ولا يخذله ولا يحقره. التقوى ههنا، التقوى ههنا)) ويشير الى صدره ((بحسب امرئ من الشر ان يحقر اخاه المسلم؛ كل المسلم على المسلم حرام: دمه وعرضه وماله؛ ان الله لا ينظر الى اجسادكم ولا الى صوركم واعمالكم، ولكن ينظر الى قلوبكم واعمالكم))

وفي رواية: ((لا تحاسدوا ولا تباغضوا ولا تجسسوا ولا تحسسوا ولا تناجشوا؛ وكونوا عباد الله اخوانا)) وفي رواية: ((لا تقاطعوا ولا تدابروا ولا تباغضوا ولا تحاسدوا؛ وكونوا عباد الله اخوانا))

وفي رواية: ((ولا تهاجروا، ولا يبع بعضكم على بيع بعض))

رواه مسلم بكل هذه الروايات وروى البخاري اكثرها.

1570. Abu Huraira ﵁ berichtete: Der Gesandte Allahs ﷺ sagte: **„Hütet euch vor Vorurteilen (oder verdächtigt euch nicht), denn Vorurteile sind die verlogensten aller Reden! (wa la tahassasu) ihr sollt nicht nach den Fehlern des anderen suchen, spioniert euch gegenseitig nicht aus, (wa la tanafasu) ihr sollt einander nicht missgünstig sein und euch nicht neiden. Ihr dürft euch gegenseitig nicht hassen, einander nicht den Rücken kehren, und seid Diener Allahs, die einander Brüder sind, so wie Allah es euch befohlen hat! Der Muslim ist Bruder des Muslims. Er darf ihm kein**

Unrecht antun, ihn nicht im Stich lassen und nicht erniedrigen. Allahs Furcht ist hier, Allahs Furcht ist hier!" Dabei zeigte er auf seine Brust. „Es ist schon boshaft, wenn der Muslim seinen (Glaubens-)Bruder hasst. Das Blut des Muslims, seine Würde und sein Besitz sind unantastbar. Wahrlich, Allah sieht nicht auf eure Körper oder eure Bilder, Er schaut aber auf eure Herzen und eure Taten."[358]

358 Authentisch: Sahih Buchari 6064, Sahih Muslim 2563, 2564

٢٧٢ - باب تحريم احتقار المسلمين

272. Das Verbot, Muslime zu verabscheuen

﴿يـايها ٱلذين ءامنوا لا يسخر قوم من قوم عسى ان يكونوا
خيرا منهم ولا نساء من نساء عسى ان يكن خيرا منهن ولا
تلمزوا انفسكم ولا تنابزوا بٱلالقب بئس ٱلاسم ٱلفسوق بعد
ٱلايمـان ومن لم يتب فاولـئك هم ٱلظـلمون﴾

„O ihr, die ihr glaubt! Laßt nicht eine Schar über die andere spotten, vielleicht sind diese besser als jene; noch (lasset) Frauen über (andere) Frauen (spotten), vielleicht sind diese besser als jene. Und verleumdet einander nicht und gebt einander keine Schimpfnamen. Schlimm ist die Bezeichnung der Sündhaftigkeit, nachdem man den glauben (angenommen) hat, und Jene die nicht umkehren - das sind die Ungerechten.“ (Koran 49:11)

﴿ويل لكل همزة لمزة﴾

“Wehe jedem Stichler, Verleumder...”

(Koran104:1)

٢٧٦ - باب النهي عن الغش والخداع

276. Das Verbot des Betrugs

Allah, erhaben ist er, sagt:

﴿والذين يؤذون المؤمنين والمؤمنت بغير ما اكتسبوا فقد احتملوا بهتنا واثما مبينا﴾

„Und diejenigen, die Gläubigen Männern und Gläubigen Frauen ungerechterweise Ungemach zufügen, laden Gewiß (die Schuld) der Verleumdung und eine offenkundige Sünde auf Sich." (Koran 33:58)

١٥٧٩ - وعن ابي هريرة رضي الله عنه ان رسول الله صلى الله عليه وسلم قال: ((من حمل علينا السلاح فليس منا، ومن غشنا فليس منا)) رواه مسلم.

وفي رواية له ان رسول الله صلى الله عليه وسلم مر على صبرة طعام فادخل يده فيها فنالت اصابعه بللا، فقال: ((ما هذا يا صاحب الطعام؟)) قال: اصابته السماء يا رسول الله، قال: ((افلا جعلته فوق الطعام حتى يراه الناس! من غشنا فليس منا))

1579. Abu Huraira ﷺ berichtete: Der Gesandte Allahs ﷺ sagte: **„Wer gegen uns die Waffen**

richtet, gehört nicht zu uns, und wer uns betrügt, gehört nicht zu uns.“

Und in einer anderen Überlieferung berichtet Abu Huraira ﷺ: Der Gesandte Allahs ﷺ lief an einem Getreidehaufen vorbei. Während er seine Hand hineinsteckte wurden seine Finger nass. Er ﷺ sagte: **„Was ist das, o Besitzer des Essens.“ Dieser antwortete: Der Himmel hat es getroffen (der Regen war es), o Gesandter Allahs. Er ﷺ sagte: „Hättest du nicht obendrauf legen können, damit die Leute es sähen! Wer uns betrügt, gehört nicht zu uns.”**[359]

١٥٨٠ - وعنه رضي الله عنه ان رسول الله صلى الله عليه وسلم قال:
((لا تناجشوا)) متفق عليه.

1580. Abu Huraira ﷺ berichtete: Der Gesandte Allahs ﷺ sagte: **„Ihr dürft euch gegenseitig nicht überbieten.“**[360]

359 Authentisch: Sahih Muslim 101, 102
360 Authentisch: Sahih Buchari 2140, 2150, Sahih Muslim 1515

٢٧٧ - باب تحريم الغدر

277. Das Verbot der Veruntreuung

Allah, Erhaben ist Er, sagt:

﴿يـايها ٱلذين ءامنوا اوفوا بٱلعقود ﴾

„O ihr, die ihr glaubt, erfüllt die Verträge.“

(Koran 5:1)

﴿ولا تقربوا مال ٱليتيم الا بٱلتى هى احسن حتى يبلغ اشده و
واوفوا بٱلعهد ان ٱلعهد كان مسـولا﴾

„Und tastet nicht das Gut der Waise an, es sei denn zu (ihrem) besten, bis sie die Reife erreicht hat. und haltet die Verpflichtung ein; denn über die Verpflichtung muß Rechenschaft abgelegt werden.“ (Koran 17:34)

١٥٨٤ - وعن عبد الله بن عمرو بن العاص رضي الله عنهما ان رسول الله صلى الله عليه وسلم قال: ((اربع من كن فيه كان منافقا خالصا، ومن كانت فيه خصلة منهن كان فيه خصلة من النفاق حتى يدعها: اذا اؤتمن خان، واذا حدث كذب، واذا عاهد غدر، واذا خاصم فجر)) متفق عليه.

1584. Abdullah Ibn Amr Ibn Al-³As ﷺ berichtete: Der Gesandte Allahs ﷺ sagte: **„Wer vier (Eigenschaften) besitzt, ist ein vollständiger Heuchler und wer eine von diesen Eigenschaften besitzt, der hat eine Eigenschaft der Heuchelei, bis er damit aufhört: Wenn ihm etwas anvertraut wird, wird er untreu, wenn er spricht, lügt er. Wenn er verspricht, bricht er es und wenn er streitet, wird er das Maß überschreiten.“**[361]

361 Authentisch: Sahih Buchari 34, Sahih Muslim 58

٢٨١ - باب النهي عن تناجي اثنين دون الثالث بغير اذنه الا لحاجة وهو ان يتحدثا سرا بحيث لا يسمعهما وفي معناه ما اذا تحدثا بلسان لا يفهمه

281. Verbot des Flüsterns (ohne Zustimmung) oder in einer anderen Sprache zu sprechen (die ein Anwesender nicht versteht)

Allah, erhaben ist Er, sagt:

﴿انما ٱلنجوى من ٱلشيطـن ليحزن ٱلذين ءامنوا وليس بضارهم شيـا الا باذن ٱلله وعلى ٱلله فليتوكل ٱلمؤمنون﴾

„Die geheime Verschwörung rührt allein von Satan her, der die betrüben will, die gläubig sind; doch er kann ihnen nicht den geringsten Schaden zufügen, es sei denn mit Allahs Erlaubnis. Und auf Allah sollen die Gläubigen vertrauen." (Koran 58:10)

١٥٩٨ - وعن ابن عمر رضي الله عنهما ان رسول الله صلى الله عليه وسلم قال: ((اذا كانوا ثلاثة فلا يتناجى اثنان دون الثالث)) متفق عليه.

ورواه ابو داود وزاد: قال ابو صالح قلت لابن عمر: فاربعة، قال: لا يضرك. ورواه

مالك في الموطا عن عبد الله بن دينار قال: كنت انا وابن عمر عند دار خالد بن عقبة التي في السوق، فجاء رجل يريد ان يناجيه وليس مع ابن عمر احد غيري، فدعا ابن عمر رجلا اخر حتى كنا اربعة، فقال لي وللرجل الثالث الذي دعا: استاخرا شيئا فاني سمعت رسول الله صلى الله عليه وسلم يقول: ((لا يتناجى اثنان دون واحد))

1598. Ibn Umar ﷺ berichtete: Der Gesandte Allahs ﷺ sagte: **„Wenn (die Leute) zu dritt sind, sollen zwei von ihnen ohne den Dritten nicht flüstern.“**[362]
Abu Dawud überliefert ebenfalls und fügt hinzu: Abu Salih sagt: Ich fragte Ibn Umar: Und wie wäre es, wenn sie vier sind? Er antwortete: Dann schadet es nicht.

١٥٩٩ - وعن ابن مسعود رضي الله عنه ان رسول الله صلى الله عليه وسلم قال: ((اذا كنتم ثلاثة فلا يتناجى اثنان دون الاخر حتى تختلطوا بالناس من اجل ان ذلك يحزنه)) متفق عليه.

1599. Ibn Mas³ud ﷺ berichtete: Der Gesandte Allahs ﷺ sagte: **„Wenn ihr zu dritt seid, sollen zwei von euch ohne den Dritten nicht flüstern, bis ihr unter den Menschen seid, weil ihn (den Dritten) dies traurig macht.“**[363]

362 Authentisch: Sahih Buchari 6288, Sahih Muslim 2183
363 Authentisch: Sahih Buchari 6290, Sahih Muslim 2184

٢٨٢ - باب النهي عن تعذيب العبد والدابة والمراة والولد بغير سبب شرعي او زائد على قدر الادب

282. Das Verbot von Gewalt...

﴿وٱعبدوا ٱلله ولا تشركوا به شيئا وبٱلوٱلدين احسنا وبذى ٱلقربى وٱليتمى وٱلمسكين وٱلجار ذى ٱلقربى وٱلجار ٱلجنب وٱلصاحب بٱلجنب وٱبن ٱلسبيل وما ملكت ايمنكم ان ٱلله لا يحب من كان مختالا فخورا﴾

„Und dient Allah und setzt Ihm nichts zur Seite; und seid Gut zu den Eltern und zu den Verwandten, den Waisen, den Armen, dem Nachbar, sei er verwandt oder aus der Fremde, dem Begleiter an der Seite, dem Sohn des Weges und zu dem (Sklaven), den ihr von Rechts wegen besitzt. seht, Allah liebt nicht den Hochmütigen und Prahler."

(Koran 4:36)

١٦٠٠ - وعن ابن عمر رضي الله عنهما ان رسول الله صلى الله عليه وسلم قال: ((عذبت امراة في هرة سجنتها حتى ماتت فدخلت فيها النار؛ لا هي اطعمتها وسقتها اذ حبستها، ولا هي تركتها تاكل من خشاش الارض)) متفق عليه.

((خشاش الارض)) بفتح الخاء المعجمة وبالشين المعجمة المكررة وهي: هوامها وحشراتها.

1600. Ibn Umar ﵁ berichtete: Der Gesandte Allahs ﷺ sagte: **„Eine Frau wurde bestraft, die eine Katze eingesperrt hatte bis diese starb. Sie kam (deswegen) in das Feuer. Sie hatte ihr weder zu essen noch zu trinken gegeben. Laufen lassen hat sie sie auch nicht, sodass sie hätte von den Tierchen der Erde fressen können.“**[364]

١٦٠١ - وعنه رضي الله عنه انه مر بفتيان من قريش قد نصبوا طيرا وهم يرمونه، وقد جعلوا لصاحب الطير كل خاطئة من نبلهم، فلما راوا ابن عمر تفرقوا، فقال ابن عمر: من فعل هذا! لعن الله من فعل هذا! ان رسول الله صلى الله عليه وسلم لعن من اتخذ شيئا فيه الروح غرضا.

متفق عليه.

((الغرض)) وهو: الهدف والشيء الذي يرمى اليه.

1601. Derselbe, Ibn Umar ﵁, berichtete, **dass er einmal an einigen Jungen der Quraisch vorbeigegangen war, während diese einen Vogel als Zielscheibe nahmen und mit Pfeilen auf ihn schossen. Jeder verfehlte Pfeil liessen sie dem Vogelbesitzer. Als sie Ibn Umar sahen, verstreuten sie sich. Ibn Umar sagte zu ihnen: „Wer hat das getan? Möge Allah den verfluchen, der dies getan**

---

364 Authentisch: Sahih Buchari 2365, 3482, Sahih Muslim 2242

hat. Wahrlich hat der Gesandte Allahs ﷺ solche verflucht, die Lebewesen als Zielscheibe benutzen.“[365]

١٦٠٢ - وعن انس رضي الله عنه قال **نهى رسول الله صلى الله عليه وسلم ان تصبر البهائم**. متفق عليه.
ومعناه: تحبس للقتل.

1602. Anas ﵁ berichtete, dass **der Gesandte Allahs ﷺ verboten hat, die Tiere einzusperren, um sie zu töten.**[366]

١٦٠٣ - وعن ابي علي سويد بن مقرن رضي الله عنه قال: **لقد رايتني سابع سبعة من بني مقرن ما لنا خادم الا واحدة لطمها اصغرنا، فامرنا رسول الله صلى الله عليه وسلم ان نعتقها**. رواه مسلم.
وفي رواية: **سابع اخوة لي**.

1603. Abu Ali Swaid Ibn Muqarrin ﵁ berichtete: **Ich war einer der sieben von der Familie der Bani Muqarrin. Wir hatten nur eine Dienerin, die von einem der Jüngsten von uns geohrfeigt wurde. Deshalb befahl uns der Gesandte Allahs ﷺ sie freizulassen.**[367]

365 Authentisch: Sahih Buchari 5515, Sahih Muslim 1958
366 Authentisch: Sahih Buchari 5513, Sahih Muslim 1956
367 Authentisch: Sahih Muslim 1658

١٦٠٤ - وعن ابي مسعود البدري رضي الله عنه قال كنت اضرب غلاما لي بالسوط فسمعت صوتا من خلفي: ((اعلم ابا مسعود)) فلم افهم الصوت من الغضب، فلما دنا مني اذا هو رسول الله صلى الله عليه وسلم فاذا هو يقول: ((اعلم ابا مسعود ان الله اقدر عليك منك على هذا الغلام)) فقلت: لا اضرب مملوكا بعده ابدا. وفي رواية: فسقط السوط من يدي من هيبته. وفي رواية: فقلت يا رسول الله هو حر لوجه الله، فقال: ((اما انه لو لم تفعل للفحتك النار او لمستك النار)) رواه مسلم بهذه الروايات.

1604. Abu Mas3ud Albadri ﵁ berichtete: **Als ich einen Sklavenjungen mit der Peitsche schlug, hörte ich hinter mir eine Stimme: „Wisse Abu Mas3ud!“ Vor Zorn hörte ich die Stimme nicht. Als er sich näherte sah ich den Gesandten Allahs ﷺ, der sagte: „Wisse Abu Mas3ud, dass Allah mehr Macht über dich hat, als deine (Macht) über diesen Sklaven!“ Da versprach ich nie wieder einen Sklavenjungen zu schlagen.**

In einer anderen Überlieferung: **Aus Ehrfurcht vor ihm, fiel die Peitsche aus meiner Hand.**

In einer anderen Überlieferung: **Dann sagte ich: O Gesandter Allahs, er (der Sklave) ist**

jetzt um Allahs willen frei. Daraufhin sagte er ﷺ: „Wenn du dies nicht tätest, hätte das (Höllen-)Feuer dich verbrannt.“[368]

Die nächsten vier Ahadith handeln ebenfalls von dem Verbot, Menschen oder Tiere zu quälen.

368 Authentisch: Sahih Muslim 1659

٢٨٣ - باب تحريم التعذيب بالنار في كل حيوان حتى القملة ونحوها

283. Das Verbot Tiere zu quälen (insbesondere mit Feuer), auch nicht eine Ameise oder Ähnliches

١٦١٠ - وعن ابن مسعود رضي الله عنه قال: كنا مع رسول الله صلى الله عليه وسلم في سفر فانطلق لحاجته فراينا حمرة معها فرخان، فاخذنا فرخيها، فجاءت الحمرة فجعلت تعرش، فجاء النبي صلى الله عليه وسلم فقال: ((من فجع هذه بولدها؟ ردوا ولدها اليها)) وراى قرية نمل قد حرقناها فقال: ((من حرق هذه؟)) قلنا نحن، قال: ((انه لا ينبغي ان يعذب بالنار الا رب النار)) رواه ابو داود باسناد صحيح.

قوله ((قرية نمل)) معناه: موضع النمل مع النمل.

1610. Ibn Mas³ud ﵁ berichtete: **Wir waren mit dem Gesandten Allahs ﷺ auf einer Reise und als er sich zum Verrichten der Notdurft entfernte, sahen wir einen Vogel mit zwei Küken. Wir nahmen ihm seine Küken. Daraufhin begann das Rothuhn über uns zu fliegen. Als der Prophet kam, sagte er ﷺ: „Wer hat dieses mit seinen**

Kindern erschreckt? Bringt ihm seine Kinder zurück!“ Er sah ebenfalls einen Ameisenhaufen, den wir verbrannt hatten. Er ﷺ fragte: „Wer hat den verbrannt?“ Wir haben gesagt: „Wir!“ Er sagte: „Keinem ist es erlaubt, mit dem Feuer zu foltern außer (Allah) dem Herrn des Feuers.“[369]

369 Authentisch: Sahih Al-Dschami[3] 2425, Asilsila Assahiha 25, 487 und Sahih Abu Dawud von Albani 2329

٢٨٦ - باب تاكيد تحريم مال اليتيم

286. Das absolute Verbots sich das Besitz der Waisen anzueignen

Allah, der Erhabene sagt:

﴿ان ٱلذين ياكلون اموٲل ٱليتامى ظلما انما ياكلون فى بطونهم نارا وسيصلون سعيرا﴾

„Wahrlich, diejenigen, die der Waisen Gut ungerecht aufzehren, die zehren (in Wirklichkeit) Feuer in ihre Bäuche auf und werden in einem Höllenfeuer brennen.“

(Koran 4:10)

﴿ويسلونك عن ٱليتمى قل اصلاح لهم خير وان تخالطوهم فاخو نكم وٱلله يعلم ٱلمفسد من ٱلمصلح﴾

„...sie befragen dich über die Waisen. Sprich: ‚Ihre Lage zu verbessern ist gut. und wenn ihr ihre Angelegenheiten mit den euren zusammentut, so sind sie eure Geschwister.’ und Allah weiß den Unheilstifter von dem zu unterscheiden, der Gutes tut. Und wenn Allah es gewollt hätte, hätte er euch In Bedrängnis

gebracht. Wahrlich, Allah ist Allmächtig, Allweise.” (Koran 2:220)

١٦١٤ - وعن ابي هريرة رضي الله عنه عن النبي صلى الله عليه وسلم قال: ((اجتنبوا السبع الموبقات!)) قالوا: يا رسول الله وما هن؟ قال: ((الشرك بالله والسحر وقتل النفس التي حرم الله الا بالحق واكل الربا واكل مال اليتيم والتولي يوم الزحف وقذف المحصنات المؤمنات الغافلات)) متفق عليه.

((الموبقات)) : المهلكات.

1614. Abu Huraira ﷺ berichtete: Der Gesandte Allahs ﷺ sagte: **„Hütet euch vor den sieben großen Sünden!“ Man fragte: „O Gesandter Allahs, welche sind das?“ Er ﷺ antwortete: „Allah einen Partner zur Seite stellen; das Verzaubern; das Töten einer Seele, die Allah unantastbar gemacht hat, außer zu Recht; das Nehmen von Zinsen und das Nehmen des Besitzes von Waisen; die Flucht an der Front vor dem Feind und die Verleumdung der Unschuldigen, Gläubigen und Unwissenden.“**[370]

370 Authentisch: Sahih Buchari 2766, Sahih Muslim 89

٢٨٧ - باب تغليظ تحريم الربا

287. Verbot des Wuchers

Allah, der Erhabene sagt:

﴿ٱلذين ياكلون ٱلربوا لا يقومون الا كما يقوم ٱلذى يتخبطه
ٱلشيطـن من ٱلمس ذ لك بانهم قالوا انما ٱلبيع مثل ٱلربوا
واحل ٱلله ٱلبيع وحرم ٱلربوا فمن جاءه، موعظة من ربه
فٱنتهى فله، ما سلف وامره، الى ٱلله ومن عاد فا ولـئك
اصحـب ٱلنار هم فيها خـالدون (٢٧٥) يمحق ٱلله ٱلربوا
ويربى ٱلصدقـت﴾

„Diejenigen, die Zinsen verschlingen, sollen nicht anders dastehen als wie einer, der vom Satan erfaßt und zum Wahnsinn getrieben wird. Dies (soll so sein,) weil sie sagen: ‚Handel ist dasselbe wie Zinsnehmen.' Doch Allah hat den Handel erlaubt und das Zinsnehmen verboten. Und wenn zu jemandem eine Ermahnung von seinem Herrn Kommt und er dann aufhört - dem soll verbleiben, was bereits geschehen ist. und seine Sache ist bei Allah. Wer es aber von neuem tut - die werden Bewohner des Feuers sein, darin

werden sie ewig bleiben. 276. Allah wird den Zins dahinschwinden lassen und die Mildtätigkeit vermehren.“ (Koran 2:275-276)

١٦١٥ - وعن ابن مسعود رضي الله عنه قال: **لعن رسول الله صلى الله عليه وسلم اكل الربا وموكله.** رواه مسلم.
زاد الترمذي وغيره: وشاهديه وكاتبه.

1615. Ibn Mas³ud ﵁ berichtete: **„Der Gesandte Allahs ﷺ verfluchte die, die den Wucher nehmen und geben.”**[371]
At-Tirmidhi und andere fügten hinzu: …die Zeugen und Schreiber (des Wuchers sind ebenfalls verflucht).

371 Authentisch: Sahih Muslim 1597

٢٨٨ - باب تحريم الرياء

288. Verbot der Scheinheiligkeit

Allah, der Erhabene, sagt:

﴿وما امروا الا ليعبدوا ٱلله مخلصين له ٱلدين حنفاء﴾

„Und doch war ihnen nichts anderes befohlen worden, als Allah treu in lauterem glauben zu dienen.“ (Koran 98:5)

﴿يـايها ٱلذين ءامنوا لا تبطلوا صدقـتكم بٱلمن وٱلاذى كٱلذى ينفق ماله، رئاء ٱلناس﴾

„O ihr, die ihr glaubt, vereitelt nicht eure Almosen durch Vorhaltungen und Ungemach, gleich dem, der sein Gut ausgibt, um von den Leuten gesehen zu werden.“ (Koran 2:264)

﴿يراءون ٱلناس ولا يذكرون ٱلله الا قليلا﴾

„(Sie tun dies nur), um von den Menschen gesehen zu werden, und sie gedenken Allahs nur selten.“ (Koran 4:142)

١٦١٦ - وعن ابي هريرة رضي الله عنه قال سمعت رسول الله صلى الله عليه وسلم يقول: ((قال الله تعالى: انا اغنى الشركاء عن الشرك، من عمل عملا اشرك فيه معي غيري تركته وشركه)) رواه مسلم.

1616. Abu Huraira ﵁ berichtete: Ich hörte den Gesandte Allahs ﷺ sagen: **„Allah, der Erhabene, sagt: ‚Ich benötige keine Teilhaber. Wer eine Tat vollbringt und Mir jemanden beigesellt, den lasse Ich mit seiner Beigesellung (allein).'"**[372]

١٦١٧ - وعنه رضي الله عنه قال سمعت رسول الله صلى الله عليه وسلم يقول: ((ان اول الناس يقضى يوم القيامة عليه رجل استشهد فاتي به فعرفه نعمته فعرفها، قال: فما عملت فيها؟ قال: قاتلت فيك حتى استشهدت. قال: كذبت ولكنك قاتلت لان يقال جريء فقد قيل، ثم امر به فسحب على وجهه حتى القي في النار، ورجل تعلم العلم وعلمه وقرا القران، فاتي به فعرفه نعمه فعرفها، قال: فما عملت فيها؟ قال: تعلمت العلم وعلمته وقرات فيك القران. قال: كذبت ولكنك تعلمت ليقال عالم وقرات القران ليقال هو قارئ فقد قيل، ثم امر به فسحب على وجهه حتى القي في النار، ورجل وسع الله عليه واعطاه من اصناف المال فاتي به فعرفه نعمه فعرفها، قال: فما عملت فيها؟ قال: ما تركت من

372 Authentisch: Sahih Muslim 2985

سبيل تحب ان ينفق فيها الا انفقت فيها لك. قال: كذبت ولكنك فعلت ليقال هو جواد فقد قيل، ثم امر به فسحب على وجهه ثم القي في النار)) رواه مسلم.

((جريء)) بفتح الجيم وكسر وبالمد: اي شجاع حاذق.

1617. Derselbe, Abu Huraira ﷺ, berichtete: Ich hörte den Gesandten Allahs ﷺ sagen: **„Der erste Mensch, der am Tag der Auferstehung verurteilt wird, ist ein Märtyrer. Er wird gebracht und seine Wohltaten, die er wiedererkennt, werden ihm vorgestellt,. Er wird gefragt werden: „Was hast du damit gemacht?“ Er wird sagen: „Ich habe um Deinetwegen gekämpft, bis ich als Märtyrer fiel.“ Er wird sagen: „Du hast gelogen, du kämpftest, damit man sagt, dass du tapfer bist. Das wurde ja gesagt.“ Es wird dann befohlen, ihn auf dem Gesicht zu ziehen und ins Feuer zu werfen. Ein Mann, der sich Wissen aneignete, es andere lehrte und den Koran las. Dieser wird gebracht und seine Wohltaten werden ihm vorgestellt, welche er wiedererkennt. Er wird gefragt werden: „Was hast du damit gemacht?“ Er wird sagen: „Ich habe um Deinetwegen gelernt und gelehrt und las**

Deinetwillen den Koran.“ Er sagt: „Du hast gelogen, du lerntest das Wissen, damit man sagt, dass du ein Gelehrter bist und du hast den Koran gelesen, damit man sagt, du seiest ein Koranleser. Das wurde ja gesagt.“ Es wird dann befohlen, ihn auf dem Gesicht zu ziehen und ins Feuer zu werfen.

Ein Mann den Allah zu einem Wohlhabenden gemacht und ihm viele Reichtümer gegeben hat. Er wird gebracht und seine Wohltaten werden ihm vorgestellt, welche er wiedererkennt. Er wird gefragt werden: „Was hast du damit gemacht?“ Er wird sagen: „Ich habe keinen Weg unterlassen, den Du gerne hast und auf dem man spendet, ohne, dass ich um Deinetwillen gespendet habe.“ Er sagt: „Du hast gelogen, du tatest dies, damit man sagt, dass du großzügig bist. Das wurde ja gesagt.“ Es wird dann befohlen, ihn auf dem Gesicht zu ziehen und ins Feuer zu werfen.“[373]

---

373 Authentisch: Sahih Muslim 1905

١٦١٨ - وعن ابن عمر رضي الله عنهما ان ناسا قالوا له: انا ندخل على سلاطيننا فنقول لهم بخلاف ما نتكلم اذا خرجنا من عندهم، قال ابن عمر رضي الله عنهما: **كنا نعد هذا نفاقا على عهد رسول الله صلى الله عليه وسلم.** رواه البخاري.

1618. Ibn Umar ﵄ berichtete, dass Leute zu ihm gesagt haben: Wenn wir bei unseren Herrschern sind, sagen wir das Gegenteil von dem, was wir sagen, wenn wir sie verlassen haben. Ibn Umar ﵄ sagte dazu: **„In der Zeit des Gesandten Allahs ﷺ galt so etwas als Heuchelei'.**"[374]

374 Authentisch: Sahih Buchari 7178

٢٨٩ - باب ما يتوهم انه رياء وليس هو رياء

289. Was man für Heuchelei hält, es aber keine ist

١٦٢١ - عن ابي ذر رضي الله عنه قال: قيل لرسول الله صلى الله عليه وسلم: ارايت الرجل يعمل العمل من الخير ويحمده الناس عليه؟ قال: ((تلك عاجل بشرى المؤمن))

رواه مسلم.

1621. Abu Dharr ﵁ hat berichtet: Der Gesandte Allahs ﷺ wurde gefragt: **„Wie ist es mit dem Mensch, der Gutes tut und die Leute ihn dafür loben?" Er ﷺ antwortete: „Das ist die vorausgeschickte frohe Botschaft des Gläubigen."**[375]

---

375 Authentisch: Sahih Muslim 2642

٢٩٠ - باب تحريم النظر الى المراة الاجنبية والامرد الحسن لغير حاجة شرعية

290. Das Verbot eine fremde Frau oder einen schönen kleinen Jungen zu betrachten, ohnen einen legitimen Grund zu haben

Allah, der Erhaben, sagt:

﴿قل للمؤمنين يغضوا من ابصرهم﴾

„Sprich zu den gläubigen Männern, dass sie ihre Blicke zu Boden schlagen."
(Koran 24:30)

﴿ان ٱلسمع وٱلبصر وٱلفؤاد كل اولـئك كان عنه مسـولا﴾

„Wahrlich, das Ohr und das Auge und das Herz - sie alle sollen zur Rechenschaft gezogen werden." (Koran 17:36)

﴿يعلم خائنة ٱلاعين وما تخفى ٱلصدور﴾

„Er kennt die Verräterei der Blicke und alles, was die Herzen verbergen." (Koran 40:19)

١٦٢٢ - وعن ابي هريرة رضي الله عنه عن النبي صلى الله عليه وسلم قال: ((كتب على ابن ادم نصيبه من الزنا مدرك ذلك لا محالة: العينان زناهما النظر، والاذنان زناهما الاستماع، واللسان زناه الكلام، واليد زناها البطش، والرجل زناها الخطا، والقلب يهوى ويتمنى، ويصدق ذلك الفرج او يكذبه))

متفق عليه. وهذا لفظ مسلم، ورواية البخاري مختصرة.

1622. Abu Huraira ﷺ berichtete: Der Prophet ﷺ sagte: „**Dem Kind Adams ist sein Anteil an Zina (Unzucht) vorgeschrieben, den es treffen wird, ohne dass es dies vermeiden kann. Die Unzucht der Augen ist Nazhar (Betrachtung mit Lust), die Unzucht der Ohren ist das Zuhören, die Unzucht der Zunge ist das Sprechen, die Unzucht der Hand ist das Anfassen, die Unzucht der Füße sind die Schritte; das Herz verlangt und begehrt und die Geschlechtsteile bestätigen es und vermeiden es.**"[376]

Das ist die Überlieferung von Imam Muslim. Die von Buchari ist kürzer.

١٦٢٣ - وعن ابي سعيد الخدري رضي الله عنه عن النبي صلى الله عليه وسلم قال: ((اياكم والجلوس في الطرقات)) قالوا: يا رسول الله ما لنا من مجالسنا بد، نتحدث فيها، فقال رسول الله صلى الله

376 Authentisch: Sahih Buchari 6343, 6612, Sahih Muslim 2657

عليه وسلم: ((فاذا ابيتم الا المجلس فاعطوا الطريق حقه)) قالوا: وما حق الطريق يا رسول الله؟ قال: ((غض البصر، وكف الاذى، ورد السلام، والامر بالمعروف والنهي عن المنكر))

متفق عليه.

1623. Abu Said Al-Chudri ﵁ berichtete: Der Gesandte Allahs ﷺ sagte: **„Hütet euch an den Wegen zu sitzen!" Mann sagte: „O Gesandter Allahs ﷺ, wir brauchen diese Sitzungen, um zu besprechen." Er ﷺ sagte: „Wenn ihr diese Sitzungen unbedingt halten müsst, dann gebt dem Weg sein Recht!" Man fragte: „Was ist das Recht des Weges, o Gesandter Allahs?" Er antwortete: „Das Senken der Blicke, Schäden beheben, das Erwidern des Grußes, das Gute gebieten und das Schlechte verbieten."**[377]

377 Authentisch: Sahih Buchari 2465, 6229, Sahih Muslim 2121

٢٩٢ - باب تحريم تشبه الرجال بالنساء وتشبه النساء بالرجال في لباس وحركة وغير ذلك

292. Die Nachahmung der Männer der Frauen und umgekehrt (bzgl. Kleidung, Bewegung und Ähnliches)

١٦٣٣ - وعنه رضي الله عنه قال، قال رسول الله صلى الله عليه وسلم:
((صنفان من اهل النار لم ارهما: قوم معهم سياط كاذناب البقر يضربون بها الناس، ونساء كاسيات عاريات مميلات مائلات رؤوسهن كاسنمة البخت[٣٧٨] المائلة لا يدخلن الجنة ولا يجدن ريحها، وان ريحها ليوجد من مسيرة كذا وكذا)) رواه مسلم.
معنى ((كاسيات)) : اي من نعمة الله. ((عاريات)) : من شكرها. وقيل معناه: تستر بعض بدنها وتكشف بعضه اظهارا لجمالها ونحوه.
وقيل: تلبس ثوبا رقيقا يصف لون بدنها. ومعنى ((مائلات)) قيل عن طاعة الله وما يلزمهن حفظه. ((مميلات)) : اي يعلمن غيرهن فعلهن المذموم. وقيل: ((مائلات)) : يمشين متبخترات، مميلات لاكتافهن. وقيل: مائلات: يمتشطن المشطة الميلاء: وهي مشطة البغايا. و ((مميلات)) : يمشطن غيرهن تلك المشطة. ((رؤوسهن كاسنمة البخت)) : اي يكبرنها ويعظمنها بلف عمامة او عصابة او نحوها.

1633. Abu Huraira ﷺ berichtete: Der Gesandte Allahs ﷺ sagte: **„Es gibt zwei Sorten**

---

٣٧٨ البخت: جمل ذو سنام واحد

der Bewohner des Feuers, die ich (noch) nicht gesehen habe. Sie sind Männer mit Peitschen wie die Schwänze der Kuh, mit denen sie Menschen schlagen; und Frauen, die zwar bekleidet, aber nackt sind (die enge oder durchsichtige Kleider tragen) Ihre Köpfe sind wie schräge Höcker eines Dromedars[379]. Sie werden das Paradies nicht betreten und nicht einmal seinen Duft riechen, obwohl sein Duft von Weitem zu riechen ist."[380]

379 Das Dromedar: Eine Kamelsorte mit einem Höcker
380 Authentisch: Sahih Muslim 2128

٢٩٣ - باب النهي عن التشبه بالشيطان والكفار

293. Das Verbot der Nachahmung des Satans und der Ungläubigen

١٦٣٥ - وعن ابن عمر رضي الله عنهما ان رسول الله صلى الله عليه وسلم قال: ((لا ياكلن احدكم بشماله ولا يشربن بها، فان الشيطان ياكل بشماله ويشرب بها)) رواه مسلم.

1635. Ibn Umar ﵁ berichtete: Der Gesandte Allahs ﷺ sagte: **„Esst nicht und trinkt nicht mit der linken Hand, denn der Satan isst und trinkt mit seiner Linken."**[381]

١٦٤٥ - وعن ابن مسعود رضي الله عنه انه قال: لعن الله الواشمات والمستوشمات، والمتنمصات، والمتفلجات للحسن المغيرات خلق الله. فقالت له امراة في ذلك، فقال: وما لا العن من لعنه رسول الله صلى الله عليه وسلم وهو في كتاب الله. قال الله تعالى (الحشر ٧): ﴿وما اتاكم الرسول فخذوه وما نهاكم عنه فانتهوا﴾ متفق عليه.

و ((المتفلجة)) هي التي تبرد من اسنانها ليتباعد بعضها عن بعض قليلا وتحسنها، وهو الوشر. و ((النامصة)) : التي تاخذ من شعر حاجب غيرها وترققه ليصير حسنا. و ((المتنمصة)) : التي تامر من يفعل بها ذلك.

---

381 Authentisch: Sahih Muslim 2020

1645. Ibn Mas3ud ﵁ berichtet: Der Gesandte Allahs ﷺ sagte: **„Allah verflucht die (Frauen), die sich tätowieren lassen und die, die tätowieren; die, die ihre Augenbrauen zupfen, die ihre Zähne für Schönheit feilen und die Schöpfung Allahs verändern." Eine Frau fragte nach dem Grund. Er sagte: „Und wie kann ich die nicht verfluchen, die der Gesandte Allahs ﷺ verflucht hat, während in das Buch Allahs steht: „und was euch der Gesandte gibt, das nehmt an; und was er euch untersagt, dessen enthaltet euch."** (Koran 59:7)[382]

١٦٤٦ - عن عمرو بن شعيب عن ابيه عن جده رضي الله عنه عن النبي صلى الله عليه وسلم قال: ((لا تنتفوا الشيب فانه نور المسلم يوم القيامة)) حديث حسن، رواه ابو داود والترمذي والنسائي باسانيد حسنة. قال الترمذي هو حديث حسن.

1646. Umro Ibn Schu3aib berichtet von seinem Vater, von seinem Großvater ﵁: Der Gesandte Allahs ﷺ sagte: **„Zupft nicht das graue Haar, denn das ist das Licht des Muslims am Tage der Auferstehung."**[383]

382 Authentisch: Sahih Buchari Nr. 4886; 5943, Sahih Muslim Nr. 2125
383 Authentisch: Sahih Aldschami3 Nr. 7464, Sahih Muslim Abu Dawud von Albani Nr. 3539 und als Sahih eingestuft in Mischkatul Masabih Nr. 4458

١٦٦٣ - وعن ابن عمر رضي الله عنهما قال: **اشتكى سعد بن عبادة رضي الله عنه شكوى، فاتاه رسول الله صلى الله عليه وسلم يعوده مع عبد الرحمن بن عوف وسعد بن ابي وقاص وعبد الله ابن مسعود، فلما دخل عليه وجده في غشية، فقال: ((اقضى؟)) فقالوا: لا يا رسول الله، فبكى رسول الله صلى الله عليه وسلم، فلما راى القوم بكاء النبي صلى الله عليه وسلم بكوا. فقال: ((الا تسمعون؟ ان الله لا يعذب بدمع العين ولا بحزن القلب، ولكن يعذب بهذا (واشار الى لسانه) او يرحم))** متفق عليه.

1663. Ibn Umar ﵁ berichtete Folgendes vom Gesandten Allahs ﷺ: **Saad Ibn Ubada ﵁ war krank. Begleitend von Abdurrahman Ibn Awf, Saad Ibn Abi Waqqas und Abdullah Ibn Mas³ud besuchte ihn der Gesandte Allahs ﷺ. Als er bei ihm eintrat, war er bewusstlos. Er ﵁ fragte: „Ist er aus dem Leben geschieden?" Man antwortete: „Nein, o Gesandter Allahs." Der Gesandte Allahs ﷺ weinte. Als die Leute den Propheten weinen sahen, weinten sie ebenfalls. Er ﷺ sagte: „Hört genau zu! Gewiss, Allah bestraft nicht wegen der Tränen der Augen und auch nicht wegen des Trauerns des Herzens, aber wegen dieser (er zeigte auf**

seine Zunge) oder Er erbarmt sich."[384]

١٦٦٧ - وعن ابي هريرة رضي الله عنه قال، قال رسول الله صلى الله عليه وسلم: ((اثنتان في الناس هما بهم كفر: الطعن في النسب، والنياحة على الميت)) رواه مسلم.

1667. Ibn Masud ﵁ berichtete: Der Gesandte Allahs ﷺ sagte: **„Von uns ist nicht, wer sich auf die Wange schlägt, seine Kleider zerreißt und die Sitte der Dschahiliya herbeiruft."**[385]

١٦٨٤ - وعن ابي طلحة رضي الله عنه ان رسول الله صلى الله عليه وسلم قال: ((لا تدخل الملائكة بيتا فيه كلب ولا صورة)) متفق عليه.

1684. Abu Talha ﵁ berichtete: Der Gesandte Allahs ﷺ sagte: **„Die Engel betreten kein Haus, in dem es einen Hund oder ein Bild gibt."**[386]

384 Authentisch: Sahih Buchari 1304, Sahih Muslim 924
385 Authentisch: Sahih Buchari 1294, Sahih Muslim 103
386 Authentisch: Sahih Buchari 3225, 5949, Sahih Muslim 2016

٣١٤ - باب النهي عن الحلف بمخلوق كالنبي والكعبة والملائكة والسماء والاباء والحياة والروح والراس وحياة السلطان ونعمة السلطان وتربة فلان والامانة وهي من اشدها نهيا

314. Das Verbot bei einem Geschöpf zu schwören (wie beim Propheten, der Kaaba, den Engeln, Eltern, des Lebens, der Seele, des Kopfes, den Gaben von Sultan, beim Grab von Soundso) oder bei Anvertrautem, und beim Anvertrauten zu schwören ist am strengsten verboten

١٧٠٧ - عن ابن عمر رضي الله عنهما عن النبي صلى الله عليه وسلم قال: ((ان الله تعالى ينهاكم ان تحلفوا بابائكم، فمن كان حالفا فليحلف بالله او ليصمت)) متفق عليه.

وفي رواية في الصحيح: ((فمن كان حالفا فلا يحلف الا بالله او ليسكت))

1707. Ibn Umar ﷺ berichtete: Der Prophet ﷺ sagte:

„Allah, der Erhabene, verbietet euch, bei euren Eltern zu schwören. Wenn jemand überhaupt schwören sollte, dann bei Allah, oder er soll schweigen!"[387]

387 Authentisch: Sahih Buchari 6108, 6646, Sahih Muslim 1646

٣١٥ - باب تغليظ تحريم اليمين الكاذبة عمدا

315. Die Schwere eines falschen Eides

١٧١٢: - عن ابن مسعود رضي الله عنه ان النبي صلى الله عليه وسلم قال
من حلف على مال امرئ مسلم بغير حقه لقي الله وهو عليه))
غضبان)) قال: ثم قرا علينا رسول الله صلى الله عليه وسلم مصداقه من كتاب
الله عز وجل ﴿ان الذين يشترون بعهد الله وايمانهم ثمنا قليلا﴾ الى
اخر الاية (ال عمران ٧٧) . متفق عليه

1712. Ibn Umar ﷺ berichtete: Der Prophet ﷺ sagte: **„Wer auf das Vermögen eines Muslim zu Unrecht schwört, wird Allah begegnen, Der zornig über ihn ist."** Danach rezitierte der Gesandte Allahs ﷺ uns die Bestätigung dessen, was er sagte, aus dem Buch Allahs, dem Mächtigen: **„Wahrlich, diejenigen, welche ihren Bund mit Allah und ihre Eide um einen geringen Preis verkaufen, haben keinen Anteil am Jenseits, und Allah spricht nicht zu ihnen, und er schaut sie nicht an am Tag der Auferstehung, und er reinigt sie nicht, und ihnen wird eine schmerzliche Strafe zuteil sein."** (Koran 3:77)[388]

388 Authentisch: Sahih Buchari 2356, Sahih Muslim 138

١٧٢٠ - عن ابي هريرة رضي الله عنه قال سمعت رسول الله صلى الله عليه وسلم يقول:

((الحلف منفقة للسلعة، ممحقة للكسب)) متفق عليه.

1720. Abu Huraira ﷺ berichtete: Ich hörte den Gesandten Allahs ﷺ sagen: **„Das Schwören erblüht zwar den Handel, verdirbt jedoch den Segen."**[389]

٣٢٧ - باب النهي عن الفحش وبذاء اللسان

327. Die Unanständigkeit und das Übel der Zunge

١٧٣٤ - عن ابن مسعود رضي الله عنه قال، قال رسول الله صلى الله عليه وسلم: ((ليس المؤمن بالطعان ولا اللعان ولا الفاحش ولا البذي)) رواه الترمذي وقال حديث حسن.

1734. Ibn Mas³ud ﷺ berichtete vom Gesandten Allahs ﷺ: **„Ein Gläubiger ist keinVerleumder, kein Verflucher, kein Unanständiger und kein Unzüchtiger mit seiner Zunge."**[390]

---

389 Authentisch: Sahih Buchari 2087, Sahih Muslim 1606

390 Authentisch: Sahih Aldschami³ 5381, Assilsila As-Sahiha 320 und Sahih At-Tirmidhi von Albani 1743

١٧٣٥ - وعن انس رضي الله عنه قال، قال رسول الله صلى الله عليه وسلم:

((ما كان الفحش في شيء الا شانه، وما كان الحياء في شيء الا زانه)) رواه الترمذي وقال حديث حسن.

1735. Anas ﵁ berichtete: Der Gesandte Allahs ﷺ sagte: **„Es gibt keine Sache, in der Unzüchtigkeit steckt, ohne dass es unehrenhaft wird und es gibt keine Sache, in der Schamhaftigkeit steckt, in der es nicht ehrenhaft wird."**[391]

391 Authentisch: Sahih Aldschami[3] Nr. 5655 und Sahih At-Tirmidhi von Albani 1607

٣٣١ - باب النهي عن وصف محاسن المراة لرجل الا ان يحتاج الى ذلك لغرض شرعي كنكاحها ونحوه

331. Die Schönheit einer Frau oder eines Mannes grundlos zu beschreiben, es sei denn es gibt ein erlaubter Grund, wie Heirat usw.

١٧٤٢ - عن ابن مسعود رضي الله عنه قال، قال رسول الله صلى الله عليه وسلم: ((لا تباشر المراة المراة فتصفها لزوجها كانه ينظر اليها))

متفق عليه.

1742. Ibn Mas³ud ﵁ berichtete: Der Gesandte Allahs ﷺ sagte: **„Eine Frau soll nicht eine andere Frau anschauen und diese dann ihrem Mann beschreiben, so als ob er sie sehen würde."**[392]

١٧٥٣ - عن عائشة رضي الله عنها قالت سمعت رسول الله صلى الله عليه وسلم يقول: ((لا صلاة بحضرة طعام، ولا هو يدافعه الاخبثان))

رواه مسلم.

---

392 Authentisch: Sahih Buchari 5240

1753. Aischa ﵂ berichtete: Ich hörte den Gesandten Allahs ﷺ sagen: **„Das Gebet soll nicht verrichtet werden, wenn das Essen da ist und auch nicht wenn man die Notdurft verrichten muss.“**[393]

٣٤٣ - باب تحريم المرور بين يدي المصلي

343. Das Verbot vor dem Betenden vorbeizugehen

١٧٥٨ - عن ابي الجهيم عبد الله بن الحارث بن الصمة الانصاري رضي الله عنه قال، قال رسول الله صلى الله عليه وسلم: **((لو يعلم المار بين يدي المصلي ماذا عليه لكان ان يقف اربعين خيرا له من ان يمر بين يديه))** قال الراوي: لا ادري قال اربعين يوما او اربعين شهرا او اربعين سنة. متفق عليه.

1758. Abul Dschuhaim Abdullah Ibn Al-Harith Ibn As-Samma Al-Ansari ﵁ berichtete: Der Gesandte Allahs ﷺ sagte: **„Hätte derjenige, der vor dem Betenden vorbeiläuft, gewusst, was er tut, hätte er lieber vierzig gewartet, als vor ihm zu laufen.“**
Der Überlieferer des Hadith, sagt: Ich weiß nicht, ob er sagte: „Vierzig Tage, vierzig Monate oder vierzig Jahre.“[394]

---

393 Authentisch: Sahih Muslim 560
394 Authentisch: Sahih Buchari 510, Sahih Muslim 507

٣٤٥ - باب كراهة تخصيص يوم الجمعة بصيام او ليلته بصلاة

345. Freiwilliges Fasten bzw. freiwillige Nachtgebete auf Freitag zu verlegen ist unerwünscht

١٧٦٠ - عن ابي هريرة رضي الله عنه عن النبي صلى الله عليه وسلم قال: ((لا تخصوا ليلة الجمعة بقيام من بين الليالي، ولا تخصوا يوم الجمعة بصيام من بين الايام الا ان يكون في صوم يصومه احدكم)) رواه مسلم.

1760. Abu Huraira ﷺ berichtet : Der Gesandten Allahs ﷺ sagte: **„Seht unter den Nächten nicht die Nacht zum Freitag für lange Nachtgebete vor, seht unter den Tagen nicht den Freitag für das freiwillige Fasten vor, es sei denn, es liegt (zufällig) in den Tagen, an denen ihr fastet."**[395]

١٧٦١ - وعنه رضي الله عنه قال سمعت رسول الله صلى الله عليه وسلم

395 Authentisch: Sahih Muslim 1144

يقول: ((لا يصومن احدكم يوم الجمعة الا يوما قبله او بعده))

متفق عليه.

1761. Und derselbe (Abu Huraira ﵁) berichtet: Der Gesandte Allahs ﷺ sagte: **„Der eine von euch sollte am Freitag nicht fasten, es sei denn, er fastet dazu schon einen Tag davor oder danach!"**[396]

١٧٦٣ - وعن ام المؤمنين جويرية بنت الحارث رضي الله عنها ان النبي صلى الله عليه وسلم دخل عليها يوم الجمعة وهي صائمة فقال: ((اصمت امس؟)) قالت لا، قال: ((تريدين ان تصومي غدا؟)) قالت لا، قال: ((فافطري)) رواه البخاري.

1763. Mutter der Gläubigen Juwairiya Bint Al-Harith ﵂ berichtet, dass der Gesandten Allahs ﷺ am Freitag zu ihr kam, während sie fastete. Er fragte: Hast du gestern gefastet?" Sie sagte: „Nein!" Er ﷺ fragte: „Wirst du morgen fasten?" Sie sagte: „Nein!" Er ﷺ sagte: „Dann bricht dein Fasten!"[397]

١٧٦٣ - وعن ام المؤمنين جويرية بنت الحارث رضي الله عنها ان النبي صلى

396 Authentisch: Sahih Buchari 1985, Sahih Muslim 1144
397 Authentisch: Sahih Buchari 1986

الله عليه وسلم دخل عليها يوم الجمعة وهي صائمة فقال: ((اصمت امس؟))
قالت لا، قال: ((تريدين ان تصومي غدا؟)) قالت لا، قال: ((فافطري)) رواه البخاري.

1763. Abu Huraira und Aischa ﵄ berichteten, dass der Prophet ﷺ verbot, hintereinander zu fasten (ohne dazwischen zu essen).[398]

398 Authentisch: Sahih Buchari, Hadith von Abu Huraira 1965 und Sahih Muslim 1103. Aischas Überlieferung: Sahih Buchari 1964 und Sahih Muslim 1105

٣٤٦ - باب تحريم الوصال في الصوم وهو ان يصوم يومين او اكثر ولا ياكل ولا يشرب بينهما

346. Das Verbot zu fasten ohne dazwischen zu essen

١٧٦٥ - وعن ابن عمر رضي الله عنهما قال: نهى رسول الله صلى الله عليه وسلم عن الوصال، قالوا: انك تواصل؟ قال: ((اني لست مثلكم؛ اني اطعم واسقى)) متفق عليه. وهذا لفظ البخاري.

1765. Ibn Umar ﵄ berichtete, dass der Prophet ﷺ verbot, hintereinander zu fasten (ohne zwischendurch zu essen). Man sagte: **„Du fastest aber hintereinander!" Er ﷺ antwortete: „Ich bin aber nicht wie ihr, ich werde ernährt!"**[399]

399 Authentisch: Sahih Buchari 1962, Sahih Muslim 1102

٣٥٠ - باب تحريم الشفاعة في الحدود

350. Das Verbot der Fürbitte für Verurteilte

١٧٧٠- وعن عائشة رضي الله عنها ان قريشا اهمهم شان المراة المخزومية التي سرقت، فقالوا: من يكلم فيها رسول الله صلى الله عليه وسلم؟ فقالوا: ومن يجترئ عليه الا اسامة بن زيد حب رسول الله صلى الله عليه وسلم، فكلمه اسامة فقال رسول الله صلى الله عليه وسلم: ((اتشفع في حد من حدود الله تعالى!)) ثم قام فاختطب ثم قال: ((انما اهلك الذين من قبلكم انهم كانوا اذا سرق فيهم الشريف تركوه، واذا سرق فيهم الضعيف اقاموا عليه الحد؛ وايم الله لو ان فاطمة بنت محمد سرقت لقطعت يدها!)) متفق عليه.

1770. Aischa ﵂ berichtete, dass die Quraisch in Sorge waren wegen der Angelegenheit einer machsumitischen Frau, die Diebstahl begangen hatte. Sie sagten: **„Wer würde mit dem Gesandten Allahs eine Fürbitte für sie sprechen?" Sie sagten: „Wer würde sich trauen, außer Osama Ibn Zaid, dem Liebling des Gesandten Allahs?" Osama sprach ihn diesbezüglich an. Der Gesandte Allahs sagte: „Du legst eine Fürbitte für**

eine Strafe Allahs ein?" Er stand auf und sprach: „Wahrlich gingen Menschen vor euch zu Grunde, weil sie, wenn die Edlen unter ihnen Diebstahl begingen, davon absahen, sie zu bestrafen und wenn die Schwachen unter ihnen Diebstahl begingen, sie sie bestraften! Bei Allah! Wenn Fatima, die Tochter Muhammads, Diebstahl begehen wird, werde ich ihre Hand abschlagen!"

In einer anderen Überlieferung: Das Gesicht des Gesandten Allahs wurde blaß und er sagte: „Du legst eine Fürbitte für eine Strafe Allahs ein, o Osama?" Osama sagte: „Bitte (Allah) um Vergebung für mich, o Gesandter Allahs!" Dann befahl er, die Hand der Frau abzuschlagen.[400]

400 Authentisch: Sahih Buchari 3475, Sahih Muslim 1688

٣٥٤ - باب تحريم احداد المراة على ميت فوق ثلاثة ايام الا على زوجها اربعة اشهر وعشرة ايام

354. Das Verbot, mehr als drei Tage zu Trauern, außer um den Ehegatten (4 Monate und zehn Tage)

١٧٧٤ - عن زينب بنت ابي سلمة رضي الله عنها قالت: دخلت على ام حبيبة زوج النبي صلى الله عليه وسلم حين توفي ابوها ابو سفيان بن حرب رضي الله عنه فدعت بطيب فيه صفرة خلوق او غيره فدهنت منه جارية ثم مست بعارضيها ثم قالت: والله ما لي بالطيب من حاجة غير اني سمعت رسول الله صلى الله عليه وسلم يقول على المنبر: ((لا يحل لامراة تؤمن بالله واليوم الاخر ان تحد على ميت فوق ثلاث ليال الا على زوج اربعة اشهر وعشرا)) قالت زينب: ثم دخلت على زينب بنت جحش رضي الله عنها حين توفي اخوها فدعت بطيب فمست منه ثم قالت: اما والله ما لي بالطيب من حاجة غير اني سمعت رسول الله صلى الله عليه وسلم يقول على المنبر: ((لا يحل لامراة تؤمن بالله واليوم الاخر ان تحد على ميت فوق ثلاث الا على زوج اربعة اشهر وعشرا)) متفق عليه.

1774. Zainab Bin Abi Salama ﵁ berichtete: Ich habe Umm Habiba, die Frau des Propheten ﷺ

besucht, als ihr Vater Abu Sufjan Ibn Harb ﵁ gestorben war. Sie bat um etwas Parfüm, womit sie zuerst eine Dienerin einrieb und dann ihre Wangen und sagte dabei: **„Bei Allah, ich habe nicht das Bedürfnis nach Parfüm, nur weil ich den Gesandten Allahs ﷺ auf der Kanzel sagen hörte: ‚Es ist einer Frau, die an Allah und an den Tag der Auferstehung glaubt, nicht erlaubt, mehr als drei Nächte um einen Toten zu trauern, außer um den Ehemann, vier Monate und zehn Tage.'" Zainab sagt dann: „Ich besuchte Zainab Bint Dschahsch ﵂, als ihr Bruder gestorben war. Auch sie bat um Parfüm, nahm etwas davon und sagte dabei: „Bei Allah, ich habe nicht das Bedürfnis nach Parfüm, nur weil ich den Gesandten Allahs ﷺ auf der Kanzel sagen hörte: ‚Es ist einer Frau, die an Allah und an den Tag der Auferstehung glaubt, nicht erlaubt, mehr als drei Nächte um einen Toten zu trauern, außer um den Ehemann, vier Monate und zehn Tage.'"**[401]

١٧٧٩ - وعن ابن عمر رضي الله عنهما ان رسول الله صلى الله عليه وسلم قال: ((لا يبع بعضكم على بعض ولا يخطب على خطبة اخيه الا ان ياذن له)) متفق عليه. وهذا لفظ مسلم.

401 Authentisch: Sahih Buchari 1280, 1281, 3534, Sahih Muslim 1486

1779. Ibn Umar ﷺ berichtete, dass der Gesandte Allahs ﷺ sagte: **„Überbietet einander in den Geschäften nicht und niemand soll um die Hand einer Frau bitten, die bereits mit einem anderen (Glaubens-) Bruder verlobt ist, außer er erlaubt es ihm."**[402]

402 Authentisch: Sahih Buchari 2139, 5142, Sahih Muslim 1412

٣٦١ - باب كراهة الخروج من بلد وقع به الوباء فرارا مه وكراهة القدوم عليه

361. Epidemie

﴿اينما تكونوا يدرككم ٱلموت ولو كنتم فى بروج مشيدة وان تصبهم حسنة يقولوا هذه من عند ٱلله وان تصبهم سيئة يقولوا هذه من عندك قل كل من عند ٱلله فمال هؤلاء ٱلقوم لا يكادون يفقهون حديثا﴾

„Wo auch immer ihr seid, der Tod ereilt euch doch, und wäret ihr in hohen Burgen. Und wenn ihnen Gutes begegnet, sagen sie: ‚Das ist von Allah'; und wenn ihnen Schlimmes begegnet, sagen sie: ‚Das ist von dir.' Sprich: ‚Alles ist von Allah.' Warum verstehen denn diese Leute kaum etwas von dem, was ihnen gesagt wird?" (Koran 2:195)

١٧٩٢ - وعن اسامة رضي الله عنه عن النبي صلى الله عليه وسلم قال: ((اذا سمعتم الطاعون بارض فلا تدخلوها، واذا وقع بارض وانتم فيها فلا تخرجوا منها)) متفق عليه.

1792. Osama Ibn Zaid ﵁ berichtete, dass der Prophet ﷺ sagte: **„Wenn ihr von der Pest in**

einem Land hört, dann geht nicht dort hin! Und wenn sie (die Pest) in einem Land, in dem ihr euch befindet schon ausgebrochen ist, dann verlasst es (das Land) nicht!"[403]

١٨٢٥ - وعن ابي موسى رضي الله عنه ان النبي صلى الله عليه وسلم قال: ((لياتين على الناس زمان يطوف الرجل فيه بالصدقة من الذهب فلا يجد احدا ياخذها منه، ويرى الرجل الواحد يتبعه اربعون امراة يلذن به من قلة الرجال وكثرة النساء)) رواه مسلم.

1825. Abu Musa Al-Asch³ari berichtete, dass der Prophet ﷺ sagte: **„Es wird für die Menschen eine Zeit kommen, in der der Mensch mit seiner Zakat (Pflichtabgabe auf Vermögen für bestimmte Personengruppe) aus Gold hin- und herläuft, und niemanden findet, der sie von ihm annimmt. Es werden einem Mann vierzig Frauen folgen, aus Mangel an Männern und einer Vielzahl von Frauen."**[404]

١٨٢٦ - وعن ابي هريرة رضي الله عنه عن النبي صلى الله عليه وسلم قال: ((اشترى رجل من رجل عقارا فوجد الذي اشترى العقار في عقاره جرة فيها ذهب، فقال له الذي اشترى العقار خذ ذهبك انما

403 Authentisch: Sahih Buchari 3473, 5728, Sahih Muslim 2218
404 Authentisch: Sahih Muslim 1012

اشتريت منك الارض ولم اشتر الذهب، وقال الذي له الارض انما بعتك الارض وما فيها، فتحاكما الى رجل، فقال الذي تحاكما اليه: الكما ولد؟ قال احدهما: لي غلام، وقال الاخر: لي جارية. قال: انكحا الغلام الجارية وانفقا على انفسهما منه وتصدقا)) متفق عليه.

1826. Abu Huraira ﵁ berichtete, dass der Prophet ﷺ sagte: **„Ein Mann kaufte von einem anderen ein Grundstück, auf dem er dann einen Krug Gold fand. Der das Grundstück kaufte, sagte zum Verkäufer: „Nehme dein Gold, denn ich habe von dir das Grundstück und nicht das Gold gekauft!" Der Grundstückverkäufer sagte: „Ich habe dir aber das Grundstück und was darin ist verkauft!" Sie ließen von einem Mann richten, der dann fragte: „Habt ihr Kinder?" Der eine sagte: „Ich habe einen Sohn." Und der andere sagte: „Ich habe eine Tochter." Er sagte: „Der Junge sollte das Mädchen heiraten, nehmt euch davon und gebt davon (den Armen) Almosen!"**[405]

١٨٢٧: - وعنه رضي الله عنه انه سمع رسول الله صلى الله عليه وسلم قال

405 Authentisch: Sahih Buchari 3472, Sahih Muslim 1721

كانت امراتان معهما ابناهما جاء الذئب فذهب بابن احداهما،))
فقالت لصاحبتها انما ذهب بابنك، وقالت الاخرى انما ذهب
بابنك، فتحاكما الى داود صلى الله عليه وسلم فقضى به
للكبرى، فخرجتا على سليمان ابن داود صلى الله عليه وسلم
فاخبرتاه، فقال: ائتوني بالسكين اشقه بينهما، فقالت الصغرى:
.لا تفعل رحمك الله هو ابنها! فقضى به للصغرى)) متفق عليه

1827. Abu Huraira ﷺ berichtete, dass er den Gesandten Allahs ﷺ hörte: **„Zwei Frauen, bei denen ihre zwei Söhne waren, wurde einer dieser Kinder von einem Wolf weggenommen. (Die eine) sagte zu ihrer Freundin: „Er (der Wolf) hat deinen Sohn weggenommen." Und die andere sagte: „Nein, er (der Wolf) hat deinen Sohn weggenommen." Sie gingen zu David ﷺ, der zwischen ihnen (um den verbliebenen Sohn) richten sollte. Dieser richtete und entschied, er solle der Älteren von beiden gegeben werden. Sie gingen dann zu Salomon, dem Sohn Davids ﷺ, und erzählten ihm davon. Er sagte: „Bringt mir das Messer, damit ich ihn zwischen euch beiden aufteile!" Da sagte die Jüngere: „Tu das nicht, Allah erbarme Sich. Er ist**

ihr Sohn!" Da entschied er, er gehöre der Jüngeren!"[406]

١٨٣٤ - وعن ابي هريرة رضي الله عنه ان النبي صلى الله عليه وسلم قال:
((لا يلدغ المؤمن من جحر مرتين)) متفق عليه.

1834. Abu Huraira ﷺ berichtete, dass der Prophet ﷺ sagte: **„Der Gläubige wird nicht zweimal von einer Schlange gebissen!"**[407]

١٨٣٦ - وعنه رضي الله عنه عن النبي صلى الله عليه وسلم قال:
((بين النفختين اربعون)) قالوا: يا ابا هريرة اربعون يوما؟ قال:
ابيت. قالوا: اربعون سنة؟ قال: ابيت. قالوا: اربعون شهرا؟
قال: ابيت. ((ويبلى كل شيء من الانسان الا عجب ذنبه فيه
يركب الخلق، ثم ينزل الله من السماء ماء فينبتون كما ينبت
البقل)) متفق عليه.

1836. Abu Huraira ﷺ berichtete, der Prophet ﷺ sagte: **„Zwischen beiden Malen, bei denen in die Posaune geblasen wird liegen vierzig." Man fragte: O Abu Huraira, vierzig Tage? Er sagte: Ich weiß es nicht! Man fragte: O Abu Huraira, vierzig Jahre? Er sagte: Ich weiß es nicht! Man fragte: O Abu**

406 Authentisch: Sahih Buchari 3427, 6769, Sahih Muslim 1720
407 Authentisch: Sahih Buchari 6133, Sahih Muslim 2998

Huraira, vierzig Monate? Er sagte: Ich weiß es nicht! „Und aus dem Menschen wird Staub, außer dem Steißbein, denn aus ihm (dem Steißbein) wird der Mensch wieder zusammengesetzt. Dann lässt Allah einen Regen vom Himmel herab und sie werden wachsen wie die Pflanzen wachsen."[408]

١٨٤١ - وعنه رضي الله عنه عن النبي صلى الله عليه وسلم قال: ((احب البلاد الى الله مساجدها وابغض البلاد الى الله اسواقها))

رواه مسلم.

1841. Abu Huraira ﵁ berichtete, dass der Prophet ﷺ sagte: **„Die von Allah beliebtesten Orte sind Moscheen und die von Allah am meisten gehassten Orte sind die Märkte."**[409]

١٨٤٤ - وعن ابي مسعود الانصاري رضي الله عنه قال، قال النبي صلى الله عليه وسلم: ((ان مما ادرك الناس من كلام النبوة الاولي: اذا لم تستح فاصنع ما شئت)) رواه البخاري.

1844. Abu Mas³ud Al-Ansari ﵁ berichtet: Der Prophet ﷺ sagte: **„Was von den Worten der früheren Propheten den Menschen erreicht hat, ist: Wenn du keine Schamhaftigkeit**

408 Authentisch: Sahih Buchari 4935, 4814 Sahih Muslim 2955
409 Authentisch: Sahih Muslim 671

hast, dann mache was du möchtest!"[410]

١٨٤٥ - وعن ابن مسعود رضي الله عنه قال، قال النبي صلى الله عليه وسلم: ((اول ما يقضي بين الناس يوم القيامة في الدماء)) متفق عليه.

1845. Ibn Mas³ud berichtet: Der Prophet ﷺ sagte: **„Das Erste, worüber am Tag der Auferstehung zwischen den Menschen gerichtet wird, ist das Blut(vergießen)."**[411]

١٨٥١ - وعن ابي هريرة رضي الله عنه قال، قال رسول الله صلى الله عليه وسلم: ((ايها الناس ان الله طيب لا يقبل طيبا، وان الله امر المؤمنين بما امر به المرسلين، فقال تعالى (المؤمنون ٥١): ﴿يا ايها الرسل كلوا من الطيبات واعملوا صالحا﴾. وقال تعالى (البقرة ١٧١): ﴿يا ايها الذين امنوا كلوا من طيبات ما رزقناكم﴾. ثم ذكر الرجل يطيل السفر اشعث اغبر يمد يديه الى السماء: يا رب يا رب، ومطعمه حرام ومشربه حرام وغذي بالحرام فاني يستجاب لذلك؟)) رواه مسلم.

1851. Abu Huraira ﷺ berichtet: Der Gesandte Allahs ﷺ sagte: **„O ihr Leute! Allah ist gut und nimmt nur das Gute an. Und Allah hat den Gläubigen das befohlen, was Er**

410 Authentisch: Sahih Buchari 3483
411 Authentisch: Sahih Buchari 3484, 6533, Sahih Muslim 1687

auch den Propheten befohlen hat, so sagt Allah, erhaben ist Er: ‚O ihr Gesandten! Esst von den guten Dingen und erbringt rechtschaffene Werke." Und Er, erhaben ist Er, sagt: „O ihr Gläubigen! Esst von den guten Dingen, die Wir euch gegeben haben." Dann erwähnte er ﷺ den Mann, der auf einer langen Reise war und mit ungepflegten Kleidern und staubigen Haaren, seine Hände gen Himmel richtete: O Herr! O Herr! Während sein Essen von Verbotenem ist, sein Getränk von Verbotenem und seine Kleider von Verbotenem und von dem Verbotenen wurde er ernährt. Wie kann (das Bittgebet) von so einem erhört werden?"412

١٨٥٥ - وعن ابي سليمان خالد بن الوليد رضي الله عنه قال: **لقد انقطعت في يدي يوم مؤتة تسعة اسياف فما بقي في يدي الا صفيحة يمانية.** رواه البخاري.

1855. Abu Sulaiman Chalid Ibn Al-Walid ﵁ berichtet: **In meiner Hand zerbrachen am Tag (während der Schlacht) von Mu´ta neun Schwerter. Nichts blieb in meiner**

412 Authentisch: Sahih Muslim 1015

Hand außer ein kleines jemenitisches Schwert.[413]

١٨٦٦ - وعنه (عن ابي هريرة) رضي الله عنه قال كنا مع رسول الله صلى الله عليه وسلم في دعوة فرفع اليه الذراع، وكانت تعجبه، فنهس منها نهسة وقال:

((انا سيد الناس يوم القيامة، هل تدرون مم ذاك؟ يجمع الله الاولين والاخرين في صعيد واحد فينظرهم الناظر ويسمعهم الداعي وتدنو منهم الشمس، فيبلغ الناس من الغم والكرب ما لا يطيقون ولا يحتملون، فيقول الناس: الا ترون الى ما انتم فيه الى ما بلغكم، الا تنظرون من يشفع لكم الى ربكم؟ فيقول بعض الناس لبعض ابوكم ادم، فياتونه فيقولون: يا ادم انت ابو البشر، خلقك الله بيده ونفخ فيك من روحه وامر الملائكة فسجدوا لك واسكنك الجنة، الا تشفع لنا الى ربك؟ الا ترى الى ما نحن فيه وما بلغنا؟! فقال: ان ربي غضب غضبا لم يغضب قبله مثله ولا يغضب بعده مثله، وانه نهاني عن الشجرة فعصيت ، نفسي، نفسي، نفسي، اذهبوا الى غيري، اذهبوا الى نوح. فياتون نوحا فيقولون: يا نوح انت اول الرسل الى اهل الارض وقد سماك الله عبدا شكورا، الا ترى الى ما نحن فيه؟! الا ترى الى ما بلغنا؟! الا تشفع لنا الى ربك؟ فيقول: ان ربي غضب اليوم غضبا لم يغضب قبله مثله ولن يغضب بعده مثله، وانه قد كانت لي دعوة دعوت بها على قومي، نفسي، نفسي، نفسي اذهبوا الى

413 Authentisch: Sahih Buchari 4265

غيري، اذهبوا الى ابراهيم. فياتون ابراهيم فيقولون: يا ابراهيم انت نبي الله وخليله من اهل الارض، اشفع لنا الى ربك، الا ترى الى ما نحن فيه؟! فيقول لهم: ان ربي غضب اليوم غضبا لم يغضب قبله مثله ولن يغضب بعده مثله، واني كنت كذبت ثلاث كذبات، نفسي، نفسي، نفسي اذهبوا الى غيري، اذهبوا الى موسى. فياتون موسى فيقولون: يا موسى انت رسول الله فضلك الله برسالاته وبكلامه على الناس، اشفع لنا الى ربك، الا ترى الى ما نحن فيه؟! فيقول: ان ربي غضب اليوم غضبا لم يغضب قبله مثله ولن يغضب بعده مثله، واني قد قتلت نفسا لم اومر بقتلها، نفسي، نفسي، نفسي اذهبوا الى غيري، اذهبوا الى عيسى. فياتون عيسى فيقولون: يا عيسى انت رسول الله وكلمته القاها الى مريم وروح منه وكلمت الناس في المهد، اشفع لنا الى ربك، الا ترى الى ما نحن فيه؟! فيقول عيسى: ان ربي قد غضب اليوم غضبا لم يغضب قبله مثله ولن يغضب بعده مثله، ولم يذكر بعده ذنبا، نفسي، نفسي، نفسي اذهبوا الى غيري، اذهبوا الى محمد صلى الله عليه وسلم)) .

وفي رواية: ((فياتوني فيقولون يا محمد انت رسول الله وخاتم الانبياء وقد غفر الله لك ما تقدم من ذنبك وما تاخر، اشفع لنا الى ربك، الا ترى الى ما نحن فيه؟!

فانطلق فاتي تحت العرش فاقع ساجدا لربي، ثم يفتح الله علي من محامده وحسن الثناء عليه شيئا لم يفتحه على احد قبلي،

ثم يقال: يا محمد ارفع راسك، سل تعطه واشفع تشفع، فارفع راسي فاقول: امتي يا رب امتي يا رب امتي يا رب. فيقال: يا محمد ادخل من امتك من لا حساب عليهم من الباب الايمن من ابواب الجنة وهم شركاء الناس فيما سوى ذلك من الابواب)) ثم قال: ((والذي نفسي بيده ان ما بين المصراعين من مصاريع الجنة كما بين مكة وهجر او كما بين مكة وبصرى)) متفق عليه.

1866. Abu Huraira ﷺ berichtete: Wir waren mit dem Gesandten Allahs ﷺ bei jemandem zu Gast, als man ihm (Fleisch) von der Schulter eines Schafes anbot und er etwas davon aß, was er gerne hatte. (Bei dieser Gelegenheit) sagte er: **„Ich bin der Beste unter den Menschen am Tag der Auferstehung. Wisst ihr warum? Allah wird die ersten und die letzten Menschen an einem Platz versammeln...**

Die Sonne wird ihnen nah sein. Die Menschen erleben soviel Kummer und Bedrängnis, so dass sie es nicht verkraften und nicht ertragen können. Die Menschen werden sagen: ‚Seht ihr nicht, wie weit es mit euch gekommen ist und was euch heimgesucht hat? Wollt ihr nicht nach jemandem schauen, der für euch bei eurem Herrn Fürsprache einlegt?‘ Manche

Menschen werden zu den anderen sagen: ‚Zu eurem Vater Adam!' Sie kommen zu ihm und sagen zu ihm: ‚O Adam! Du bist der Vater der Menschheit, den Allah mit Seiner Hand erschuf, dir von Seinem Geist einhauchte und Er befahl den Engeln sich vor dir niederzuwerfen und Er hat dich im Paradies leben lassen. Würdest du nicht für uns bei deinem Herrn Fürsprache einlegen? Siehst du denn nicht in welcher Lage wir uns befinden und wie weit es mit uns gekommen ist?' Er sagt: ‚Heute zürnt Allah so sehr, wie Er nie zuvor zornig war und Er wird danach nie wieder so zornig sein. Er hatte mir verboten von dem Baum zu essen und ich gehorchte nicht. Meine Seele! Meine Seele! Meine Seele (will ich retten)! Geht zu einem anderen, geht zu Noah!' Sie gehen zu Noah und sagen zu ihm: ‚O Noah! Du bist der erste Gesandte für die Bewohner der Erde, und dich hat Allah den dankbaren Diener genannt. Siehst du denn nicht in welcher Lage wir uns befinden und wie weit es mit uns gekommen ist? Würdest du nicht für uns bei deinem Herrn Fürsprache einlegen?' Er sagt: ‚Heute ist Allah so zornig, wie Er es nie zuvor war und Er wird danach nie wieder so zornig sein. Ich hatte mein Volk verwünscht (weshalb ich dafür nicht geeignet bin und mir es nicht zutraue, ich muss mich heute um meine Seele kümmern) Meine Seele! Meine Seele! Meine Seele (will ich retten)! Geht zu einem anderen, geht zu Abraham!‘ Sie gehen zu Abraham und sagen zu ihm: ‚O Abraham! Du bis der Prophet Allahs und sein Chaliel (guter Freund) von den Bewohnern auf Erden. Würdest du nicht für uns bei deinem Herrn Fürsprache einlegen? Siehst du denn nicht in welcher Lage wir uns befinden?‘ Er sagt: ‚Heute ist Allah so zornig, wie Er es nie zuvor war und Er wird danach nie wieder so zornig sein. Ich hatte dreimal (aus der Not) gelogen (weshalb ich dafür nicht geeignet bin und mir es nicht zutraue, ich muss mich heute um meine Seele kümmern). Meine Seele! Meine Seele! Meine Seele (will ich retten)! Geht zu einem anderen, geht zu Moses!‘ Sie gehen zu Moses und sagen zu ihm: ‚O Moses (Musa)! Du bist der Gesandte Allahs und von den Menschen hat Er dir durch Seine Botschaften und Sein Sprechen zu dir Vorzüglichkeit verliehen.

Lege für uns doch bei deinem Herrn Fürsprache ein? Siehst du denn nicht in welcher Lage wir uns befinden?‘ Er sagt: ‚Heute ist Allah so zornig, wie Er es nie zuvor war und Er wird danach nie wieder so zornig sein. Ich hatte einen Menschen getötet, ohne dass mir befohlen wurde ihn zu töten (weshalb ich dafür nicht geeignet bin und es mir nicht zutraue, ich muss mich heute um meine Seele kümmern). Meine Seele! Meine Seele! Meine Seele (will ich retten)! Geht zu einem anderen, geht zu Jesus ([3]Isa)!‘ Sie gehen zu Jesus und sagen zu ihm: ‚O Jesus ([3]Isa)! Du bist der Gesandte Allahs und Sein Wort, das Er zu Maryam sandte, ein eingehauchter Geist von Ihm und du hast zu den Menschen gesprochen, schon als du in der Wiege lagst. Lege für uns bei deinem Herrn Fürsprache ein? Siehst du denn nicht in welcher Lage wir uns befinden?‘ Er sagt: ‚Heute ist Allah so zornig, wie Er es nie zuvor war und Er wird danach nie wieder so zornig sein.‘ Und er erwähnt keine Sünde. ‚Meine Seele! Meine Seele! Meine Seele (will ich retten)! Geht zu einem anderen, geht zu Muhammad ﷺ!‘ Sie gehen zu Muhammad und in einer anderen Überlieferung: Sie kommen zu mir und sagen: ‚O Muhammad! Du bist der Gesandte Allahs und der letzte Prophet. Allah hat dir deine vorausgegangenen und kommenden Sünden vergeben. Lege für uns bei deinem Herrn Fürsprache ein? Siehst du denn nicht in welcher Lage wir uns befinden?' Da gelange ich unter Seinen Thron und werfe mich für meinen Herrn nieder. Dann lässt mich Allah Ihn so lobpreisen und Seine Herrlichkeit in bester Weise loben, wie er es keinem vor mir ermöglichte. Danach wird gesagt: ‚O Muhammad! Erhebe deinen Kopf! Bitte und es wird dir gegeben, lege Fürsprache ein und es wird erfüllt!' Dann werde ich meinen Kopf heben und bitten: Ummati ya rab! Ummati ya rab! Ummati ya rab! – Meine Umma, o Herr! Meine Umma, o Herr! Meine Umma, o Herr! Es wird dann gesagt: ‚O Muhammad! Von deiner Umma lass diejenigen in das rechte Tor des Paradieses eintreten, die nicht zur Rechenschaft gezogen werden und außerdem sind sie berechtigt mit den Menschen (auch) durch andere Tore einzutreten.' Dann sage ich: Bei Dem (bei Allah), in Dessen Hand meine

Seele ist! Die Entfernung zwischen dem einen Türflügel und dem anderen von einem Paradiestor ist wie die Entfernung zwischen Mekka und Hadschar oder Mekka und Busra!"[414]

414 Authentisch: Sahih Buchari 1421, Sahih Muslim 1022

٣٧١ كتاب الاستغفار

371. Die Vergebung

Allah, Der Erhabene sagt:

﴿واْستغفر لذنبك وللمؤمنين والْمؤمنت ﴾

„...und bitte um Vergebung für deine Schuld und für die gläubigen Männer und die gläubigen Frauen.“ (Koran 47:19)

﴿واْستغفر اْلله ان اْلله كان غفورا رحيما﴾

„Und bitte Allah um Vergebung. Wahrlich, Allah ist Allverzeihend, Barmherzig.“
(Koran 4:106)

﴿والْمستغفرين بالْاسحار﴾

„...die um Vergebung bitten in der Morgendämmerung.“ (Koran 3:17)

﴿ومن يعمل سوءا او يظلم نفسه، ثم يستغفر اْلله يجد اْلله
غفورا رحيما﴾

„Und wer böses tut oder sich gegen sich selbst vergeht und dann Allah um Vergebung bittet, der findet Allah Allvergebend, Barmherzig.“ (Koran 4:110)

﴿وما كان ٱلله ليعذبهم وانت فيهم وما كان ٱلله معذبهم وهم يستغفرون﴾

„Allah aber wollte sie nicht bestrafen, solange du unter ihnen weiltest, noch wollte Allah sie bestrafen, während sie um Vergebung baten.“ (Koran 8:33)

﴿وٱلذين اذا فعلوا فحشة او ظلموا انفسهم ذكروا ٱلله فٱستغفروا لذنوبهم ومن يغفر ٱلذنوب الا ٱلله ولم يصروا على ما فعلوا وهم يعلمون﴾

„Und diejenigen, die - wenn sie etwas Schändliches getan oder gegen sich gesündigt haben - Allahs gedenken und für ihre Sünden um Vergebung flehen; und wer vergibt die Sünden außer Allah? - und diejenigen, die nicht auf dem beharren, was sie wissentlich Taten.“ (Koran 3:135)

١٨٧٠ - وعن ابي هريرة رضي الله عنه قال سمعت رسول الله صلى الله عليه وسلم يقول: ((والله اني لاستغفر الله واتوب اليه في اليوم اكثر من سبعين مرة)) رواه البخاري.

1870. Abu Huraira ﷺ berichtete: Ich hörte den Gesandten Allahs ﷺ sagen: **„Bei Allah! Ich bitte Allah um Vergebung und wende mich**

Ihm am Tag mehr als siebzigmal bereuend zu.“[415]

١٨٧٢ - وعن ابن عمر رضي الله عنهما قال: كنا نعد لرسول الله صلى الله عليه وسلم في المجلس مائة مرة ((ربِّ اغفر لي وتب علي انك انت التواب الرحيم)) رواه ابو داود والترمذي وقال حديث صحيح.

1872. Ibn Umar ﵄ berichtete: Wir haben gezählt, der Gesandte Allahs ﷺ hat in einer Sitzung einhundertmal (folgendes Vergebungsbittgebet gesprochen): **„O mein Herr! Vergib mir und nehme meine Reue an, denn Du bist der Reueannehmende und Barmherzige.“**[416]

١٨٧٧ - وعن عائشة رضي الله عنها قالت: كان رسول الله صلى الله عليه وسلم يكثر ان يقول قبل موته: ((سبحان الله وبحمده، استغفر الله واتوب اليه)) متفق عليه.

1877. Aischa ﵂ berichtete: Der Gesandte Allahs ﷺ hat vor seinem Tod oft gesagt: „Subhanallah wa bihamdih, astaghfirullah wa atubu ilayh - **Alles Lob und aller Preis gebührt Allah, ich bitte Allah um Vergebung und wende mich Ihm reuig zu.“**[417]

---

415 Authentisch: Sahih Buchari 6307

416 Authentisch: Sahih Al-Dschami[3] 3486, Assilsila Assahiha von Albani 556 und Sahih Abu Dawud 1342

417 Authentisch: Sahih Buchari 4968, Sahih Muslim 484

٣٧٢ - باب بيان ما اعد الله تعالى للمؤمنين في الجنة

372. Was Allah für die Gläubigen im Paradies vorbereitet hat

Allah, der Erhaben sagt:

﴿ان ٱلمتقين فى جنت وعيون (٤٥) ٱدخلوها بسلم ءامنين
(٤٦) ونزعنا ما فى صدورهم من غل اخو نا على سرر
متقبلين (٤٧) لا يمسهم فيها نصب وما هم منها بمخرجين﴾

„Wahrlich, die Gottesfürchtigen werden sich in Gärten und an Quellen befinden. 46. ‚Tretet hinein in Frieden und Sicherheit!' 47. Und wir wollen hinwegnehmen, was an Groll in ihren Herzen sein mag; brüderlich (sollen sie) auf ruhesitzen einander gegenüber sitzen. 48. Müdigkeit wird sie darin nicht berühren, noch sollen sie jemals von dort vertrieben werden."

(Koran 15:45-48)

﴿يعباد لا خوف عليكم ٱليوم ولا انتم تحزنون (٦٨) ٱلذين
ءامنوا بايتنا وكانوا مسلمين (٦٩) ٱدخلوا ٱلجنة انتم وازو
جكم تحبرون (٧٠) يطاف عليهم بصحاف من ذهب واكواب

وفيها ما تشتهيه ٱلانفس وتلذ ٱلاعين وانتم فيها خلدون
(٧١) وتلك ٱلجنة ٱلتى اورثتموها بما كنتم تعملون (٧٢)
لكم فيها فكهة كثيرة منها تاكلون﴾

„O Meine Diener, keine Furcht soll euch an diesem Tage bedrücken, noch sollt ihr traurig sein; 69. ihr, die ihr an Unsere Zeichen glaubtet und (Uns) ergeben waret. 70. Tretet in das Paradies ein, ihr und eure Gattinnen, (und seid) glückselig!' 71. Schüsseln aus Gold und Becher werden unter ihnen kreisen, und darin wird alles sein, was die Herzen begehren und (woran) die Augen sich ergötzen - ,Und ewig werdet ihr darin verweilen. 72. Und dies ist das Paradies, zu dessen Erben ihr berufen wurdet um dessentwillen, was ihr zu tun pflegtet. 73. Darin gibt es für euch Früchte in Mengen, von denen ihr essen könnt.'"

(Koran 43:68-73)

﴿ان ٱلمتقين فى مقام امين (٥١) فى جنت وعيون (٥٢)
يلبسون من سندس واستبرق متقبلين (٥٣) كذ لك وزوجنهم
بحور عين (٥٤) يدعون فيها بكل فكهة ءامنين (٥٥) لا
يذوقون فيها ٱلموت الا ٱلموتة ٱلاولى ووقىهم عذاب ٱلجحيم
(٥٦) فضلا من ربك ذ لك هو ٱلفوز ٱلعظيم﴾

„Wahrlich, die Gottesfürchtigen sind an einer Stätte der Sicherheit 52. In Gärten mit Quellen; 53. gekleidet in Seide und Brokat sitzen (sie) einander gegenüber. 54. So (wird es sein) und wir werden sie mit Huris vermählen. 55. Sie werden dort Früchte jeder Art verlangen (und) in Sicherheit (leben). 56. Den Tod werden sie dort nicht kosten, außer dem ersten Tod. Und er wird sie vor der Strafe der Dschahim bewahren, 57. als eine Gnade von deinem Herrn. Das ist das höchste Glück. (Koran 44:51-57)

﴿ان ٱلابرار لفى نعيم (٢٢) على ٱلارائك ينظرون (٢٣)
تعرف فى وجوههم نضرة ٱلنعيم (٢٤) يسقون من رحيق
مختوم (٢٥) ختمه مسك وفى ذالك فليتنافس ٱلمتنفسون
(٢٦) ومزاجه من تسنيم (٢٧) عينا يشرب بها ٱلمقربون﴾

„Wahrlich, die Rechtschaffenen werden in Wonne sein. 23. Auf Ruhesitzen werden sie zuschauen. 24. Erkennen wirst du auf ihren Gesichtern den Glanz der Seligkeit. 25. Ihnen wird ein reiner, versiegelter Trank gegeben, 26. dessen Siegel Moschus ist - und um dies mögen die Begehrenden wetteifern. 27. Und es wird ihm von Tasnim

beigemischt sein: 28. von einer Quelle, aus der die erwählten trinken werden.“
(Koran 83:22-28)

١٨٨٠ - وعن جابر رضي الله عنه قال، قال رسول الله صلى الله عليه وسلم:
((ياكل اهل الجنة فيها ويشربون ولا يتغوطون ولا يمتخطون ولا يبولون؛ ولكن طعامهم ذاك جشاء كرشح المسك، يلهمون التسبيح والتكبير كما يلهمون النفس)) رواه مسلم.

1880. Dschabir ﷺ berichtete: Der Gesandte Allahs ﷺ sagte: **„Die Bewohner des Paradieses essen und trinken darin und sie verrichten keine Notdurft, doch ihre Speise hinterlässt einen Duft, wie Moschus. Ihre Lobpreisung geschieht so natürlich, wie sie natürlich atmen.”**[418]

١٨٨١ - وعن ابي هريرة رضي الله عنه قال، قال رسول الله صلى الله عليه وسلم: ((قال الله تعالى: اعددت لعبادي الصالحين ما لا عين رات، ولا اذن سمعت ولا خطر على قلب بشر، واقرؤوا ان شئتم: ﴿فلا تعلم نفس ما اخفي لهم من قرة اعين﴾ (السجدة ١٧)
متفق عليه.

1881. Abu Huraira ﷺ berichtete: Der Gesandte Allahs ﷺ sagte: **„Allah, Der Erhabene, sagt:**

418 Muslim überliefert mit der Nr. 2835

‚Ich habe für Meine rechtschaffenen Diener das vorbereitet, was kein Auge je gesehen, kein Ohr je gehört hat und es dem Herzen eines Menschen nie in den Sinn gekommen ist!‘"[419]

Lest, wenn ihr wollt: **„...doch niemand weiß, welche Augenweide für sie als Lohn für ihre Taten verborgen ist.“** (Koran 32:17)

١٨٨٤ - وعن ابن مسعود رضي الله عنه قال، قال رسول الله صلى الله عليه وسلم: ((اني لاعلم اخر اهل النار خروجا منها واخر اهل الجنة دخولا الجنة: رجل يخرج من النار حبوا فيقول الله عز وجل له: اذهب فادخل الجنة، فياتيها فيخيل اليه انها ملاى، فيرجع فيقول: يا رب وجدتها ملاى. فيقول الله عز وجل له: اذهب فادخل الجنة، فياتيها فيخيل اليه انها ملاى، فيرجع فيقول: يا رب وجدتها ملاى، فيقول الله عز وجل له: اذهب فادخل الجنة فان لك مثل الدنيا وعشرة امثالها، او ان لك مثل عشرة امثال الدنيا، فيقول: اتسخر بي او تضحك بي وانت الملك)) قال: فلقد رايت رسول الله صلى الله عليه وسلم ضحك حتى بدت نواجذه فكان يقول: ((ذلك ادني اهل الجنة منزلة)) متفق عليه.

1884. Ibn Mas³ud ﵁ berichtete: Der Gesandte Allahs ﷺ sagte: **„Wahrlich, ich weiß, wer als**

419 Authentisch: Sahih Buchari 3244, Muslim 2824

Letzter unter den Bewohnern der Hölle aus ihr herauskommen wird und der letzte Paradiesbewohner sein wird, der das Paradies betritt: Ein Mann verlässt die Hölle kriechend, zu dem Allah, erhaben ist Er, sagt: ‹Geh und trete in das Paradies ein!› Er geht und denkt, es sei überfüllt, deshalb kehrt er zurück und wird sagen: ‚O Herr! Ich habe es überfüllt vorgefunden!' Allah, erhaben ist Er, sagt: ‚Geh und trete in das Paradies ein!' Er geht und denkt, es sei überfüllt, deshalb kehrt er zurück und wird sagen: ‚O Herr! Ich habe es überfüllt vorgefunden!' Allah, erhaben ist Er, sagt: ‚Geh und trete in das Paradies ein! Für dich gibt es soviel wie die ganze Welt und dazu zehnfach soviel!' Er (der Mann) wird sagen: ‚Lachst Du mich aus, wo Du der König bist!'" Er (der Überlieferer Ibn Mas^{3}ud) sagte: Dabei habe ich den Gesandten Allahs ﷺ lachen sehen, sodass seine Backenzähne zu sehen waren. Dann sagte er ﷺ:

„Dies war die letzte Stellung der Paradiesbewohner."[420]

420 Authentisch: Sahih Buchari 6571, Muslim 186

١٨٨٦ - وعن ابي سعيد الخدري رضي الله عنه عن النبي صلى الله عليه وسلم قال: ((ان في الجنة شجرة يسير الراكب الجواد المضمر السريع مائة سنة ما يقطعها)) متفق عليه.

ورواه في الصحيحين ايضا من رواية ابي هريرة رضي الله عنه قال: ((يسير الراكب في ظلها مائة سنة لا يقطعها))

1886. Abu Said Al-Chudri ﵁ berichtete: Der Prophet ﷺ sagte: **„Im Paradies gibt es einen Baum, unter dem ein Reiter eines schnellen Pferdes in einhundert Jahren nicht durchreiten kann."** In beiden Sahihs von Buchari und Muslim wurde auch überliefert: **„Ein Reiter würde einhundert Jahre reiten, ohne seinen Schatten zu durchreiten."**[421]

١٨٨٧ - وعنه رضي الله عنه عن النبي صلى الله عليه وسلم قال: ((ان اهل الجنة ليتراءون اهل الغرف من فوقهم كما تتراءون الكوكب الدري الغابر في الافق من المشرق او المغرب لتفاضل ما بينهم)) قالوا: يا رسول الله تلك منازل الانبياء لا يبلغها غيرهم، قال: ((بلى والذي نفسي بيده رجال امنوا بالله وصدقوا المرسلين)) متفق عليه.

421 Authentisch: Sahih Buchari 6553, Muslim 2828

1887. Und derselbe (Abu Sa³id Al-Chudri ﵁) berichtete: Der Prophet ﷺ sagte: **„Die Paradiesbewohner werden die Bewohner der Gemächer über sich so sehen, wie sie die weit entfernten Sterne im Osten oder Westen am Horizont sehen, die glänzen, aufrgund der Stellungsunterschiede zwischen ihnen!" Man fragte: „O Gesandter Allahs! Das ist doch die Stellung der Propheten, die keiner außer ihnen erreichen wird?" Er ﷺ sagte: „Doch, bei Dem in Dessen Hand meine Seele ist! Es sind Menschen, die an Allah geglaubt haben und die Wahrheit, die die Gesandten gebracht haben, bestätigten."**[422]

١٨٨٨ - وعن ابي هريرة رضي الله عنه ان رسول الله صلى الله عليه وسلم قال: ((لقاب قوس في الجنة خير مما تطلع عليه الشمس او تغرب)) متفق عليه.

1888. Abu Huraira ﵁ berichtete: Der Prophet ﷺ sagte: **„Wahrlich, die Spanne eines Bogens im Paradies ist besser als alles worüber die Sonne auf oder untergeht."**[423]

422 Authentisch: Sahih Buchari 3256, Muslim 2831
423 Authentisch: Sahih Buchari 2793

١٨٩٢ - وعن ابي سعيد وابي هريرة رضي الله عنهما ان رسول الله صلى الله عليه وسلم قال: ((اذا دخل اهل الجنة الجنة ينادي مناد: ان لكم ان تحيوا فلا تموتوا ابدا، وان لكم ان تصحوا فلا تسقموا ابدا، وان لكم ان تشبوا فلا تهرموا ابدا، وان لكم ان تنعموا فلا تباسوا ابدا)) رواه مسلم.

1892. Abu Sa³id und Abu Huraira ﵄ berichteten: Der Gesandte Allahs ﷺ sagte: **„Wenn die Paradiesbewohner in das Paradies gelangen, wird ein Rufer verkünden: ‹Für euch ist (festgesetzt), dass ihr lebt und niemals sterben werdet; dass ihr gesund sein und niemals krank sein werdet; dass ihr jung bleibt und niemals alt werdet, und dass es euch gut ergehen wird und ihr es niemals schwer haben werdet!"**[424]

١٨٩٤ - وعن ابي سعيد الخدري رضي الله عنه ان رسول الله صلى الله عليه وسلم قال: ((ان الله عز وجل يقول لاهل الجنة: ياهل الجنة، فيقولون: لبيك ربنا وسعديك والخير في يديك. فيقول: هل رضيتم؟ فيقولون: وما لنا لا نرضى يا ربنا وقد اعطيتنا ما لم تعط احدا من خلقك، فيقول: الا اعطيكم افضل من ذلك؟ فيقولون: واي شيء افضل من ذلك؟ فيقول: احل عليكم

424 Authentisch: Sahih Muslim 2837

رضواني فلا اسخط عليكم بعده ابدا)) متفق عليه.

1894. Abu Sa³id Al-Chudri ﵁ berichtete: Der Gesandte Allahs ﷺ sagte: **„Wahrlich wird Allah, Der Erhabene, zu den Einwohnern des Paradieses sagen: ‹Ihr Einwohner des Paradieses!› Sie werden sagen: ‚Hier sind wir, o unser Herr! Deine Diener und die Güte ist in Deiner Hand!' Er wird fragen: ‚Seid ihr zufrieden?' Sie werden sagen: ö ‚Wie sollen wir nicht zufrieden sein, o unser Herr, und Du hast uns soviel gegeben, wie Du keinem Deiner Geschöpfe gegeben hast!' Er wird fragen: ‚Soll Ich euch nicht Besseres als das geben?' Sie werden sagen: ‚Und was könnte besser sein als das?' Er wird sagen: ‚Euch erreicht Mein Wohlgefallen, sodass Ich Mich euer nie zürnen werde!'"**[425]

١٨٩٥ - وعن جرير بن عبد الله رضي الله عنه قال: كنا عند رسول الله صلى الله عليه وسلم فنظر الى القمر ليلة البدر وقال: ((انكم سترون ربكم عيانا كما ترون هذا القمر لا تضامون في رؤيته)) متفق عليه.

1895. Dscharir Ibn Abdullah ﵁ berichtete: Wir waren beim Gesandten Allahs ﷺ, als er

425 Authentisch: Sahih Buchari 6549, Muslim 2829

den Mond betrachtete. Es war eine Nacht, in der Vollmond war. Er sagte dabei: „**Wahrlich werdet ihr euren Herrn sehen, so wie ihr jetzt diesen Mond seht, ohne dass die Sicht behindert wird.**"[426]

١٨٩٦ - وعن صهيب رضي الله عنه ان رسول الله صلى الله عليه وسلم قال: ((اذا دخل اهل الجنة الجنة يقول الله تبارك وتعالى: تريدون شيئا ازيدكم؟ فيقولون: الم تبيض وجوهنا؟ الم تدخلنا الجنة، وتنجنا من النار؟ فيكشف الحجاب، فما اعطوا شيئا احب اليهم من النظر الى ربهم)) رواه مسلم.

قال الله تعالى (يونس ٩، ١٠): ﴿ان الذين امنوا وعملوا الصالحات يهديهم ربهم بايمانهم تجري من تحتهم الانهار في جنات النعيم، دعواهم فيها سبحانك اللهم، وتحيتهم فيها سلام، واخر دعواهم ان الحمد لله رب العالمين﴾.

1896. Suhaib ﷺ berichtete: Der Gesandte Allahs ﷺ sagte: „**Wenn die Paradiesbewohner in das Paradies eintreten, wird Allah, erhaben ist Er, sagen: ‚Wollt ihr noch mehr, was ich euch geben sollte?' Sie werden sagen: ‚Hast Du unsere Gesichter weiß gemacht? Hast Du uns nicht ins Paradies gebracht und uns vor**

426 Authentisch: Sahih Buchari 554, 7435, Muslim 633

dem Höllenfeuer bewahrt?!' Dann wird der Schleier enthüllt werden, sodass ihnen (bis) dahin nichts gegeben wurde, was ihnen lieber war als ihren Herrn zu sehen."[427]

Allah, Der Erhabene, sagt:

„Jene jedoch, die da glauben und gute Werke tun, wird ihr Herr um ihres Glaubens Willen leiten. Bäche werden unter ihnen In den Gärten der Wonne fließen.

10. Ihr Ruf dort wird sein: „Preis dir, o Allah!" und ihr Gruß dort wird „Frieden!" sein. und zuletzt werden sie rufen: „Alles Lob gebührt Allah, dem Herrn der Welten."

(Koran 10:9-10)

427 Authentisch: Sahih Buchari 554, 7435, Muslim 633

*[خاتمة المؤلف]

الحمد لله الذي هدانا لهذا وما كنا لنهتدي لولا ان هدانا الله. اللهم صل على محمد عبدك ورسولك النبي الامي، وعلى ال محمد وازواجه وذريته كما صليت على ابراهيم وعلى ال ابراهيم، وبارك على محمد النبي الامي وعلى ال محمد وازواجه وذريته، كما باركت على ابراهيم وعلى ال ابراهيم في العالمين انك حميد مجيد.

قال مؤلفه: فرغت منه يوم الاثنين رابع عشر رمضان، سنة سبعين وستمائة

Gepriesen sei Allah, Der uns zu diesem rechtleitete, wir wären ja nicht rechtgeleitet, wenn Allah uns nicht rechtgeleitet hätte. O Allah, schenke Muhammad, Deinem Diener und Gesandten, heil...

Der Autor dieses Werkes sagte: Am Montag, den 14. Ramadan des Jahres 670 n. H. schrieb es ich zu Ende.

Zeichenerkärung

Diese Erklärungen für die folgenden arabischen Zeichen, sind nur sinngemäß.

Bei der Erwähnung des Gesandten Allahs:

ﷺ - Salla llahu ^{3}alaihi wa salam: Segen und Frieden auf ihm.

Bei der Erwähnung der Gefährten:

رضي الله عنه - Radiyallahu ^{3}anhu: Allahs Wohlgefallen auf ihm.

رضي الله عنهم - Radiyallahu ^{3}anhum: Allahs Wohlgefallem auf denen.

رضي الله عنها - Radiyallahu ^{3}anha: Allahs Wohlgefallen auf ihr.

Sofort in nur 2 bis 10 Stunden Arabisch schreiben und lesen!

Leicht, umfassend, schnell und der Rest: Übung macht den Meister. Man hat nur mit 28 Buchstaben zu tun. In Spalte 1 sind alle Buchstaben einzeln. Vergleichen Sie sie mit der Spalte 7 und üben Sie auf einem Blatt.

Gleich danach versuchen Sie einige Wörter in Arabisch zu schreiben, in dem Sie jeden Buchstabe am Anfang wie Spalte 2 schreiben, in der Mitte wie Spalte 3 und am Ende des Wortes Spalte 4.
Spalte 5 und 6 sind die Namen der Buchstaben, die Sie auswendig lernen sollten. Die Aussprache der 7 Buchstaben (ح، ص، ض، ط، ظ، ع، ق) in lateinischen Buchstaben zu transkribieren ist unsinnig, deshalb müssen Sie einige Stunden mit jemanden üben und viel Koran hören, alles andere bringt keine Früchte.

7	6	5	4	3	2	1
langes, offenes a, wie in Bahn	alif	اليف	ـا	ـا	ا	ا
b wie in Baum	ba´	باء	ـب	ـبـ	بـ	ب
t wie in Tun	ta´	تاء	ـت	ـتـ	تـ	ت
th stimmloses engl. *th*, wie in thing	tha´	ثاء	ـث	ـثـ	ثـ	ث
dsch wie in engl. Journal	Dschim	جيم	ـج	ـجـ	جـ	ج
h stimmloser Reibelaut, im Hals gesprochen	<u>h</u>a´	حاء	ـح	ـحـ	حـ	ح
ch rauhes dt. *ch*, wie in Buch	cha´	خاء	ـخ	ـخـ	خـ	خ
d wie in Dach	dal	دال	ـد	ـد	د	د
dh stimmhaftes engl. *th*, wie in that	dhal	ذال	ـذ	ـذ	ذ	ذ

7	6	5	4	3	2	1
r gerolltes Zungenspitzen *r*	ra´	راء	ـر	ـر	ر	ر
z weiches, stimmhaftes s, wie in See	zaj	زاي	ـز	ـز	ز	ز
s stimmloses *s*, wie in Wasser, essen	sin	سين	ـس	ـسـ	سـ	س
sch wie in Schule	schin	شين	ـش	ـشـ	شـ	ش
velarisiertes *s*, durch leichtes Pressen der Zunge an den Gaumen	sad	صاد	ـص	ـصـ	صـ	ص
velarisiertes *d*, durch Pressen der Zunge an den vorderen Gaumen	dad	ضاد	ـض	ض	ضـ	ض
velarisiertes *t*, durch Pressen der Zunge an den Gaumen	ta	طاء	ـط	ـطـ	طـ	ط
velarisiertes *dh*, durch Pressen der Zungenspitze an den vorderen Gaumen	za	ظاء	ـظ	ـظـ	ظـ	ظ
\`a ³ stimmhafte *h*, wie ein aus der Kehle hervor gepresstes a	ain	عين	ـع	ـعـ	عـ	ع
g wie ein ungerolltes Gaumenzäpfchen *–r*, z.B. in reden	ghain	غين	ـغ	ـغـ	غـ	غ
f wie in faul	fa	فاء	ـف	ـفـ	فـ	ف
q stimmloser Verschlusslaut, im Hals gesprochen, tiefer als dt. *k*	qaf	قاف	ـق	ـقـ	قـ	ق
k wie in Kopf	lam	كاف	ـك	ـكـ	كـ	ك
l wie in laufen	lam	لام	ـل	ـلـ	لـ	ل
m wie in Mutter	mim	ميم	ـم	ـمـ	مـ	م
n wie in Nacht	nun	نون	ـن	ـنـ	نـ	ن
h wie in Haus	ha	هاء	ـه	ـهـ	هـ	ه
w bzw. u wie in engl. why, u wie in out, u wie in Buch	waw	واو	ـو	ـو	و	و
j bzw. i wie in jetzt, wie in Frieden	ja´	ياء	ـي	ـيـ	يـ	ي

Die 3 Vokalzeichen: Fat´ha: ___َ, Kasra: __ِ, Dhamma: __ُ.
Vokallosigkeit (السُّكُون): __ْ__, Verdoppelungszeichen(الشَدَّة) : _ّ
Die Nunation der Damma (تنوينُ الضَمَّة): _ٌ,
Die Nunation der Kasra (تنوينُ الكسرَة) : _ٍ

Inhaltsverzeichnis

Diese authentische Biografie möchte den deutschsprachigen Leser in das Leben und die Sendung des letzten Propheten Muhammad ﷺ in allgemeinverständlicher, leichter Form einführen. Es stellt sich nicht in die Reihe trockener, nur wissenschaftlicher oder historischer Biographien, wie sie inzwischen in zahlreicher Form vorliegen, sondern wählt bewusst die populäre Form des Romans, der Erzählung. Dennoch stützt sich die Darstellung, wie die zahlreichen Fußnoten belegen, ausschließlich auf authentische Quellen und Überlieferungen, die sich der Autor in jahrelanger Recherchearbeit erschlossen hat. Dabei wurden vor allem die Arbeiten von Ibn Hischam berücksichtigt. Sämtliche zitierte Aussprüche des Propheten sind ebenso beglaubigt wie die genannten Daten, Fakten und Hintergründe. Manche Einzelheit, die für den Fortgang der Handlung unwichtig war, wurde weggelassen.

In dem Text, wie er sich nun darstellt, spricht das Leben und die Sendung des Gesandten ﷺ in direkter, persönlicher Form zu uns. Der deutschsprachige Leser, dessen kulturelle Prägung vielleicht eine andere ist als die eines Muslim, kann den Islam hier als eine Religion der Toleranz, des Friedens und der verstehenden Menschenliebe kennen lernen. Der Autor wünscht dieser Arbeit, dass sie zahlreiche aufgeschlossene, interessierte und am Ende begeisterte Leser findet.

Softcover ca. 240 Seiten, Format 19x12,5, die 2. Auflage erscheint
Ende Juli 09, Preis nur 10,- €[428]

---

428 Preise für Sammelbestellungen und für Händler:

50 Exemplare á 6,- Euro Stückpreis
100 Exemplare á 5,- Euro Stückpreis
200 Exemplare á 4,- Euro Stückpreis
300 Exemplare á 3,- Euro Stückpreis
400 Exemplare á 2,- Euro Stückpreis
500 Exemplare á 1,50 Euro Stückpreis
Ab 1000 Exemplare á 1,- Euro Stückpreis

Bestellbar unter: www.die-schreibfeder.de oder telefonisch 0171 8 4444 53

Folgende Bücher sind in Planung:

- Auszüge aus dem Sahih Muslim

Imam Muslim

- Moderne Kunst und Handwerk der Schriftsteller

Das große ABC für Autoren und die es warden wollen

- Auf den Spuren der Monotheisten

Eine Pilgerfahrt, eine Suche

- Synchron-Wörterbuch der drei Sprachen:

Deutsch - Türkisch - Arabisch

ISBN 978-3-9803633-4-1